乡村嬗变

多种农业经营方式并行的逻辑

冯道杰 ◎ 著

Rural Evolution
the Parallel Logic Based on the Different Agricultural Producing Methods

中国经济出版社

北京

图书在版编目（CIP）数据

乡村嬗变：多种农业经营方式并行的逻辑／冯道杰著．--北京：中国经济出版社，2024.1
ISBN 978-7-5136-7488-1

Ⅰ．①乡… Ⅱ．①冯… Ⅲ．①农业经营-研究-中国 Ⅳ．①F324

中国国家版本馆CIP数据核字（2023）第183421号

策划编辑	崔姜薇
责任编辑	张　博
责任印制	马小宾
封面设计	久品轩装帧设计

出版发行	中国经济出版社
印 刷 者	北京艾普海德印刷有限公司
经 销 者	各地新华书店
开　　本	710mm×1000mm　1/16
印　　张	16.5
字　　数	282千字
版　　次	2024年1月第1版
印　　次	2024年1月第1次
定　　价	88.00元

广告经营许可证　京西工商广字第8179号

中国经济出版社　网址 www.economyph.com　社址 北京市东城区安定门外大街58号　邮编 100011
本版图书如存在印装质量问题，请与本社销售中心联系调换（联系电话：010-57512564）

版权所有　盗版必究（举报电话：010-57512600）
国家版权局反盗版举报中心（举报电话：12390）　　服务热线：010-57512564

序 一

家庭联产承包责任制最初的本意是以家庭经营为基础、集体层面统一经营为主导,建立统分结合的双层经营体系,即集体统一经营的主导层次和家庭分散经营的基础层次有机结合,共同发展。家庭联产承包责任制与传统小农经济和西方资本主义农场的本质区别是,在中国共产党的领导下,在土地集体所有制的基础上以集体层面统一经营为主导。

家庭联产承包责任制实施以来,全国大多数农村过分强调了"分",强调了个体经济和私营经济的发展,而忽略了"统",即集体统一经营,忽略了集体经济等公有制经济成分的发展。家庭承包经营虽然短期内可以解决某些地区的温饱问题,降低了监督激励成本,但是,个体农民力量薄弱,很难推进农村工业化、城镇化、信息化和农业现代化,易呈现出自私自利的一盘散沙状态,陷入"温饱而难富裕"的困境,"三农"问题也层出不穷,农村人财物持续外流。

与此同时,我国有一部分村庄坚持集体化发展道路,以农民组织化集体化的力量拓展延伸产业链条,发展集体经济、合作经济,不断提升农民的组织化知识化程度与水平,推进了农村工业化、城镇化、信息化和农业现代化,实现了产业兴旺、生态宜居、乡风文明、治理有效、共同富裕。

邓小平早在1990年就曾做过高屋建瓴的改革规划,指出"中国社会主义农业的改革与发展,从长远的观点看,要有两个飞跃。第一个飞跃,是废除人民公社,实行家庭联产承包为主的责任制,这是一个很大的前进,要长期坚持不变。第二个飞跃,是适应科学种田和生产社会化的需要,发展适度规模经营,发展集体经济。这是又一个很大的前进,当然这是很长的过程"①。2013年全国两会期间,习近平总书记在江苏代表团会

---

① 中共中央文献研究室. 邓小平年谱(1975—1997)(下)[M]. 北京:中央文献出版社,2004:1310-1311.

议上指出，小岗村解决了"分"的问题，但"统"的问题一直没有解决。① 当前，亟须研究在邓小平农村"第二次飞跃"理论和习近平总书记关于分与统思想的指导下，如何适应农业经济发展新常态，通过土地流转促进土地集体化、集约化，并加快农业农村现代化发展步伐，克服土地流转中的私有化风险，这些已成为解决我国社会主义"三农"问题的关键。

"三农"问题的解决关系到中国式社会主义现代化事业全局。我曾指导的博士冯道杰教授出身农村，一路走来，付出了许多艰辛。他并非经济学、社会学科班出身，但是，出于对国家和人民的一片赤诚之心和知识分子的良知，凭借着对中国"三农"问题的热情和强烈的求知求真求善的渴望，长期以马克思主义视角审视"三农"问题，取得了不少的成果。他尊重事实和实践，对历史和现实有着自己深刻的思考和认知，是一位难得的"思想者"。

本书通过对坚持发展集体经济、合作经济的集体化村庄和以个体私营经济为主的分散型村庄进行全面、客观、辩证的比较研究，指出了当前解决中国"三农"问题的根本出路在于落实邓小平"第二个飞跃"战略思想和习近平"统分结合"总体方针，在党的正确领导下，实现农村的"再集体化"集约化和农民的"再组织化"，在基层党组织领导下大力发展集体经济、合作经济，不断提升农民的组织化知识化程度与水平，拓展延伸价值链、产业链、供应链、创新链，走中国特色社会主义农业农村现代化道路，而不是走小农经济的传统老路和私有化资本雇工农场的邪路，中国农村、农业和农民才真正大有希望，中国社会主义现代化事业才真正大有希望。因而，此书具有重要的理论价值和现实意义。

程恩富

中国社会科学院学部委员、学部主席团成员，
中国社会科学院大学首席教授，世界政治经济学会会长

2023 年仲秋

---

① 中国江苏网，《习近平总书记参加江苏代表团审议侧记》，http://jsnews2.jschina.com.cn/system/2013/03/09/016496394.shtml.

序 二

读者面前的这本书，是冯道杰博士几年来研究的一个成果。作者基于长期生活体验、实地调查研究和深入学术思考，对改革开放以来中国两类不同村庄——分散型村庄和集体化村庄——的发展道路及其前景进行了多方面分析，提出了自己的独到见解。

农村发展状况，历来是中国经济社会发展中的一个重大问题，在当今社会主义现代化建设的关键时期，更显示出其特殊重要性。影响农村发展状况的因素很多，其中农村的所有制关系、经济发展模式、社会组织基础和社会治理结构等，相互影响，相互作用，形成农村发展的综合性力量，并由于这些因素之间关系的不同形成不同的农村土地制度、农业经营方式、农村发展道路。

在农村发展演变的进程中，现实的中国农村出现了两种代表性类型：一种是以家庭个体分散经营为主要组织形式，集体经济日益弱化，集体经济组织日益虚化，村庄资源日益分散化，个体经营、私人经营逐渐占据主导地位，形成分散化程度较高的"分散型村庄"。另一种是坚持以集体经营为主导，以集体经济为基础，以组织化、合作化、集体化为组织形式，依靠集体化和组织化力量建设家园的"集体化村庄"。两种类型的村庄在农村工业化、城镇化、信息化和农业现代化发展方面出现了不同的情况，在经济社会发展等方面也存在着比较大的差异。

我不是专业研究农村问题的，对本书中的观点不能表达自己的看法。但是，作为曾经指导过他的导师，看到他下功夫研究后写出的著作，还是十分高兴的。他在本书中提出的看法，也许还存在这样那样的不足，不一定能够得到读者的赞同，甚至还有可能遭遇批评。但我相信，这都是他认真研究的结果，并饱含着他对农村问题深度关注的情怀。

道杰曾经在县乡基层工作十年之久，对农村发展有着深刻的工作和生活体验。他在学术上不断追求进步，先后获得了山东大学和中国社会科学院两个博士学位，承担过国家社科基金项目、教育部人文社科项目等多项课题，发表五十余篇较高水平文章。他秉承坚定的信念和不懈追求，对以分散型村庄和集体化村庄等为代表的不同类型的村庄发展模式进行系统的比较研究和深入剖析，综合各类发展模式各自的优势，为当今中国"三农"问题的根本解决和乡村振兴战略更好的实施提出了前瞻性、可操作性的对策和措施。这些努力在理论和实践上都是有价值的。希望道杰能够不忘初心，始终沿着追求真理的道路不断前行。

金民卿

中国社会科学院近代史研究所党委书记、研究员、博士生导师

2023 年仲秋

目录 | CONTENTS

导 论 ·· 001

一、研究价值与意义 ··· 001
二、本书的主要观点与创新之处 ·· 003
 （一）本书的主要观点 ·· 003
 （二）本书的创新之处 ·· 004
三、相关概念诠释 ··· 005
 （一）乡村、村庄、乡村社区 ··· 005
 （二）村庄发展模式、农业经营方式 ·· 008

第一章　主要农业经营方式和乡村变迁轨迹 ·· 009

一、新中国成立以来的乡村变迁轨迹 ·· 009
 （一）土地改革时期：土地农民所有、家庭经营 ······························· 009
 （二）农业合作化时期：土地农民所有、互助合作经营 ···················· 010
 （三）人民公社化时期：土地集体所有、集体经营 ··························· 014
 （四）家庭承包经营时期：土地集体所有、家庭承包经营 ················ 016
二、两种主要村庄发展模式：集体化村庄、分散型村庄 ··························· 020
 （一）集体化村庄与分散型村庄发展模式的形成 ······························· 020
 （二）集体化村庄与分散型村庄发展特征比较 ·································· 021
 （三）划分两种村庄发展模式的说明 ··· 022

第二章　以集体层面统一经营为主导的村庄：集体化村庄 ·························· 024

一、集体化村庄的主要发展类型与发展特征 ··· 024
 （一）集体化村庄的主要发展类型 ··· 024
 （二）以集体层面统一经营为主导的村庄发展特征分析 ···················· 033

（三）家庭承包时期与人民公社时期集体化村庄发展比较 …… 040
二、集体化村庄可持续发展动力与困境 …………………………… 042
　　（一）集体化村庄可持续发展动因分析 ………………………… 042
　　（二）集体化村庄可持续发展困境分析 ………………………… 045
　　（三）集体化村庄可持续发展路径分析 ………………………… 049

第三章　以家庭经营为主导的村庄发展模式：分散型村庄 …… 056

一、以家庭经营为主导的普通农业村庄发展变迁——以 JDC 为例 …… 056
　　（一）从 JDC 看分散型村庄的发展演化及其现状 …………… 056
　　（二）以农业家庭经营为主导的分散型村庄发展类型分析 …… 064
　　（三）以农业家庭经营为主导的分散型村庄发展共性特征 …… 067
　　（四）改革开放以来分散型村庄与传统小农村庄比较分析 …… 069
二、分散型村庄的发展现状与主要问题 …………………………… 071
　　（一）分散型村庄的农民生活：以 JDC 为例 ………………… 071
　　（二）家庭经营主导下分散型村庄的经济发展 ………………… 078
　　（三）家庭经营主导下分散型村庄的乡政村治 ………………… 085
三、基于家庭经营的个体农民博弈困境与"三农"问题 ………… 096
　　（一）家庭承包经营绩效分析 …………………………………… 096
　　（二）个体农民在市场经济中的弱势博弈困境 ………………… 099
　　（三）个体农民在农业现代化和农村工业化中的博弈困境 …… 100
　　（四）个体农民在乡村公共事业发展和基础建设中的博弈困境 …… 100
　　（五）个体农民在基层政权体系和乡村社会治理中的弱势困境 …… 101
　　（六）分散型村庄农民组织化博弈困境 ………………………… 102

第四章　基于不同农业经营方式的乡村发展力与发展模式 …… 106

一、当前我国主要农业经营方式分析 ……………………………… 106
　　（一）不同农村集体经济实现形式有效性的衡量标准分析 …… 106
　　（二）家庭经营与资本雇工经营的有效性分析 ………………… 109
　　（三）集体经营与合作经营的有效性分析 ……………………… 112
　　（四）主要农业经营方式有效性的比较 ………………………… 114
二、小农生产方式的改造与不同类型农业经营体系的选择 ……… 117
　　（一）亲资本化农业经营体系和亲劳动化农业经营体系 ……… 118

（二）基于不同农业经营体系的乡村发展前景展望 …………… 121
三、基于不同农业经营方式的乡村社区发展力分析 ……………… 123
　　（一）乡村社区发展力的要素解构及其内部联系 ……………… 123
　　（二）乡村社区发展力的衡量标准与实现机制 ………………… 130
四、基于不同农业经营方式的乡村发展模式 ……………………… 136
　　（一）集体经营基础上乡村发展模式研究 ……………………… 136
　　（二）家庭经营基础上乡村发展模式新探索 …………………… 146
　　（三）合作经营基础上的乡村发展模式 ………………………… 156
　　（四）土地托管基础上的乡村发展模式 ………………………… 161
　　（五）以县域为切入点推进城乡融合："大农业—强农民—新农村"
　　　　　………………………………………………………………… 176

参考文献 ……………………………………………………………… 185
附　录 ………………………………………………………………… 202

导　论

一、研究价值与意义

千百年来，沧桑巨变，但村庄在我国乡村社会的基础功能与地位一直没有改变，乡村振兴同样无法脱离以村庄为基础的乡村嬗变。家庭联产承包责任制的初衷，是以家庭经营为基础，集体层面统一经营为主导，构建统分结合的双层经营体系。在这个基础上，又形成了我国最主要的两种农业经营方式——家庭经营和集体经营，进而演化出以家庭经营为主和以集体层面统一经营为主的农业经营方式，进而形成了两种生产生活状态不同的村庄发展模式——集体化村庄和分散型村庄。不同的农村土地制度、农业经营方式、经济结构和产业结构，决定了农村不同的生产生活方式，呈现出不同的乡村治理状态和发展模式。《中华人民共和国宪法》规定，我国农村的土地除法律规定属于国家所有的以外，都属于集体所有。在土地集体所有基础上农业经营方式的不同，不是走资本主义和社会主义道路的分歧。既不能片面夸大农业经营方式的差异和分歧，也不能无视由此对农民生产生活和乡村经济社会发展带来的重大影响和差别。

改革开放以来，中国农村逐渐走上了一条不同于人民公社体制下集体化的发展道路，多数村庄以家庭分散经营为主要组织形式，集体层面统一经营缺失或者虚置，集体经济日渐式微，集体经济组织日益虚化，农业经营事实上"有分无统""只分不统"，个体私营经济逐渐占据主导地位，缺乏集体经济支撑的基层党组织软弱涣散成为常态，号召力、凝聚力、组织力大大下降，村民呈现出"各扫门前雪"、自私自利的一盘散沙状态，公共事业、基础建设发展滞缓，乡村社会日益碎片化，农民日益原子化，成为分散化程度较高的"分散型村庄"。然而，正如在集体化时期也有单干和包产到户的个案一样，在大多数村庄日益离散化、碎片化的同时，一些村庄则坚持以集体层面统一经营为主导，甚至基本取消了农业家庭经营，村庄农民组织起来，依靠集体协作与合作的力量，大力发展村庄集体经济与合作经济，大力发展乡村公共事业，建设美丽家园，提升公共福利，涌现出一个又一个"明星村""样板村"。这种类型的村庄被称为"集体化村庄"。

关于乡村发展模式和发展道路问题，国内一直存在着争论与分歧，常常陷入"非左即右"的误区。集体化论者认为，在私有化、市场化条件下家庭分散经营会导致个体私营经济占据主导地位，农村重新回归小农社会状态，资本雇工的家庭农场和资本主义农业企业会成为农村主要经济体，最终丧失农村社会主义发展的经济基础。单干论者认为，家庭经营更符合农业生产的自然规律和特点，权责明确，具有较强的适应性和优势，而集体经营成本高、效率低，不符合农业生产特点和人多地少的国情。更有私有化论者主张进一步明确承包土地私有产权（或变相固化、私有化），改革农村土地集体所有制，并在此基础上吸引资本下乡，建立雇工劳动为主的规模化农场和企业。有些学者把西方的农村发展理论奉为圭臬，"依据国外洋理论，解决中国土问题"，而马克思主义的一些基本原理则停留在口头上、文件上，在一定程度上导致了现实中乡村治理理论和实践的混乱。

具体到微观村庄层面，有学者立足社会学、经济学、政治学、地理学等某一学科领域，具体到乡村的某一方面进行研究。比如，村民选举、村民自治、村庄布局与规划、产业发展、土地流转、公共服务、乡村养老、"三留守"问题等。有学者具体到某一区域，或者具体到某一村庄，对村庄历史演变、政治制度、村民生产生活状态等进行研究。鉴于政治的、历史的等多种因素，一些人习惯把家庭经营与集体经营上升到意识形态领域看待，甚至进行情绪化攻击。有的人把集体经营看作走社会主义道路，把家庭经营看作演变为资本主义的前奏；有的人把集体经营看作走"回头路""吃大锅饭"，而有的人则把集体经营看作中国农村唯一的出路和前景。到底该如何走好未来的乡村振兴道路，推进城乡融合发展和农业农村现代化，从根本上扭转"三农"困局，还有待持续进行理论与实践探索。

新中国成立以来，尤其是改革开放以来，基于不同农业经营方式、产业结构和经济成分的多种村庄发展模式在中国大地上并存，在理论和实践上都已经有了较为成熟的基础和环境对它们进行深入、系统、客观的分析和研究。本书着眼于城乡融合与乡村振兴大局，在深入调研的基础上，从宏观、中观、微观层面对不同发展道路和发展模式的历史、现状、未来趋势进行深入分析，对它们的联系与区别进行比较研究，深入剖析它们各自发展的经验教训、主要影响因素、内在规律和演化趋势，在融合多种模式优势的基础上探索全面推进乡村振兴与城乡融合发展的新模式、新道路，对于探索中国式农业农村现代化新道路具有重大理论和实践价值。

二、本书的主要观点与创新之处

（一）本书的主要观点

（1）哲学上，主观超越客观谓之"左"，主观落后客观谓之"右"；无论"左"或"右"，都是主客观背离、不相符。两种模式、两条道路并非水火不容、非左即右，出发点都是为了人民利益，只是在采用何种方式和路径能够更好地发展、更好地实现人民利益方面产生分歧，它们有各自的优缺点和演化规律。

（2）"世界上没有完全相同的两片树叶"，但这些个别的"树叶"还是有共性的规律可以总结的。既不能因为"个别树叶"不能"简单复制"而否认"个别树叶"的研究价值，也不能因为某一片"树叶"异常美丽而否认其他"树叶"的存在。在坚持基本原则和基本制度的前提下，应根据各地实际，在融合多种模式各自优势的基础上，探索推进乡村振兴、城乡一体化发展的新道路和新模式。

（3）家庭联产承包责任制的初衷是以家庭层面的分散经营为基础、集体层面的统一经营为主导，建立统分结合的双层经营体系。以此为基础，形成了我国最主要的两种农业经营方式：家庭经营和集体经营。建设真正的社会主义新农村，必须以马克思主义及其中国化理论为指导，坚持"公有制+人民民主+社会主义核心价值观教育"的主体制度框架和社会发展趋向，探索超越传统小农业和资本主义大农业的中国特色社会主义大农业发展道路，以县域为切入点，乡镇为基本运作单元，乡村社区为基础单位，走出一条从"小农业、弱农民、穷农村"到"大农业、强农民、新农村"再到"强农业、新农民、美农村"的乡村振兴新路。

（4）"善治"政府必须具备"上善若水"的秉性：其一，善利万物；其二，不争；其三，趋下。中国共产党坚持全心全意为人民服务的唯一宗旨，以人民为中心，贯彻群众路线，扎根基层，服务群众，更加具有善治的禀赋优势。这为在中国共产党领导下发挥制度优势，探索大农业、强农民、新农

（5）中国的基础国情、历史传统、社会制度等决定了不可能照搬西方理论与模式解决中国乡村问题。中国自古以来具有更为浓厚的家庭观念，血缘关系和扩大了的虚拟血缘关系是维系"家国一体"的基础理念，主要通过伦理道德规范社会秩序。官民不是两分的对立关系，而是扩大了的、亲如一家的对立统一体。中国有相对发达的市场，也有较强的"国家干预"，以"常平仓""盐铁官营"等方式保障基础民生和国民经济命脉不被少数私人和私人财团操纵。

（6）持续增强乡村社区内生发展力必须具备三个条件：一是顺应规律和趋势；二是符合大多数人的利益和需要；三是组织内外部之间持续进行信息、能量和物质的新陈代谢和相对守恒。在此基础上不断增强内生性自我发展活力、动力和能力，完善信息、物质、能量交换机制和新陈代谢机制，扶正祛邪、固本培元，持续自我净化、自我完善、自我革新、自我提高。

（7）从土地改革到农业合作化运动，到人民公社化运动，再到家庭联产承包责任制的实践探索，都是中国共产党领导下在农村进行的社会主义革命和建设的伟大探索，都是以马克思主义和社会主义为价值取向，以保障人民当家作主，维护广大人民群众权益为宗旨的。背离了这个方向，就会犯颠覆性错误。

（二）本书的创新之处

（1）本书突破"非左即右""非此即彼""洋教条"等思维局限，打破"国家与社会两分""计划与市场两分""民主与专制两分"等传统思维模式，在对乡村发展实践进行扬弃、发展、创新的基础上，坚持辩证唯物主义和历史唯物主义立场，全面、发展、联系、客观地审视各种农业经营方式和村庄发展模式，力图构建大农业、强农民、新农村的乡村发展模式制度架构和体制机制。

（2）本书拟超越单一针对个别村庄进行深度描述的"就事论事"的研究范式，从宏观与微观、共性与个性、普遍性与特殊性相结合的角度，以个别村庄为案例支撑，通过对集体化和分散型村庄等发展模式的比较，揭示村庄差异演化的原因、规律及其趋势，抽象出不同村庄发展模式更富有规律性、趋势性和现实可操作性的经验总结和理论原则。

（3）本书在改革开放以来集体化和分散型村庄经济社会发展现状分析的基础上，把由村庄内在发展因素与发展能力共同构筑而形成的村庄发展力解构为发展组织力、发展经济力、发展政治力、发展文化力、发展生态力，并分别加以比较分析,试图从农民组织化、知识化程度和水平,以及村庄经济、政治、文化、生态等方面全面比较和展示两种类型村庄的发展状态与演化趋势。

(4)本书结合马克思主义对农民合作理论和组织理论的认识,从多个视角,深入分析个体农民在工业化、城镇化、现代化进程中面临的现实问题,通过解析低组织化状态下个体农民的博弈困境,全面阐释集体经济、农民组织化与农村基层民主建设之间的相互关系,并进一步剖析集体与个体、集中与民主、集权与分权的辩证统一关系。

(5)揭示乡村发展规律,并不能仅仅局限于对个别村庄的实证研究,不能只根据手中的一片"树叶",得出整个"森林"的发展规律,而是既要细察"树叶",又要统观"森林",既有具体,又有抽象,才能发现规律性、趋势性的因素。本书既不是深剖"树叶"而单纯进行某个村庄或者某几个村庄的个案研究,也不是没有现实村庄作依托抽象地泛泛而谈,而是既有个案研究,也有共性研究,既研究"树叶",也研究"森林",把对"树叶"的研究与对"森林"的研究结合起来,超越单纯的微观研究和单纯的宏观研究,把个性与共性、特殊性与普遍性相结合,实现宏观、中观、微观的有机结合。

三、相关概念诠释

(一)乡村、村庄、乡村社区

从行政区划来看,《中华人民共和国宪法》把行政区域基本上划分为省(自治区、直辖市)、县(自治县、市)、乡(民族乡、镇)三级。为打破条块分割,促进工农城乡结合融合,大多数地区在省、县之间增加"市"一级行政区,实行市管县的行政体制。有些自治区又下辖自治州,州以下设县,也是四级制。中国现行行政区划形成了三级制、四级制并存的局面。县级行政区以下设立乡(镇)或街道,而乡(镇)主要是由村或者乡村社区组成,因此,县域层面基本由县城、小城镇、特色小镇、乡镇政府驻地、街道、自然村、行政村、乡村社区等组成,一般把县、乡所属的乡村区域称作"基层"。从行政意义上来说,乡村是指县级行政区以下,包括市辖区、县级市、县、自治县、旗、自治旗、特区、林区以下,主要涵盖乡、镇、村的地区。《乡村振兴促进法》指出,本法所称乡村,是指城市建成区以外具有自然、社会、经济特征和生产、生活、生态、文化等多重功能的地域综合体,包括乡镇和村庄等。正如乡村振兴中的乡村概念所指，这里的"乡村"既不是单指乡、镇，也不是单指村，而是相对于城市而言的一个比较宽泛的称谓，是以农业生产活动为主的居民聚集生活的区域，具有生产、生活、生态、文化等多重功能的地域综合体，与城镇互促互进、共生共存，共同构成人类活动的主要空间。伴随着中国工业化进程和乡村产业融合发展，一些乡村地区已经是以非农产业为主，城乡差别大大缩小，但仍处于县级行政区之下，依然包含在乡村区域范围内。

村庄，又称村落，是指以从事农业生产为主的居民共同生产生活的相对固定的聚落场域，是组成乡村的主要聚落形式和基本单位。村庄又包含自然村和行政村。自然村是相对于行政村而言的，大多是血缘关系相近的家族、姓氏聚集在某一自然环境中共同生产生活形成的村落，因历史沿革，又称"村""庄""屯""家""冲"等。行政村是国家按照法律规定而设立村民委员会进行村民自治的基层管理单位，下设若干个村民小组。一个行政村可以管理一个或多个自然村，也有规模较大的自然村为了管理方便，被划分为几个行政村的。行政村建立村民委员会和党支部委员会，而自然村则是建立村民小组，隶属村委会。一些村庄，比如江苏省无锡市江阴市华士镇华西村先后合并了周边十多个村庄，早已经突破了一个村的区域规模，实现了工业化、城镇化，甚至都市化，但依然归乡镇所属，实行村民自治，属"乡村"的范畴。它就是依靠自身力量较好地解决居民（村民）的生产生活问题，实现民生导向的乡村自主治理的"样板村"之一。

相对于城市社区而言，乡村社区是指一定乡村地域上具有相对稳定和完整结构、功能和共同生产生活习俗、价值观念的社会单元与地理空间，具有不同于城市社区的要素构成，包括生态蔬菜、青山绿水、农家小院、田间小路等。相对于传统村庄，乡村社区主要是因共享公共服务而形成的生产生活共同体，更多地强调公共服务半径，同一个乡村社区打破行政区划、自然村落等界限共享公共服务，方便生产生活。由于历史、政治、经济等原因，大的"乡村社区"包括一个或多个村（行政村），或形成集镇。无论村庄还是乡村社区，都是以从事农业生产的农民为主的聚居区域，有相对固定的地理空间、居住人口，有相近相似的风俗习惯、价值观念、文化传统、行为规范等。有的城市"居民区"（住宅区）也常冠以"村""乡村社区"，如"居民新村""都市乡村社区"等，泛指人们集中聚居生活的区域。由于其居民并不是以农业为主，在行政区划上已经归属于县级以上的城市，不属于本书研究的对象。

千百年来，无论如何沧桑巨变，都难以改变村庄在乡村发展中的基础功能和作用。不同地区的村庄形态各异，形式多样。按农业部门可划分为种植业聚落、林业聚落、牧村、渔村等；按平面形态可分为团聚型（即集聚村落）、散漫型（即点状聚落）等；按分布形态可分为带状村落、多边形村落等。大的自然村落人口居住相对集中，由成片的居民房屋构成建筑群，通常主要分布在平原、盆地。

多数村庄是在一定的自然条件下形成的，受自然因素的影响较大，一般要求有良好的小气候、安全、防灾，并且有较为理想的土地、水源、山林、交通条件等，由各种建筑物、构筑物、道路、绿地、水源地、田园等物质要素组成。相对于城市景观，乡村社区聚落具有农舍、牲畜棚圈、仓库场院、道路、水渠、宅旁绿地，以及特定环境和专业化生产条件下的附属设施。

村庄起源于旧石器时代中期，随着人类文明的进步逐渐演化。人类有着聚居的本性和需求。在早期的生产生活活动中，人们共同生活在一起互助合作，利用集体的力量更好地防御猛兽和外敌侵袭，更好地生存繁衍下去，形成了氏族和部落的聚居。随着农业生产的发展，农业和畜牧业相分离，人类开始定居，从穴居野外到筑室成居，以农业为主的居民形成了各种乡村聚落。在原始公社制度下，以氏族为单位的乡村社区聚落是纯粹的农业村社。后来，随着生产的发展、生活方式的改进，出现了手工业、商业，人类聚集进行生产生活和繁衍生息的场所发生了更多的演变和进化，在手工业、商业集聚和发达的地方，形成集镇、市镇，进而形成城市等。从农业村社、自然村落、乡村社区，到村镇、集镇、城市和城市群，人类生产生活和繁衍生息的场所不断变化，日益多样化、多元化，并呈现出城乡交融共进、和谐共生的趋势。

乡村社区成为中国官方和学术话语，有着其特定的历史背景和时代条件。随着农村剩余劳动力的转移，现阶段中国农村出现了大量"空心村"，有的村庄人口大量流入城市，留守的人口主要是老人、妇女等，呈现减少趋势。许多村庄规模太小，过于分散，交通、自然环境等条件比较差。有些村庄在长期生产生活的过程中，与周边地区几乎连接起来，已经形成了协调共享的关系。还有一些村庄因国家建设需要，或者扶贫帮扶需要，占用了原有土地，政府统筹考虑，需要与周边村庄整合而形成新的社区。总体而言，乡村社区化能够适度提升社区人口资源的集中度并扩大公共服务规模，有利于城乡社区协同治理，推动基础建设互联互通、公共服务均等化、公共资源优化配置，

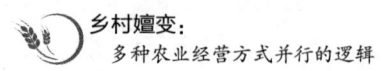

提高公共服务和公共资源的效率和效益,在尽可能保留乡土文化的同时,使人们享受城市社区生活的舒适和公共服务的便利等,更好地满足人民日益增长的美好生活需要,增强社区发展活力和居民的归属感。①

(二)村庄发展模式、农业经营方式

村庄发展模式是不同村庄在发展中呈现出的具有共性特征和共性规律的发展模式。不同发展模式的村庄,呈现出不同的发展特征;同一发展模式类型的村庄,则表现出共同或类似的特征和问题。影响农业、农民、农村发展状态的主要有两个大问题:一是以土地为核心的农业生产资料产权制度的变动;二是农业经营方式的变动。以土地为核心的产权制度和农业经营方式的变革决定着村庄的基本发展状况与演化趋势。不同的产权制度和农业经营方式,形成了不同的经济结构、产业结构和经济成分,进而形成了农民不同的生产生活状态和村庄发展态势。

改革开放以来,各地农业在土地集体所有基础上最主要的区别是经营方式不同。农业经营方式,简而言之,就是农业生产经营活动采用的方式、方法,反映了所有者、经营者、劳动者等之间的关系。基于不同的农业经营方式,出现了不同的农业经营主体和农业经营体系,形成了不同的经济成分和产业结构,导致了农民生产生活方式的不同,出现了不同的村庄发展类型。基于家庭经营和集体经营两种主要的农业经营方式形成了两种不同类型的村庄发展模式:一是建立在农业家庭经营基础上,形成以个体经济、私营经济为主的分散型村庄;二是继续坚持农业集体经营,或者在家庭经营基础上充分发挥集体层面统一经营的主导作用,发展集体经济与合作经济,形成集体经济、合作经济占主体地位的集体化村庄。

分散型村庄和集体化村庄在市场化城市化大潮中,都发生了一系列变化,特别是随着大量青壮年劳动力纷纷外出务工经商,国家实行了农村土地所有权、承包权、经营权"三权"分置改革,出现了承包土地流转、土地托管等农业经营方式,专业大户、家庭农场、农民合作社、涉农企业等新型农业经营主体纷纷出现,家庭经营、集体经营、合作经营、企业经营、雇工经营等多种经营方式并存发展,多种形式的适度规模经营与家庭经营并存发展,乡村发展模式和发展道路也呈现出多样化格局。

---

① 冯道杰,徐光平.乡村社区发展力的要素解构及其衡量标准研究[J].东岳论丛,2021(11):76-83.

第一章
主要农业经营方式和乡村变迁轨迹

新中国成立以来,我国农村发展主要经历了土地改革时期、农业合作化时期、人民公社化时期和家庭承包经营时期四个阶段。农地制度和农业经营方式依次经历了土地改革时期的土地农民所有、家庭经营,农业合作化时期的土地农民所有、互助合作经营,人民公社化时期的土地集体所有、集体经营,改革开放后土地集体所有、家庭承包经营的历史演变轨迹。

一、新中国成立以来的乡村变迁轨迹

(一)土地改革时期:土地农民所有、家庭经营

旧中国,地主、富农占农村人口总数的10%不到,却占有农村70%~80%的耕地,而贫农、雇农和中农占农村人口数的90%以上,却只占有20%~30%的耕地,终年辛勤劳动却入不敷出。土地改革前我国农民向地主缴纳的地租额很高,普遍在50%以上,有的高达70%~80%,甚至更高[1]。地主阶级凭借占有的大量土地残酷剥削广大农民,而且与大商人、高利贷者、官僚、军警等勾结在一起,横行乡里,鱼肉百姓。此外,不少大地主还有"团防"等武装力量。封建地主土地所有制和租佃经营制度,使地主与农民的矛盾不断激化,阻碍了生产力的发展和社会的进步。

在土地改革过程中,中国共产党制定了正确的路线方针政策,在农民群众中组建基层党组织,依靠以贫雇农和中农为主的广大人民群众的力量,消灭了封建剥削的土地制度,农民成为土地的主人,满足了千百年来农民作为小生产者"耕者有其田"的愿望和要求,激发了广大农民的生产积极性和劳动热情,推动了农村生产力的迅速发展,也赢得了广大农民对中国共产党的

---

[1] 朱玉湘. 试论近代中国的土地占有关系及其特点 [J]. 文史哲, 1997 (2): 43-52.

拥护和支持。

土地改革完成后，农民分得土地和财产，扬眉吐气，掀起了一股"发家致富"的热潮①。过去骑在穷苦农民头上作威作福的大地主则家产被分，有的遭到批斗。与1949年相比，1952年粮食总产量提高了44.79%，由2363亿斤增加到3277亿斤；棉花总产量增长了193.36%，由888万担增加到2607万担。1953年农村购买力比1950年提高了70%②。

（二）农业合作化时期：土地农民所有、互助合作经营

土地改革虽然实现了耕者有其田，但却保留了土地私有和买卖转让制度，在个体小农经济基础上，农村开始出现两极分化，也出现了新的剥削和高利贷等问题。土地改革后许多农民底子薄，依靠单个家庭很难抵御自然灾害等风险，进行正常的生产经营活动都困难重重，更无力进行村庄公共建设，出现了贫富分化和土地兼并的趋势。个体小农小规模分散经营，生产能力非常有限，无力实现对乡村社会的大规模改造和建设，也难以适应国家工业化和大规模社会主义建设的需要。"小生产的分散性和有计划的国家建设难以适应，和社会主义工业化之间的矛盾日益显露。"③ 在土地等生产资料私有制的基础上，若任凭小农经济自然发展，农村将会出现贫富分化和新的剥削，党在农村的革命成果就会丧失。

通过合作社等方式引领个体农民组织起来发展合作经济，逐步走向集体化，才有可能从根本上扭转农民被剥削被压迫的命运，实现新民主主义社会向社会主义社会的过渡。改造小农经济，引领农民走社会主义道路，这在党内基本达成共识。在党的七届二中全会上，毛泽东就指出："占国民经济总产值90%的分散的个体的农业经济和手工业经济，是可能和必须谨慎地、逐步地而又积极地引导它们向着现代化和集体化的方向发展，任其自流的观点是错误的，必须组织生产的、消费的和信用的合作社。……谁要是忽视或轻视这一点，谁就犯极大的错误。"④

为了克服农民分散经营的困难，提高农民建设农村和发展生产的能力，

---

① 冯道杰. 从民谣俚语看20世纪50年代中国农民组织化的得失［J］. 武汉理工大学学报，2011（4）：17-18.
② 刘守英. 农民对土地产权的意愿及其对新政策的反应［J］. 中国农村观察，1998（2）：18-25.
③ 中共中央文献研究室. 建国以来重要文献选编：第4册［M］. 北京：中央文献出版社，1993：713.
④ 毛泽东. 毛泽东选集：第4卷［M］. 北京：人民出版社，1991：1322-1332.

1951年9月，中共中央召开了第一次农业互助合作会议，通过了《关于农业生产互助合作的决议（草案）》，引导农民互助合作，提出了按照积极引导、稳步前进的方针和自愿互利的原则，提倡农民"组织起来"，逐步引导农民走集体化的道路。1952年底，在党和政府正确引导和指导下，全国已有40%的农户加入了各种形式的农业互助合作组织，农业互助合作运动迅速发展起来①。1953年，时任中央农村工作部部长的邓子恢就提出发展农村经济有两条道路、两种方法，"一是让个体农民向富农高利贷去借债，去当雇工，出卖劳动力，廉价出卖农产品，……这就是让少数人发财致富，多数人破产贫困。这是让农村资本主义漫无限制泛滥发展的道路。另一条是领导农民组织起来，靠大家互助合作的力量，再加上国家帮助来解决生产中的困难，结果大家富裕"②，这是大多数农民群众共同富裕的社会主义集体化发展道路。

1953年底，中共中央又通过了《关于发展农业生产合作社的决议》，指出按照自愿和互利的原则，组织农民组建互助组、初级社、高级社，号召农民在生产资料公有制的基础上进一步联合起来，走社会主义道路。1955年夏季之前，由于提倡多种合作形式，加上采取了正确的措施，互助组和初级社都有了发展，高级社也处于试办过程中。初级社由1953年的1.5万个发展到1955年的63.3万个，规模由每社18.1人增加至26.7人③。从互助组到初级社的过渡，基本遵循了自愿互利原则，顺应了农户互助合作的需要。初级合作社较好地处理了公平与效率、集体与个人的关系，克服了农民个体经营的局限性，农民自身也体会到组织起来统一经营的优越性。我国农村形成了农户个体经营、互助组、初级社、高级社、国营农场多种经济成分、多种经营形式及购销、资金等专业合作共同发展的格局，极大地促进了农村生产力的发展。1950—1955年，全国粮食增长39.2%，农业产出增长44.6%④。

1955年夏，关于农业合作化的速度问题引发了一场争论。以邓子恢为代表的一部分人认为农业合作社发展过快，提出"砍掉"一些农业社，最多发展100万个初级社。以毛泽东为代表的中央领导根据新中国面临的错综复杂环境，从推进社会主义制度的建立和国家工业化战略大局出发，提出适度加

---

① 《当代中国农业合作化》编辑室. 建国以来农业合作化史料汇编[M]. 北京：中共党史出版社，1992：32.
② 邓子恢. 邓子恢文集[M]. 北京：人民出版社，1996：342-343.
③ 邓子恢. 邓子恢文集[M]. 北京：人民出版社，1996：51.
④ 邓子恢. 邓子恢文集[M]. 北京：人民出版社，1996：58.

快初级社发展，全年发展130万个，并批评了个别领导人滞后于群众实践、过于保守的错误。1956年1月，毛泽东亲自主编了《中国农村社会主义高潮》，大办高级农业生产合作社的热潮随之掀起。同年春，各地农村大办高级社，并形成了"你追我赶，争先恐后"的"群众运动"，全国农户的80.3%已加入初级社，近一半加入高级社。1956年底，农户总数的96.3%加入了合作社，其中87.8%参加了高级社，完成农业合作化原本预计用三个五年计划，实际仅用了3年多[1]。1950—1957年互助组、初级社、高级社的数量、规模变化情况如表1-1所示。

表1-1 1950—1957年互助组、初级社、高级社的数量、规模变化情况[2]

年份	互助组			初级社			高级社		
	数量（万个）	增长率（%）	户数/组（个）	数量（万）	增长率（%）	户数/社（个）	数量（万）	增长率（%）	户数/社（个）
1950	280.2		4.2	18		10.4	1		32
1951	423.7	51.21	4.5	12	-33.33	12.3	1	0.00	30
1952	802.6	89.43	5.7	0.4	33233.33	15.7	10	900.00	184
1953	745	-7.18	6.1	1.5	275.00	18.1	15	50.00	137.3
1954	993.1	33.30	6.9	11.4	660.00	20	0.02	1233.33	58.6
1955	714.7	-28.03	8.4	63.3	455.26	26.7	0.05	150.00	75.8
1956	85	-88.11	12.2	21.6	-65.88	48.2	54	107900.00	198.9
1957				3.6	-83.33	44.5	75.3	39.44	158.6

高级社的建立使所有制和分配关系发生了根本变化，农民的土地私有制转变为合作社的集体所有制，集体所有、集体经营，生产队取代农民家庭成为生产经营的基本单位，劳动力、土地、耕畜、农具等生产资料均由生产队统一支配，取消了土地按股分红，实行按劳分配，小农经济改造任务基本完成，延续几千年的小农经济制度彻底瓦解。农村社会面貌出现了史无前例的巨大变革，传统的以家庭为单位的生产方式与生活方式被打破，集体观念增强，农民由小生产者变为集体组织成员，克服了个体经营的困难，互助合作，依托集体的力量进行基础建设和农田水利建设，改造乡村社会，为推进农业机械化、水利化、农村工业化创造了条件，农村社会和农民的改造完成。

"一五"期间，农业生产遭受自然灾害，组织起来的广大农民发挥了高度

---

[1] 邓子恢. 邓子恢文集[M]. 北京：人民出版社，1996：89.
[2] 中央财经领导小组办公室. 中国经济发展50年：大事记[M]. 北京：人民出版社，1999：81.

的积极性和创造性，与自然灾害艰苦斗争，取得了重大胜利，农业生产得到较大发展。农业总产值1957年比1952年增长了24.7%，由483.9亿元增加到603.5亿元，比1949年的325.9亿元，则增长了85.1%。1957年粮食产量达到3900.9亿斤①（见表1-2）。

表1-2 1949—1957年农业生产发展情况

年份	1949	1957	1952
粮食产量（亿斤）	2263.6	3900.9	3278.3
棉花产量（万担）	888.8	3280	2607.4
农业总产值（亿元）	325.9	603.5	483.9

资料来源：白光，李永全. 中国农业发展之路 [M]. 北京：中国审计出版社，2001：79-81.

五年间进行了大量的农田水利基本建设，在经常泛滥的主要河流上建成了许多大水库和水利工程，如安徽的梅山、佛子岭，河南的南湾、薄山、白沙、板桥，北京的官厅等。根治黄河的主要工程——黄河三门峡水利枢纽工程，也于1957年4月开工。1957年灌溉面积21809万亩，改造洼地易涝面积19446万亩。农业机械化程度有了较大提高（见表1-3）。②

表1-3 1952年、1957年农业机械化程度比较③

年份	农业机械总动力（万马力）	农用大中型拖拉机（台）	机耕面积（万公顷）	机电灌溉面积（万公顷）	化肥使用量（万吨）	农村用电量（亿度）
1952	25	1307	13.6	31.7	7.8	0.5
1957	165	14674	263.6	120.2	37.3	1.4

农业合作化还推动了国家工业化的发展，1952年至1957年，全国工业总产值年均增长18.4%，由343亿元增加到784亿元。轻工业1957年比1952年增长83%，重工业在工业总产值中的比重从1952年的35.5%增加到1957年的48.3%，产量增长2.2倍，机械设备自给率达60%以上，为我国建立独立的工业体系奠定了基础。"一五"期间工业生产所取得的成就，大大超过了旧中国的

---

① 白光，李永全. 中国农业发展之路 [M]. 北京：中国审计出版社，2001：79-80.
② 白光，李永全. 中国农业发展之路 [M]. 北京：中国审计出版社，2001：81.
③ 中华人民共和国国家统计局. 中国统计年鉴（1985）[M]. 北京：中国统计出版社，1986：281.

100多年，同工业起飞时期世界其他国家的增长速度相比，也是名列前茅①。

农业合作化运动实现了对小农经济的改造，不仅推动了我国农业生产的发展，还改变了农民的精神风貌和农村的社会风气。合作化运动的顺利进行及其对农村经济社会的极大推动表明：采用适当的方式方法，把农民合作的积极性和国家力量的推动有机结合起来，让小生产者组织起来走集体化道路是完全可以实现的，把农民组织起来产生的集体力、协作力，是个体小农经济难以比拟的，符合社会进步和生产力发展要求，让我国农村社会发生了翻天覆地的历史巨变。

（三）人民公社化时期：土地集体所有、集体经营

毛泽东在看到小社并大社的优势之后，又进一步提出了办人民公社的构想。为满足大规模农田水利建设和国家工业化发展的需要，党中央顺应人民群众的建设热情和农村发展形势，发起和推动了人民公社化运动，以推动先进农业技术装备的应用，在更大范围内实现生产要素的优化配置，增强农民组织起来进行大规模农田水利建设的能力，寻找一条中国特色的农村工业化、城镇化道路，探索一种在农村建设社会主义，并向更高阶段过渡和发展的社会组织形式。

1958年3月，政治局扩大会议在四川成都举行，通过了《关于把小型的农业社适当地合并为大社的意见》等文件②。1958年7月，第一个人民公社在河南信阳嵖岈山成立，受到人民群众的热烈欢迎。8月，北戴河中共中央政治局扩大会议通过了《中共中央关于在农村建立人民公社问题的决议》，指出由高级社发展到人民公社是形势的必然要求，"大规模的农田基本建设和先进的农业技术措施，要求投入更多的劳动力，农村工业的发展也要求从农业生产战线上转移一部分劳动力，我国农村实现机械化、电气化的要求已愈来愈迫切；在农田基本建设和争取丰收的斗争中，打破社界、乡界、县界的大协作，组织军事化、行动战斗化、生活集体化成为群众性的行动"，提出要"建立农林牧副渔全面发展、工农商学兵互相结合的人民公社"，以此作为农村进行社会主义建设的组织载体。北戴河会议后，全国各地在原有大社转公社的基础上，迅速掀起人民公社化运动的高潮。到1958年底，全国74万多个农

---

① 胡绳. 中国共产党的七十年 [M]. 北京：中央党史出版社，1991：337-338.
② 王景新. 农村改革与长江三角洲村域经济转型 [M]. 北京：中国社会科学出版社，2009：28-31.

业合作社改组合并成 2.6 万多个人民公社，参加公社的农民占农户总数的 99%以上①。人民公社的出现不是偶然的，是中国共产党顺应大农业、大生产要求，优化区域资源配置，推动大规模农田水利建设，应用先进农业技术装备，在农村实践社会主义并向更高阶段发展的探索。

在人民公社化运动初期，短短几个月的时间就完成了高级社向人民公社的过渡，在合并成为大社时过于追求"一大二公""一平二调"，使权责利互相脱节，监督激励陷入困境，农业生产滑坡，粮食减产。1959 年 2 月召开了中共中央政治局扩大会议，纠正"一平、二调、三收款"，起草了《关于人民公社管理体制的若干决定（草案）》，将公社分级管理制度概括为：统一领导，队为基础；分级管理，权力下放；三级核算，各计盈亏；分配计划，由社决定；适当积累，合理调剂；物资劳动，等价交换；按劳分配，承认差别。后又经过一系列的调整和修改完善，1962 年 9 月，中国共产党第八届中央委员会第十次全体会议通过了《农村人民公社工作条例修正草案》，坚持了"三级所有，队为基础"，把土地、劳力、牲畜、农具"四固定"到生产队，人民公社体制逐步完善并走向成熟。

人民公社实行政社合一，既是经济组织，也是政治组织和行政机构。多数以生产队和生产大队为核算单位，集工农商学兵于一体，组织军事化，行动战斗化，劳动集体化。中国农民几千年来以家庭为单位的个体小农生产方式被完全颠覆，经过多次调整，"三级所有，队为基础"的人民公社基本模式被长期保留下来。生产队规模一般 20~30 户，既是基本生产单位，也是基本生活和熟人单位，便于管理、监督、沟通和协调。人民公社以其集体化、组织化的体制支撑大规模农田水利建设和农村工业化建设，修建了 8.6 万座水库，社队企业蓬勃发展，除个别年份外，我国农业生产稳步增长，农民生活逐步改善，1949 年至 1978 年我国人口数从 5.42 亿增加到 9.63 亿，人均寿命从平均 32 岁增加到 67 岁②，农村社会面貌发生了翻天覆地的变化。

人民公社是一次全新的探索，但其内部有效的激励监督制度和管理运营机制仍需进一步完善。类似"上班听敲钟，干活磨洋工""分配平均主义"等现象降低了农民个体的积极性，也制约了农业生产的快速发展和农民生活

---

① 国家统计局国民经济综合统计司. 新中国五十年统计资料汇编［M］. 北京：中国统计出版社，1999：588.

② 于鸿君. 两种体制、两个奇迹与"两个时期互不否定"［J］. 北京大学学报（哲学社会科学版），2021（1）：14-23.

水平的显著改善,农民人均收入和全国人均占有农产品产量增速缓慢(见表1-4、表1-5)。随着公有化规模与程度的不断提升,如何建立有效的激励约束机制,解决民主管理、公平与效率、机会主义等问题,仍需在理论上和实践上不断探索。

表1-4　1957—1978年农民人均收入及其构成　　　　　　　　　　单位:元

年份	1957	1962	1965	1970	1975	1978
农民人均收入	87.57	111.53	117.27	129.25	133.45	151.79
其中:从集体得到的	43.40	52.52	63.17	78.35	76.05	88.53
家庭副业生产的	36.08	50.59	43.36	42.43	49.17	54.01
其他	8.09	8.09	10.74	8.47	8.23	9.25

资料来源:国家统计局国民经济综合统计司.新中国五十年统计资料汇编[M].北京:中国统计出版社,1999:878-886.

表1-5　1957—1978年全国人均占有主要农产品产量

年份	1957	1962	1965	1970	1975	1978
全国总人口(万人)	64653	67295	72538	82992	92420	96259
人均占有粮食(公斤)	301.69	237.76	268.18	289.14	307.86	316.61
人均占有棉花(公斤)	2.54	1.11	2.89	2.74	2.58	2.25
人均占有油料(公斤)	6.49	2.98	5.00	4.55	4.89	5.42
人均占有肉产品(公斤)	6.16	2.88	7.60	7.19	8.62	8.90
人均占有水产品(公斤)	4.83	3.39	4.11	3.83	4.77	4.84

资料来源:国家统计局国民经济综合统计司.新中国五十年统计资料汇编[M].北京:中国统计出版社,1999:533,545,546.

(四)家庭承包经营时期:土地集体所有、家庭承包经营

家庭承包经营时期,主要是指改革开放后我国农村以土地集体所有、农民家庭承包经营为主的时期。这一时期,家庭联产承包责任制取代人民公社制度,土地集体所有,但集体层面统一生产经营基本缺失或弱化,家庭承包分散经营,细碎耕作。农民基本以家庭为单位从事农副业生产,以及通过务工经商等谋生存,独立应对自然风险、社会风险、市场风险等,劳动付出与收益直接挂钩,劳动者与土地等主要生产资料直接结合。[①]

党的十一届三中全会深入讨论了农业问题,认真总结了新中国成立后农

---

① 国家统计局国民经济综合统计司.中国五十年统计资料汇编[M].北京:中国统计出版社,1999:537.

业发展走过的曲折道路，强调要按照自然规律和经济规律，尊重和保护社员群众的民主权利和物质利益。在全会精神鼓舞下，各地农村干部和社员群众从实际出发，各种形式的农业生产责任制迅速发展。各地从以定额包工、联产到组为主的责任制，进一步发展到包产到户、包干到户（见图1-1）。1979年，有84.9%的生产队以及生产大队实行了各种形式的责任制①。1982年，中国农村98.7%的生产队建立了农业生产责任制，80%以上选择包干到户。1983年底，99.5%的基本核算单位普遍实行了生产责任制，涉及农户占总数的97.1%②。1982—1986年，中共中央连续发出一号文件，反复强调要长期稳定农村土地承包关系，不断巩固和完善统分结合的双层经营体制。五个一号文件从"不许""不要"到有条件的"允许"，直至"完全放开"，最终确立并巩固了家庭联产承包责任制。

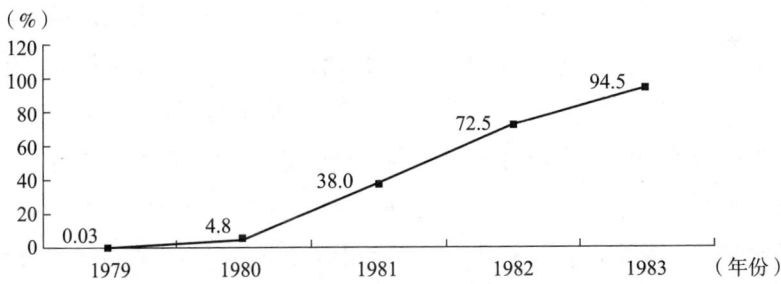

图1-1　1979—1983年包干到户农户数量占总农户数量比例变化情况

资料来源：中国农业年鉴（1979—1986）[M]．北京：中国统计出版社，1987：526．

从人民公社制度到家庭承包制，本质上都是政府主导、农民积极配合参与的制度变迁。以安徽凤阳小岗村为代表的很多村庄，农民自发要求家庭承包经营，但在河北周家庄、河南刘庄村、江苏华西村等一些集体经济发展较好的乡村分田到户的做法却遭到抵制。小岗村的农民并不能代表全国所有农民，小岗村也并不能代表全国广大农村，并不意味着所有村庄都适合承包经营。现实实践中，大多数农村地区的做法也大大超出了以集体经营为主导、家庭经营为基础"统分结合"的初衷，事实上变成了"只分不统""有分无统"，集体经济日益弱化。

---

① 国家统计局农村司．中国农村40年[M]．郑州：中原农民出版社，1989：130．
② 国家统计局国民经济综合统计司．新中国五十年统计资料汇编[M]．北京：中国统计出版社，1999：633．

1983年中央一号文件发布《当前农村经济政策的若干问题》，肯定统一经营和分散经营相结合的联产承包经营方式可以满足不同层次生产力水平的发展要求，具有很强的适应性。强调家庭经营是集体经济、合作经济的一个经营层次，集体层面统一经营仍居于主导地位，和以往小私有基础上的小农经济有本质区别。生产队或大队在实行联产承包以后仍然是劳动群众集体所有制的合作经济，应当继续按照国家的计划指导安排某些生产项目，保证完成交售任务，管理集体的土地等基本生产资料和其他公共财产，为社员提供各种服务。在坚持农村土地集体所有的基础上，建设"统分结合、双层经营"的地区性合作经济组织，其目的是想通过集体层面的"统"来解决分散农户解决不了和解决不好的事情，同时也便于完成国家安排的某些生产项目和任务。

中共中央在《关于1984年农村工作的通知》中正式提出土地承包期一般应延长至15年以上。虽然中央文件不断强调，"双层经营体制是统一经营和分散经营相结合，各地需要设置以土地公有为基础的地区性合作经济组织"[1]，承担"生产服务职能、管理协调职能和资产积累职能，有条件的地方，还要组织资源开发、兴办集体企业等"，但事实上，多数合作经济组织和集体经济组织形同虚设，既没有资金来源，也没有组织经营，"统"的功能减弱。1988年，农业部[2]进行的百县1200个村地域性合作组织建设的调查显示，1984—1987年，83%以上的样本村合作组织为农户提供的机耕、生产资料购买、植保、农产品销售、农机服务、技术培训指导等各项服务全面持续下降，集体开展和提供的服务十分有限[3]。此后，中央决定在原定的15年土地承包期即将到期之时，承包期再延长30年不变，并提倡在承包期内实行"增人不增地，减人不减地"。1998年底，大多数地方向农户颁发了土地承包经营权证书，签订了30年不变的土地承包合同。

随着分田到户，许多地区村级组织处于瘫痪半瘫痪状态，村内公共事务无人问津，村民之间的凝聚力、组织力大大减弱。在这样的情况下，1980年，

---

[1] 国家统计局农村司.中国农村40年[M].郑州：中原农民出版社，1989：147.

[2] 2018年3月，根据第十三届全国人民代表大会第一次会议批准的国务院机构改革方案，将农业部的职责整合，组建中华人民共和国农业农村部。

[3] 孙亚范，徐琛.江苏新型农民专业合作组织的现状与发展[J].现代经济探讨，2003（6）：13.

广西宜州市①屏南乡合寨大队果作生产队社员自发组织起来，每户派出1人无记名投票选举产生了村委会成员，后又讨论形成了村规民约，由此，开启了中国农村村民自治、自我管理的历程，进而形成了家庭联产承包和乡政村治的局面。

2004年，国务院颁布《关于深化改革严格土地管理的决定》，明确规定"农民集体所有建设用地使用权可以依法流转"。同时，开始了广东、浙江、江苏、上海、安徽、天津等地的农村建设用地使用权流转局部或区域试验。2008年10月，党的十七届三中全会发布《中共中央关于推进农村改革发展若干重大问题的决定》，要求各地做好"农村土地确权、登记、颁证工作"。2010年中央一号文件提出，要健全流转市场，加强流转管理和服务，发展多种形式的适度规模经营。2013年中央一号文件提出，用5年时间基本完成农村土地承包经营权确权登记颁证工作，妥善解决农户承包地块面积不准、四至不清等问题。

2013年党的十八届三中全会发布的《中共中央关于全面深化改革若干重大问题的决定》要求，建立农村产权流转交易市场，推动农村产权流转交易公开、公正、规范运行。2014年11月，中共中央办公厅、国务院办公厅印发《关于引导农村土地经营权有序流转发展农业适度规模经营的意见》，指出要大力发展土地流转和适度规模经营。2016年12月，为探索农村集体所有制有效实现形式，创新农村集体经济运行机制，颁发了《中共中央 国务院关于稳步推进农村集体产权制度改革的意见》，强调"坚持农民集体所有不动摇，不能把集体经济改弱了、改小了、改垮了，防止集体资产流失；坚持农民权利不受损，不能把农民的财产权利改虚了、改少了、改没了，防止内部少数人控制和外部资本侵占"。2017年，党的十九大报告提出实施乡村振兴战略；2021年4月，十三届全国人大常委会第二十八次会议表决通过《中华人民共和国乡村振兴促进法》，强调"各级人民政府应当坚持以农民为主体，以乡村优势特色资源为依托，支持、促进农村一二三产业融合发展，推动建立现代农业产业体系、生产体系和经营体系"，以法律的形式表明党中央推动农业农村现代化的强大意志，中国农村经济社会发展进入新时代。

---

① 2016年12月14日，国务院批复同意撤销县级宜州市，设立河池市宜州区；同意河池市政府驻地迁至宜州区。

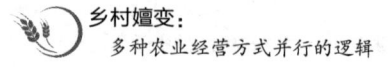

二、两种主要村庄发展模式：集体化村庄、分散型村庄

（一）集体化村庄与分散型村庄发展模式的形成

改革开放以来，我国在农村土地集体所有的基础上各地农业最主要的区别是经营方式不同。大部分地区根据要求实行了家庭经营，一少部分地区继续坚持以集体统一经营为主，由此，出现了集体经营、家庭经营两种最主要的农业经营方式。基于两种不同的农业经营方式，出现了不同的农业经营主体和农业经营体系，形成了不同的经济成分和产业结构，导致了农民生产生活方式的不同，主要形成了两种不同类型的村庄发展模式：一是建立在农业家庭承包经营基础上，发展以个体经济、私营经济为主的分散型村庄；二是继续坚持农业集体经营，或者在家庭经营基础上充分发挥集体层面统一经营的主导作用，发展集体经济与合作经济，形成集体经济占主体地位的集体化村庄①。

分散型村庄，是指改革开放以来，在人民公社集体化体制解体的基础上，以家庭承包经营集体土地而逐步形成的，个体经济、私营经济占主导和主体地位的村庄。这类村庄农民以家庭为单位经营承包土地，劳动者与生产资料直接结合，劳动与收益直接挂钩，分散经营、细碎耕作，集体经济日趋弱化，集体经济组织逐渐虚置或虚化，个体私营经济占据主导和主体地位，乡村社会日益碎片化，农民日益原子化，呈现出马克思所描述的"一袋马铃薯②"的分散状态。

集体化村庄，是指改革开放以来，继续坚持土地集体所有，以集体经营、合作经营为主，集体经济与合作经济占据着主体和主导地位，走共同富裕发展道路的村庄。这类村庄都有强有力的基层党组织和核心领导班子，集体经济、合作经济占据主导和主体地位，农民组织化程度较高，村民之间在生产

---

① 冯道杰. 集体化村庄可持续发展的路径探讨 [J]. 马克思主义研究，2014（9）：62-71.

② 马克思在《路易·波拿巴的雾月十八日》中对法国小农的描述："小农人数众多，他们的生活条件相同，但是彼此间并没有发生多种多样的关系。他们的生产方式不是使他们互相交往，而是使他们互相隔离。……一小块土地，一个农民和一个家庭；旁边是另一小块土地，另一个农民和另一个家庭。一批这样的单位就形成一个村子；一批这样的村子就形成一个省……就像一袋马铃薯是由袋中的一个个马铃薯汇集而成的那样。"（马克思恩格斯选集：第 1 卷 [M]. 中共中央马克思恩格斯列宁斯大林著作编译局，编. 北京：人民出版社，2012：762.）

生活中相互合作，彼此联系紧密，社区关联度较高，村庄公共生活比较丰富，社区基础建设较好，有的村庄已经基本消除了城乡差别、工农差别，实现了工业文明与农业文明、城市文明与乡村文明的交融共进。

无论是分散型村庄，还是集体化村庄，新中国成立之前都是传统的小农村庄，都是经过以集体化为特征的社会主义改造，从人民公社体制下的村庄演化而来的。集体化村庄主要是农村改革后继续坚持集体经营，或者是较好地完善和发挥了集体层面统一经营的作用，进一步发展壮大了村庄集体经济、合作经济，集体经济占据主体和主导地位而呈现出的村庄发展状态。

分散型村庄主要是在农村改革后农业实行家庭承包经营，而集体层面的统一经营没有完善起来，甚至完全缺失的情况下，集体经济、合作经济逐渐弱化，个体经济、私营经济逐步发展，进而呈现出的村庄发展状态。无论从主要经营方式、主要经济成分，还是村庄发展状态来看，分散型村庄都呈现出分散和涣散状态。地分了，人心散了。村庄内各个家庭自己顾自己，分散经营，分散决策，很少有共同的、集体的、群体的生产经营活动，人们之间的社会关联度低，相互之间的利益链接也比较松散。

(二) 集体化村庄与分散型村庄发展特征比较

广大分散型村庄以家庭分散经营为主体，单个家庭规模小，技术、资金等实力弱，集体经济日益弱化，个体经济、私营经济得到发展，个体农民知识文化水平相对较低，呈现出"小、散、弱、愚"的状态[1]，青壮年劳力纷纷外出打工，乡村公共事业发展滞缓，资源日益流出，多数村庄日益原子化、碎片化，呈现出散乱、衰败景象，出现了空心村、空巢老人、留守妇女、留守儿童等问题。

在大多数村庄以家庭分散经营为主的同时，以江苏江阴华西村、河南漯河南街村、河南新乡刘庄村等为代表的村庄坚持以集体层面统一经营为主导，社区农民依靠组织起来的集体化、合作化的力量，增强市场竞争力，发展集体经济、合作经济，发展非农产业和现代农业，延伸产业链条，基本建成了基础设施完善、公共事业兴旺、社区环境美化、社会文明和谐、社区福利丰

---

[1] 这里套用乡村建设平民教育家晏阳初的观点，他认为小农经济状态下中国农民"贫、愚、弱、私"，把分散型村庄个体农民的状态概括为"小、散、弱、愚"，指个体农民规模小，经营分散，力量薄弱，知识文化水平不高。

厚的社会主义新农村[①]。集体化村庄与分散型村庄发展特征比较见表1-6。

表1-6 集体化村庄与分散型村庄发展特征比较

比较项目	集体化村庄	分散型村庄
主要经济成分	集体经济、合作经济为主	个体经济、私营经济为主
主要产业结构	一二三产业比较协调，非农产业发达	一二三产业发展不平衡
农业主要经营方式	集体经营，合作经营；以家庭经营为基础，集体层面统一经营为主导	以家庭经营为主，集体层面统一经营缺失
社会发展程度	工业化、城镇化、农业现代化程度较高	发展不协调、不平衡问题突出
收入分配	贫富分化相对较小	贫富分化较大
人员流动	人员流出较少，部分吸纳外来劳动力	劳动力纷纷外出务工经商
村民组织化程度	组织化程度较高，关联比较紧密	组织比较松散，关联度较低
价值观念	集体主义观念较强	个人主义观念较强
公共事业	村庄建设、社会福利和社会保障较好	村庄建设较乱，社区福利较少
主要社会问题	社会治安较好，人际关系较为和谐，但村民个人的自由度受较多限制，个别村庄具有家族化私有倾向和干部集权专制等问题，人们的私心逐渐膨胀，存在着通过"改制"等化公为私的隐患	个人自由度较高，但空心村、空巢老人、留守妇女、留守儿童、公共事业等问题突出。一些地方传统道德滑坡，出现干部贪污腐化、富人政治、宗族势力等现象

（三）划分两种村庄发展模式的说明

虽然尚未见到学术界系统地进行对比研究的权威性学术成果，也未见到以分散型村庄和集体化村庄命名的权威性官方表述，但是，我国广大农村在人民公社体制逐步解体的基础上，基于农业经营方式不同，形成了不同的经济结构和村庄发展状态，这是客观事实。以集体经济为主的村庄和以个体私营经济为主的村庄并行发展，呈现出不同的发展现状和发展趋势，这也是不争的客观事实。经过改革开放40多年的实践，对两种类型村庄的历史变迁、发展规律、内在动力和演化趋势进行分析和比较研究，在理论和实践上，都有其必要性和重要价值。

从本义上讲，分散是相对于集中而言。本书之所以把以集体经济为主导、

---

① 冯道杰，程恩富．不同农业经营体系的构建与分散型村庄的未来［J］．中州学刊，2015（1）：47-53．

采取集体经营方式推动村庄经济社会发展的村庄类型称为"集体化村庄",而没有将其称为"集中化村庄"或"集中型村庄",把日益原子化、碎片化、离散化的个体私营经济主导的村庄称为"分散型村庄",主要基于以下考虑:

第一,集体化村庄主要是在实现村庄资源集中和集聚的基础上采取集体经营方式,推动经济社会发展,进而在生产生活中形成了一个生存和发展共同体。这个共同体不仅实现了资源的集中优化配置,而且实现了经济社会发展的集体化状态。从村庄发展的整体形态和内在机制上看,是在提升农民组织化程度和水平的基础上,依托集体力量,发展集体经济,进而形成的一个发展共同体。这个发展共同体是在集中基础上形成的,但已经不仅仅是集中,而是形成了集体化的状态。同样,在家庭经营基础上形成的个体经济和私营经济主导的村庄,不仅是集体经济日益弱化,资源日益从集体集中配置转变为分散经营和支配,而且,村庄社区集体呈现出离散、涣散的分散化状态,因此,把此类村庄称为"分散型村庄"。

第二,新中国成立以来,把依托集体力量实现资源集聚和集中而发展的经济称为"集体经济"或"合作经济",而很少称之为"集中经济",集中是手段和方式,集体与合作则是包含这种手段和方式的过程和结果。无论是集体化村庄还是分散型村庄,也都是在人民公社体制的基础上逐步演化而来的,把集体经济、合作经济占主导地位的村庄称为"集体化村庄",更加符合我国的历史传统和发展实践,分散型村庄的表述也更能表明这种类型村庄的发展特征。

第二章
以集体层面统一经营为主导的村庄：集体化村庄

在中国大多数农村普遍推行农业家庭经营的同时，许多集体经济发展较好的村庄继续充分发挥基层党组织的领导核心作用，坚持集体层面统一经营及其主导地位，大力发展壮大集体经济与合作经济，形成了内部联系紧密度更高的集体化村庄。研究以集体层面统一经营为主导的村庄发展轨迹、内在动因、发展现状、发展特征、发展困境、发展经验及其面临的问题与挑战，对新时代完善双层经营体制、全面推进乡村振兴和农业农村现代化都具有重大意义。

一、集体化村庄的主要发展类型与发展特征

（一）集体化村庄的主要发展类型

尽管集体化村庄是以集体经济、合作经济为主导和主体的，但是，伴随着大范围家庭承包经营的推行和市场化改革的推进，许多村庄在坚持集体层面统一经营、发展集体经济的实践中，出现了很大变化和多种模式。

1. 根据集体化村庄与人民公社时期的关系划分，集体化村庄主要分为传统继承型和再集体化创业型

（1）传统继承型集体化村庄

在大多数村庄实行家庭承包经营的情况下，以河北周家庄乡、河南刘庄村、江苏华西村等为代表，顶住多方压力，根据本地实际，在群众支持下，没有分地到户，也没有把集体企业承包给私人，更没有把集体社队资产分光卖净，而是继续坚持集体经营，较好地保留和运用了人民公社体制下的丰富遗产和有利条件，适应市场化的新形势，依托集体力量较早地发展了非农产业和

现代农业，走共同富裕道路①，本书称之为"传统继承型集体化村庄"。

在人民公社体制下，这些村庄都有相对发达的集体经济，都有领导水平和发展能力较强、奉献精神和党性较强的领导人和领导群体。无论在经营管理水平、群众觉悟，还是在经济社会发展和人民生活水平等方面，都取得了非常不错的成绩。在全国大多数村庄分田到户的情况下，这些村庄的带头人也曾经徘徊犹豫，多次召开党员干部会议后，又召开群众大会，基层党组织在大多数干部群众支持下，坚定地走集体统一经营的道路，依托集体化组织化的力量，拓展延伸产业链供应链价值链，较早地推进农村工业化、城镇化、农业现代化的发展，取得了"1+1>2"的合作效果，在市场化改革之初获得了规模效益和组织效益。（参见案例 1：中原共同富裕的一面红旗：河南刘庄；案例 2：社队企业基础上起飞的"天下第一村"——华西村；案例 3：坚持集体统一经营的"老坚决"与"红手印"）

河南省新乡县七里营镇刘庄村原党委书记史来贺一生扎根农村，带领刘庄村民从实际出发，大力发展集体经济，20 世纪 70 年代刘庄村就基本实现了农业机械化、水利化，工林牧副全面发展。1983 年全国分地到户时，刘庄村民达成共识，继续发展集体经济，坚持集体经营，走共同富裕道路。2002 年史来贺去世时，刘庄村已经实现了农村工业化、城镇化和农业现代化，村民则在市场化大潮中实现了组织化知识化，过上了生老病死有保障，富足而充实的生活。

河北省晋州市周家庄乡不仅在新中国成立的时候就成立了互助组、初级社、高级社，而且自 1956 年成立高级社以来，一直坚持社队两级所有，全乡统一核算。在乡一级，1958 年成立人民公社，1983 年成立乡农工商合作社；在队一级，由最初的 6 个自然村合并，到现在分为 10 个大队，进行具体的生产经营管理。1980 年，周家庄全社人均收入 500 多元，粮食 550 斤，小孩从幼儿园到读中学，一律免费，60 岁老人还有退休养老金。当全国范围内推行家庭承包经营的时候，由于周家庄乡农业机械齐全高档、成龙配套，有统一的灌溉体系、机耕队及发达的集体工副业和较高的社会福利等，全社 3055 户代表在"不分家"协议上摁下了红手印。在社员群众的支持下，时任公社党委书记"老坚决"雷金河顶住各种压力，完整保留了集体所有制和集体经营体系，且至今未变。

---

① 冯道杰. 集体化村庄可持续发展的路径探讨［J］. 马克思主义研究，2014（9）：62-71.

无独有偶。以老书记吴仁宝为代表的江苏江阴华西人也同样抵制住了分田到户的压力，继续坚持集体经营，依靠集体组织化的力量，把有限的资源集聚起来，向二、三产业拓展延伸，华西村的集体企业迅速发展起来，使得农民依托组织化协作化的力量开拓市场，拓展延伸产业链价值链，分享利润，从而实现了人财物等资源向农村和农民的回流，形成了财富流向多数农民的内在机制，而不是流入私营企业主等少数人手中，华西村也赢得了"天下第一村"的称号。

（2）再集体化创业型集体化村庄

以河南省漯河临颍县南街村、山西省晋中市昔阳县大寨村、河南省濮阳县西辛庄村等为代表，起初和其他村庄一样实行了家庭承包经营，企业也搞了承包租赁等改革，经过一段时间的发展后，根据群众意愿和村庄发展实际，在村庄带头人的领导下，再次组织农民走集体化发展道路，称为"再集体化创业型村庄"，也可称为"后发型集体化村庄"。这些村庄一开始并没有走上集体经济发展道路，而是以村民个体经营为主，一盘散沙。村庄长期处于贫困状态，经济社会发展起色不明显，使得村民"穷则思变"，在市场化大潮中，对一些自私、散乱、贫富差距等问题有意见，在大多数群众的支持下，村民们选出了优秀的带头人，在向先富村庄学习的基础上，成立了先进的党组织，带领村民发展集体经济。（参见案例4：红色亿元村：南街村；案例5：红色大寨的"二次创业"；案例6：西辛庄的发展之路）

2. 根据农业用地的经营方式，分为土地集体统一经营的村庄和家庭承包基础上完善集体层面统一经营的村庄

（1）土地集体统一经营的村庄

总体来看，集体化村庄都较好地坚持了集体层面统一经营的主导作用，村庄集体经济发展程度都比较高，但是，农业集体经营的程度和方式还是有区别的。以河南新乡刘庄村、漯河南街村、河北晋州市周家庄乡等为代表的乡村坚持土地由村集体统一经营管理，规模化、集体化、机械化程度较高。特别是这些集体化村庄并不会单纯为追求产量而大量使用化肥、农药，而是坚持绿色生产，有的已成为国家重要的育种基地。（参见案例4：红色亿元村：南街村）

河南临颍县南街村地处县城郊，村民们有做小生意的习惯，政策一放宽搞活，许多人都出去经商务工，这就导致了南街村一大部分人放弃农业。有

一部分人还把自己的承包地租赁给外村人或转给他人。还有个别人干脆把土地长期荒在那里，没有人耕种。1986年，南街村党支部在集体经营企业手中有了一点活钱之后，决定逐步收回群众承包地，由集体统一耕种。1986年5月，收回第一批100多人的承包地。这一做法一直延续到1990年10月，南街村的土地全部在群众自觉自愿的基础上归回了集体。村里以工补农，统一耕种，逐步实现了水利化、机械化操作，粮食产品逐渐回升到亩产700斤、800斤后又超千斤。南街村1000多亩耕地，由一个70人左右的农业队伍从事农场生产，实现了农业生产耕种收打机械化、浇水喷灌自动化、种植区域化、品种优良化、管理专业化，还办起了大型现代化的养猪场、养鸡场、养鸭场、养鱼场，形成了林、田、路、渠、水、电机械配套，建立了规模化、现代化的生产经营体系。

（2）家庭承包经营基础上完善集体层面统一经营的村庄

以山东潍坊寿光三元朱村等为代表，坚持农业家庭经营为基础，同时，加强和完善集体层面的统一经营与服务，发挥集体层面统一经营的主导作用，村集体经济组织为农户提供较为完善的社会化服务，村民以新品种和新技术、新工具等进行耕作生产，发展现代农业，为家庭经营和私营经济提供社会化服务而实现初步积累，村庄集体经济收入较为富裕，在此基础上兴办集体企业、混合所有制企业等，推动农业现代化，农村工业化、城镇化。

三元朱村虽然没有改变家庭分户经营，但是，以具有奉献精神和尊民敬民品德的王乐义为村支部书记的村集体组织给村民提供了较为完善的社会化服务，实现了村集体层面的统一经营与家庭个体经营的有机结合，在村集体的领导和组织下个体农民形成了集体的力量，在一定程度上提高了村民的组织化程度，并实行了民主化管理，与党中央保持一致，建成了和谐的社会主义新农村。（参见案例7：托起中国人的"菜篮子"：三元朱村）

3. 根据非公经济所占比重，分为集体经济占绝对优势的集体化村庄和较大程度包容非公经济的集体化村庄

集体化村庄都是集体经济占优势的村庄，但是，对非公经济的包容度不同，所占比重不同。以河北周家庄乡、山东三元朱村等为代表，绝大多数集体化村庄是包容个体私营经济发展的，允许村民有迁徙、择业等自由，也允许村民自由选择留在集体还是个体经营等。但是，以河南临颖县南街村为代表，也有集体化村庄因为非公经济发展对村庄治理带来不利影响，以及村庄

发展目标、传统、方式等原因，根据当地的具体情况，选择了集体经济和集体经营占绝对优势的发展模式，在特定区域内非公经济发展比重较小，发展空间比较有限。

（1）集体经济占绝对优势的集体化村庄

集体经济占绝对优势的村庄，又可以细分为多种情况：一是一直坚持集体统一经营，并且集体经济占据绝对优势地位的村庄，比如，河南临颍南街村、西藏那曲双湖特区嘎措人民公社、江苏江阴华西村等；二是由于非公经济发展，给村庄治理带来众多不利影响，后又克服困难重新选择走集体化发展道路，比如陕西省韩城市阳山庄村（参见案例14：重归公有制的阳山庄：陕西省韩城市阳山庄）；三是在家庭承包经营和非公经济共同发展进程中，受到先进典型的影响，为更好地实现共同富裕，在基层党组织和社区带头人的带领下发展壮大集体经济而形成的集体化村庄，比如山东临沂代村等。（参见案例18：总书记点赞的山东代村）

南街村的目标是建设"共产主义小社区"，让村民富得"一分钱存款也没有"，因此，南街村的集体化程度、公有化程度都比较高，村民选择退出集体搞非公经济与村庄的目标追求形成分歧，就会沦为"异类"。不得不说，在市场化大潮和非公经济汪洋大海中，这种追求带有较强的"乌托邦"色彩，非公经济在南街村村域范围内发展空间非常有限，与周边村民追求私利搞个体私营形成鲜明对比。江苏江阴华西村、西藏那曲双湖特区嘎措人民公社等集体化村庄也制定了比较严密的规章制度和约束机制，对成员的退出、进入、奖惩等进行管理。

集体化村庄在一定程度上已经成为内部联系紧密、村企合一的经济体。作为一个经济体和经济组织，必须有健全的管理制度和监督制约机制等，村民作为集体经济组织员工，就应遵守经济组织的相关规章制度，其退出应当以不损害集体和他人利益为前提，更不能化公为私。所不同的是作为集体经济组织，拥有村域户籍的成员是其天然的"主人"和职工，因而，集体化村庄很难像非公经济的雇佣关系那样解聘本村村民成员，有着"企业办社会"的浓厚色彩，承担着较大的社区责任、社会责任、文化责任、生态责任等。（参见案例8：雪域高原的共富社区：西藏自治区那曲双湖特区嘎措人民公社）

（2）较大程度包容非公经济的集体化村庄

以山东寿光三元朱村、河南濮阳西辛庄村、河南新安土古洞村等为代表，一些集体化村庄在市场化程度较高的环境下,为了实现村庄的赶超发展,在村庄带头人和能人带领下,一方面发展集体经济,发挥集体层面统一经营和服务功能,另一方面主动通过招商引资、股份合作等方式,引入非公经济主体,鼓励村民通过个体经营致富,实现集体经济与多种所有制经济共同发展。(参见案例9:千年古村重走集体化道路:土古洞村)

4. 根据主导产业不同,分为农业产业主导的集体化村庄和非农产业主导的集体化村庄

产业结构对村域经济社会发展具有重大意义。根据集体经济中农业产业的比重,大致可以划分为农业经济仍占重要地位的集体化村庄、以非农产业为主导的同时推进农业现代化的集体化村庄、农业经济基本消失或占比很小的集体化村庄。单纯从事种养业生产初级农产品效益比较低,因而集体经营相对于家庭承包经营的优势并不明显。由于农业生产相对于非农产业竞争弱势等原因,大多数集体化村庄依托集体化、组织化优势,发展非农产业,推动产业融合发展,非农产业为主导的集体化村庄占绝大多数,或者根据市场需求和依托资源兴办企业,投资建厂,或者依托独有优势建立大型市场集聚四方客商,或者发展乡村旅游和地方文化,形成现代工业型、现代市场型、文化旅游型等集体化村庄。

以山东寿光三元朱村、浙江滕头村、湖南祁东罗江村等为代表,依托集体化组织化力量,根据本地产业特色和资源禀赋,拓展延伸农业产业链供应链价值链创新链,多业态多功能多模式开发发展,提升产业利润和附加值。也有的是依托龙头企业或者农民合作社,通过与家庭农户建立紧密的利益联结,提供社会化服务和发展产业化规模化种养业,使得大多数农民获取比个体经营更多的利益,推动了农业现代化,农村工业化、城镇化协调发展,形成了依托农业产业发展起来的现代农业型集体化村庄。

总体来看,大多数集体化村庄在突出主业的同时,一二三产业协调发展。根据村庄主导产业不同,集体化村庄可以分为以下几种类型:现代农业型、现代工业型、现代市场型、文化旅游型。本书把农业产业产值接近或超过50%,农户收入主要来源于农林牧副渔的村庄,归属于现代农业型集体化村庄。把工业、商业等非农产业产值接近或超过50%,农户收入主要来源于工商业的村庄,称为现代工业型集体化村庄和现代市场型集体化村庄;把依托文化旅游产业为主发展起来的村庄,称为文化旅游型集体化村庄。

(1) 现代农业型集体化村庄

现代农业型集体化村庄是建立在现代农业基础上的、以集体经济和合作经济为主导的村庄。村庄主要产业虽然是农业产业，但是采用了先进科技装备，不再是传统自然经济状态下依靠人力、畜力等自然力和传统耕作经验进行生产，不再是以传统农产品耕作和传统农业生产工具等为主进行生产经营活动。所谓现代农业，主要是现代物质装备、先进科技融入农业生产过程及其各个环节，从而增强生产能力和生产效率。农业现代化的过程，实质上是先进农业科技装备与农业生产各个环节相结合的过程。相对于传统农业生产，现代农业在现代工业、现代科技的基础上，广泛应用了先进科技与先进装备，包括生物技术、机械技术、化学技术、信息技术、数字技术、人工智能、水利技术等，拓展延伸农业产业链供应链价值链，实现生产过程的社会化、专业化、组织化、集约化。（参见案例10：中国黄花第一村：湖南省祁东县罗江村）

(2) 现代工业型集体化村庄

现代工业是指工业生产各个环节采用先进科技装备，特别是计算机技术、信息技术、新材料、新能源等，管理手段与方法先进，实现了劳动手段机械化、电气化、精密化、自动化，生产组织协作化、联合化、专业化、集约化、社会化。工业化是一个国家和地区发展水平的主要标志，城镇化率、人口受教育程度等都相对较高。这里的"现代工业型集体化村庄"并非简单地相对于传统工业对工业产业进行划分，而是相对于传统农业地区而言，以山东滨州西王村为代表，以第二产业，即制造业为主导产业的集体化村庄，称为"现代工业型集体化村庄"。（参见案例11：共富之路天地宽：山东省滨州市西王村）

(3) 现代市场型集体化村庄

市场，简而言之，就是商品交换的场域。现代市场型集体化村庄，是指顺应市场化改革和市场经济发展需要，一些村庄通过建立市场交易场所并以此获取管理、服务、租赁等费用作为集体经济主要来源的村庄。这样的村庄或者靠近城镇，或者交通便利，或者依托特色产业形成专业市场，成为区域性商品集散地。村集体拿出部分土地建立市场交易场所和相关配套设施，按照国家法律，制定相关规章制度和规则，维护市场秩序，并通过租赁、招商、直营等方式获取利润。

以上海闵行区九星村为代表，一些集体化村庄，依托区位资源优势，利用市场化改革机遇，根据市场供需变化，通过集体化组织化力量兴建交易市场，带动村庄经济发展。将产地和销售市场集聚于一体，依靠专业市场和综合型市场等带动村庄集体经济发展的村庄，称为"现代市场型集体化村庄"。（参见案例12：三分地上搞创新的九星村）

(4) 文化旅游型集体化村庄

旅游型集体化村庄，主要是通过对古村落、自然风景、规模种植等进行开发，并以此作为旅游资源，集群式发展农家乐等带动村域集体经济发展的村庄。位于浙江奉化与溪口之间的滕头村自然景观资源丰富，景色奇丽迷人，峡谷幽深，高瀑壮观，溪流蜿蜒，小湖秀雅，民风民俗淳朴。滕头村充分利用资源优势，"既要金山银山，更要绿水青山"，赢得"中国生态第一村"的美誉。（参见案例13："中国生态第一村"——滕头村）

5. 根据村庄发展可以依托的资源状况，分为优势资源依托型集体化村庄与无优势资源依托型集体化村庄

从全国的分布来看，集体化村庄既有分布在区域经济比较发达、私营经济和市场化程度较高地区的，也有分布在区域经济相对落后、民风传统比较保守地区的。从区位特征和资源基础来看，集体化村庄有靠近城镇、交通便利的，也有较为偏远的；有的集体化村庄本身处在矿产资源比较丰富的地区，有煤炭等矿藏资源；也有的集体化村庄既不靠近城镇，也没有任何资源。根据村庄可以依托的区位、矿藏、人脉等资源的多少、优劣等，集体化村庄可以划分为优势资源依托型集体化村庄与无优势资源依托型集体化村庄。

(1) 优势资源依托型集体化村庄

矿藏资源比较丰富、交通比较便利、靠近城镇的村庄，能够依托区位和资源优势，凭着独特的优势较快地实现村庄发展。但是，这样的村庄在全国也很多，并不是都能实现较好较快的发展，更不是大多实现了共同富裕。具有资源优势的村庄，确实平均富裕程度要高，特别是少数能人率先富起来。但是，能够带动大多数村民一起富裕起来，把村庄建设成为新农村典范的并不是很多。以陕西省韩城市阳山庄村为代表，一些具有优势资源依托的村庄，在强有力的基层党组织领导下，通过发展集体经济、合作经济实现共同富裕，建成社会主义新农村。（参见案例14：重归公有制的阳山庄：陕西省韩城市阳山庄）

(2) 无优势资源依托型集体化村庄

以浙江省东阳市南马镇花园村为代表，在一些没有资源和区位优势的农

村地区，村庄要发展起来，村民要富裕起来，需要付出更多艰辛和拼搏。花园村在基层党组织带领下，依靠村民集体化、协作化、组织化的力量，寻找到自己的产业发展道路，艰苦奋斗，大力发展集体经济、合作经济，协调推进农村工业化、城镇化、信息化和农业现代化，建成了共同富裕的社会主义新农村。（参见案例15：浙江省东阳市花园村：昔日穷村变新"城"）

6. 根据集体化村庄发展的可持续性及其异化蜕变程度，分为集体化发展模式中断型、集体化发展模式难以为继型、集体化发展模式蜕变型

（1）集体化发展模式中断型

由于集体化村庄带头人或社区领袖发生突变而人亡政息，或者是由于外来力量介入而中断集体经济发展道路，村庄集体资产随后基本演化为非公经济成分，集体经济组织成员身份也随之发生实质性变化，村庄治理与发展状态也与原来产生了重大区别。当然，在整体社会主义大框架内，由于原来集体经济的发展基础，村庄依然保留有一些集体化村庄的基本特征。（参见案例16：天津大邱庄的兴衰沉浮）

（2）集体化发展模式难以为继型

或者因领导人经营能力和水平所限，或者因老带头人渐渐老去，新生代中难以形成具有奉献精神的能人群体，或者因外部环境影响下民众的私欲、私心逐渐膨胀对集体管理体制不满，或者因集体经济效益下滑，或者因集体财富引发内外部势力的攫取欲望，集体资产或被内部势力操控而异化变质，或被外部势力觊觎而面临被收购、倒闭等风险，在市场化私有化大潮冲击下，有些集体化村庄可持续发展前景令人担忧，陷入难以为继的两难境地。（参见案例17：崖口村的统与分、留与卖）

（3）集体化发展模式蜕变型

在市场化大潮中，有些集体化村庄巨额的集体财富和资产激发了内外部众多势力的欲望，受到内部因素变化或者外部强力干扰而被私有化、家族化或者股份化，被私人资本侵吞或者变相攫取，村庄集体经济异化变质为"干部经济""家族经济""私人经济"。由于很难通过学术调查获取某些集体化村庄集体资产被家族化、私有化占有的一手资料，因此，本书不再列举这种类型的村庄案例，仅仅是通过实地调研中某些村民的反映和客观现象进行推理分析。一些村庄经过全体村民的集体努力和艰苦奋斗，积累了大量集体资产，但是，由于民主管理和运营机制不健全，加上市场化私有化的外部环境，

强势群体通过所谓的"改制""上市""股份制"等方式,攫取了集体财产的控制权和支配权。

(二)以集体层面统一经营为主导的村庄发展特征分析

在大部分村庄回归家庭个体小农生产方式的背景下,华西村、南街村、刘庄村等村庄坚持走集体经济道路,依托农民组织化、集体化的力量和社区集体资源等,顺应市场化改革和经济社会发展需要,组建新的集体经济组织,克服了个体经济的局限性,拓展延伸产业链供应链价值链,推进了农业现代化及农村工业化、城镇化、信息化进程。集体化村庄在其发展历程中一般呈现出以下共性特征:

第一,集体化村庄都有一个以强有力的基层党组织和具有奉献精神、能够带领群众共同致富的村庄精英群体为核心的领导班子,在集体组织和村庄带头人的领导下充分发挥党员干部的带头作用。

我国自古以来就有"贤能治理"的传统,《礼记·礼运》中即有大同社会的描述:"大道之行也,天下为公,选贤与能,讲信修睦。故人不独亲其亲,不独子其子,使老有所终,壮有所用,幼有所长,矜、寡、孤、独、废疾者皆有所养,男有分,女有归。货恶其弃于地也,不必藏于己;力恶其不出于身也,不必为己。是故谋闭而不兴,盗窃乱贼而不作,故外户而不闭,是谓大同。"每一个集体化村庄都有一个具有集体主义和无私奉献精神,有经营管理能力,集政治家、企业家于一身的社区带头人,是大家公认的"贤能",并以他为核心形成一个核心团队和领导群体,起到了社区农民组织者、发动者、领导者的作用。

具有奉献精神、能够带领村民走共同富裕道路的带头人和基层党组织,是集体化村庄发展起来的关键。其实,无论是私有制经济,还是公有制经济,都需要"精英"。但私有制条件下的精英是建立在少数精英剥削大多数人而为自己谋利益的基础上的,他们为了追逐自己或少数人的利益最大化服务,其出发点是"私"和"利"。走集体化道路的社区精英是在集体公有制条件下,和人民群众形成利益共同体的基础上形成的,他们在为自己争取美好生活的同时,更多的是为多数人谋福利,其出发点是"公"和"义",这种具有奉献精神的"精英"只有在公有制条件下和以马列主义、毛泽东思想为主导的文化熏陶中,才会具有持续性并不断涌现。这实际上也是毛泽东思想要把每一个人改造成"共产主义新人"的核心精神,从这种意义分析,也可以得出

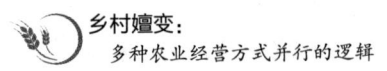

南街村长期以来坚定不移地以毛泽东思想教育人的根本原因。

优秀的村庄领导班子和基层党组织,是中国特色社会主义新农村所独有的。这样的"贤能"和"精英"需要在公有制环境中,经过长期的无产阶级思想文化和中华优秀传统文化的熏陶,社区人们结成利益共同体而进行的长期共同生产生活的实践中,经过长期的实践磨炼和检验,才能够不断涌现,并得到人们一致拥护和支持。这些人表现出来的思想觉悟和非凡才能,在私有制条件下自私自利的人们看来,是难以想象的,是"传奇式"的,是难以持续的,必然会"人亡政息"。事实上,像王宏斌、吴仁宝等这样的"人民精英",是在中国共产党领导社会主义建设的大背景下产生和发展起来的,是中国共产党人的杰出代表。具有共产主义精神的先锋模范的涌现需要特定的土壤和背景,在完全私有化、市场化的资本主义社会环境中很难大批量地产生[①]。

几乎每个村庄都有能人,但有能力且具有奉献精神,愿意带领农民发展集体经济,走共同富裕道路的人是极少数。缺乏社区带头人和集体经济,村庄依然会有先富的少数人,但是,很难大多数农民群众共同富裕。这是集体化村庄发展的一个重要规律性现象。肯定少数主要干部所发挥的决定性推动作用,并不意味着集体化村庄就是"干部们一手搞起来的",甚至把村庄的发展全部归功于少数"精英"。的确,乡村集体经济的快速发展与这些村庄的领导干部过人的胆识、正确的决策及率先垂范和"管理有方"密不可分,但更与这些村庄广大人民群众,包括外来人口的辛勤劳作密不可分。没有广大人民群众的勤劳、智慧、支持和拥护,单凭几个以社区精英为核心的领导班子成员,是不可能让村庄拥有巨大成就的。社区精英依靠集体的力量,在群众的支持和拥护下发展集体经济,走共同富裕道路,才能成为属于社区的人民精英,实现自己的理想和价值,赢得社会声誉和尊敬。人民精英来自群众,群众中的某些人也可能成为明天的社区精英。人民精英和群众是密不可分的"鱼水关系",离开了"水","鱼儿"就会失掉生存发展的"生命"和源泉;没有"鱼儿","水"也会失去"生机"和"灵性"[②]。

第二,在基层党组织和社区带头人领导下,充分发挥集体层面统一经营的主导作用,提升农民的组织化知识化程度与水平,发展集体经济、合作经济。

[①②] 冯道杰. 集体化村庄可持续发展的路径探讨 [J]. 马克思主义研究, 2014 (9): 62-71.

人民公社解体后,国家权力逐渐从农村退出,由生产资料的集体所有、集体统一经营变为土地由村级组织管理、农户个体承包经营,实际上恢复了"个体经济"的主体地位,许多地区的社队企业和集体经济被承包、变卖,或者倒闭、被私分,集体层面统一经营虚置或缺失,农民处于分散孤立状态。分散经营而又细碎耕作的个体农民,难以抗衡各利益集团和利益主体的利益损害,不仅在与市场经济各利益主体的博弈中,而且在乡村经济社会发展中均处于弱势地位[1]。

解决农民弱势难题的根本路径是在党组织领导下发展新型农村集体经济、合作经济,提升农民组织化知识化程度与水平,"弱农民"变为"强农民"、"小农民"变为"大农民"。农村集体经济是党在农村执政和农民当家作主、实现共同富裕的经济基础,党的领导是发展农村集体经济、确保农民当家作主的组织基础和政治保障。没有集体经济作支撑,党在农村的领导就会落空;没有党的领导,农村集体经济的发展便失去了灵魂与政治保障。土地集体所有制和共同资源是农民组织起来发展集体经济的资源基础,社区农民的再组织为发展集体经济奠定组织基础,而集体经济的发展为农民组织化、集体化提供了物质保障。

集体化村庄的农民依托集体企业及其他集体组织,作为一个整体参与市场竞争,集体经济的发展实现了社区资源的优化配置和效益最大化的发挥,产生了协作的生产力,依靠集体的力量,较好地解决了势单力薄的农民如何适应高风险市场竞争的问题,实现了个体小农经济与大市场、大生产的衔接,解决了分散状态下一家一户农民办不了、不好办、办起来不经济的问题,在资源共有基础上形成利益共同体和发展共同体。集体化村庄农民再组织和小农改造的过程,就是农民组织起来发展集体经济、合作经济的过程,是农民依托协作和集体力量逐步改变弱势地位,增强自身能力和提升自身素质的过程,也是农民主人翁地位日益巩固和发展的过程,是经济发展、社会进步与人自身同步发展的过程[2]。

华西村、南街村、刘庄村等集体经济组织类型和发展模式虽有所差别,但都通过加强党组织建设、发挥集体层面统一经营主导作用、优化资源配置、发挥集体合力、扩大规模效应、拓展延伸产业链供应链价值链等大力发展集

---

[1] 冯道杰. 家庭经营制度下个体农民的博弈困境与出路 [J]. 重庆社会科学, 2008 (10): 42-50.
[2] 冯道杰, 汪婷. 合力推进农村集体经济发展与农民组织化 [J]. 武汉理工大学学报(哲社版), 2010 (6): 830-835.

体经济，提升社区农民的组织化知识化程度和水平，以集体化、组织化的力量推动经济社会发展，集体资产、集体经济不但没有减弱反而大大增强，有些村庄公有化程度不仅没有降低，反而还有较大提高，经营管理水平大大提升。

相比于分散型村庄，集体化村庄成员之间联系更加紧密，具有更强的凝聚力、向心力、组织力、协作力。当然，在这一过程中，农民的自由选择空间和自由退出权受到一定限制，必须接受集体组织的管理和约束。大多数集体化村庄农民再组织、再集体化，在相当程度上承认农民的"剩余索取权"，赋予农民更多的选择自由，在一定的范围内选择是加入集体还是独立经营，是加入村庄集体发展还是自谋生路。尊重农民选择自由，加入集体是农民权衡比较后的自我选择。

同时，伴随着规模和产业的扩张，组织的扩大，经营管理的难度复杂度与成本也越来越高，对核心领导层提出更高要求，对集体组织成员的知识文化素质提出更高要求。一旦经营管理不善，产业效益下滑，组织效益下降，甚至还不如单干和个体经营能够获取更多更高收益的时候，集体组织和集体化发展的可持续性也就面临崩溃的危险，导致一些集体化村庄发展难以为继或者中断。

第三，以集体化、组织化力量克服单个农民拓展延伸产业链供应链价值链创新链的缺陷与不足，发展第二、第三产业，推动产业融合发展，协调推进农村工业化、城镇化、信息化和农业现代化。

集体单纯经营种养业并没有明显优势，农业初级产品收益低，增收潜力有限，因此，大多数集体化村庄农民组织起来，发挥集体组织化规模化优势，依托资源禀赋和产业特色，通过公司制、股份合作制等方式组织运营和分工协作，集约化利用，协作化分工，组织化配置，形成整体实力和规模优势，在资源共同所有的基础上形成了强有力的利益共同体和发展共同体，使农民以组织化、集体化的力量进入市场，有效地克服个体经营的局限性，提升农民集体协作与合作的能力和水平，在一定程度上改善农民在技术、信息、资金、社会关系，以及人财物等方面的相对弱势，突破传统的初级农产品种养环节，进行大规模农田水利建设和社区建设，发展非农产业，选择适合村庄实际的主导产业，形成规模集聚效应与效益，优化产业结构，小农业转变为大农业，拓展延伸产业链供应链价值链创新链，增强产业发展能力和市场竞争力，从而实现物质要素的集聚和增值①。

在集体化村庄产业做强做优做大的过程中农民转变为现代产业工人，企业制度和社区治理逐步完善，管理方式逐步现代化，提升了农民组织化、知识化程度，在集体经济的基础上推进农村工业化、城镇化和农业现代化，使农村面貌和农民的生产生活发生翻天覆地的变化，社区面貌焕然一新②。这些村庄集体经济组织的存在和发展是对新中国社会主义改造以来农业集体化道路的发展和完善，也充分说明，社会主义集体经济的发展模式不必然和市场化存在矛盾，恰恰是农民摆脱"小农经济"弱势地位、推进乡村振兴和农业农村现代化的新道路。

第四，村庄集体企业和集体组织较多地承担了社区责任、社会责任、生态责任，依托集体经济和集体力量建设基础设施、增加社区福利、发展公共事业，村庄社区生产生活环境和条件不断改善。

不同于私营和个体经济组织，村庄集体企业实现了全体成员在生产资料所有权上的本质平等，带有更多的社区公共属性，成员具有更强的认同感和共同利益，在资源共有的基础上较多地承担了社区责任和社会责任。随着社区工业化和集体经济的发展，绝大多数集体化村庄在集体经济实力增强的同时，大力加强基础建设，发展公共事业，逐步提升村庄社区福利和社会保障水平，坚持走共同富裕道路，发展成果惠及每位村民，不断改善村民生产生活环境，农民的生活水平和社会福利不断提高，人们的物质和精神生活越来越丰富，思想文化素质大大提高，小农意识和小农传统被改造，村民的幸福指数和安全感、归属感较强，主人翁意识和民主参与意识大大提高，形成了基础设施完善、社区环境美化、公共事业兴旺、社会保障健全、社区福利丰厚的独特景象③，工农城乡差别大大缩小，经济与社会、人与自然协调发展。更为重要的是，多数集体化村庄社区福利的增加和生产生活条件的改善，不但不需要国家更多的财政扶持，反而向国家缴纳大量利税，堪称依靠农民自身力量实现乡村振兴的典范。

20世纪90年代后期，在乡镇企业纷纷改制的浪潮下国家无力为农民提供保障时，土地成为农民唯一的"资本"，出让土地使用权必须换来他们的生活保障，否则产业资本和社区农民的矛盾不可避免。而以华西村、刘庄村为代

---

① 冯道杰，徐光平. 乡村社区发展力的要素解构及其衡量标准研究［J］. 东岳论丛，2021（11）：76-83.

②③ 冯道杰. 集体化村庄可持续发展的路径探讨［J］. 马克思主义研究，2014（9）：62-71.

表的集体化村庄都没有改变集体经济性质，集体化村庄以村集体所有为基础，土地集约利用，大大降低了社区内部产业资本和农民的交易成本，形成集体合力与协作力发展集体经济，推动经济社会发展的同时不断提升农民的生产生活水平。

第五，集体化村庄不断创新经营管理体制机制，村庄治理结构和企业管理方式等不断调整，优化内部治理结构，不断创新农村集体经济的有效实现形式和经营管理方式，积极探索与本地区实际相适应的管理制度和组织运行模式，不断完善村庄社区治理机制和管理体制。

任何企业和组织的生存发展，都必须有好的管理结构，有较强的竞争力，才能持续发展壮大。[1] 村庄集体经济公有制的性质和特点决定了相应的政治上层建筑和公共权力体系的民主性和公共性，而不能成为少数人的"占有物"。公权力的少数人垄断与生产资料集体公有的性质在根本上是背离的，在发展集体经济的基础上保障农民当家作主的主人翁地位，必须建立人民民主的政治制度和管理机制。集体企业承担了更多的社区责任、社会责任和生态责任，对社区基础设施建设和村民长期福利负责，并承担着许多社区服务、社会稳定、生态环境等功能。这就意味着社区企业不能垮台，也不能由个别人享有大部分生产剩余。

但是，以市场规则进行交易的企业都存在经营风险，不可能时时保持理想的利润水平。集体化村庄为不断适应市场环境变化，解决工业化、市场化、城镇化等带来的结构性矛盾而不断创新，引入合作制、股份制、公司制等改革，努力探索新形势下农民组织化和社区集体组织发展的新机制，完善内部管理机制和激励机制，较好地解决效率与公平的问题以及劳动激励等问题，乡村要素结构的变化和组织管理模式的变化相互影响，不断完善企业经营管理机制和社区管理体制[2]。集体经济的发展使社区成员的个人利益与社区集体的共同利益日渐增多，与集体公共组织的联系日益紧密，这必然使得他们更加关注集体事务和公共权力的运作，更加积极热情地参与社区公共事务[3]。否则，集体化村庄因为经营管理不善，会出现效益下滑、发展难以为继等问题。随着集体规模的扩大、事业的发展，要求的经营管理水平也越来越高，迫使

---

[1] 王景新，彭海红，老田，等. 集体经济村庄[J]. 开放时代，2015（1）：1-16.
[2] 冯道杰. 集体化村庄可持续发展的路径探讨[J]. 马克思主义研究，2014（9）：62-71.
[3] 项继权. 乡村集体化与民主化：若干乡村的实证分析[J]. 中国农村观察，1999（2）：53-57.

集体化村庄不断建立健全民主管理和治理机制，建立各种规章制度和村规民约，建立有效的激励约束机制，降低社区治理成本，增加社区集体积累，提高人民的生活水平，经济发展和社区治理在一定条件下实现良性互动①，进一步完善集体化发展道路。

第六，加强适合本地实际的社区文化建设和精神文明建设，形成了以集体主义、社会主义、共同富裕为主流价值导向的村庄文化形态。

相较于经济建设，村庄文化建设更具有持久性和渗透力。在抓党建与抓经济相互融合的过程中，让农民群众切身体会到党组织的温暖，体会到村庄集体经济的优势和好处。只抓经济，不抓党建，经济工作就会失去灵魂和方向，村庄发展就难以持续。集体化村庄通过一系列制度和措施表扬先进，鞭策落后，强化对农民的思想道德教育，引导农民树立正确的价值观和人生观，倡导文明的社会风尚和集体主义的精神风貌，集体主义、人民民主、道德至上的村庄文化对经济社会发展起到较好的作用，形成社区经济与社区文化相融合的良性运作机制②。

农村工业化带来更为深刻的变化是村庄居民由农民向工人的身份转变，农民传统的生活方式已经发生了彻底改变。企业发展需要高素质的劳动力队伍，而传统的农民大都不具备现代企业要求的素质，所以社区企业在发展的过程中承担了居民素质培训的任务。离土不离乡，农民在企业中工作，每天都在接受工业化的训练和改变，正在转变着思维方式和生活习惯，学习工厂里的纪律和规则，融入现代公司的企业文化之中，传统乡土文明与现代文化日趋融合，大大缩小了工农城乡差别，这为由社会主义初级阶段向更高阶段发展奠定了良好基础，大大丰富了马克思主义在当代中国的理论和实践。

集体化村庄精神文明建设的形式丰富多样。南街村在大力发展集体经济的同时，高举毛泽东思想伟大旗帜，实行政治挂帅、思想领先的原则，持续不断地进行以破私立公为核心的思想教育活动。南街村坚持"用毛泽东思想教育人"，唱革命歌曲，大力提倡无私奉献的"傻子精神""雷锋精神"，倡导大公无私、吃苦耐劳。山东代村则是把现代企业文化建设纳入社区文化之中，引入"精细化"管理理念，为村民提供了多层次、立体化覆盖的文化设施，每周组织多种多样的文娱活动，倡导文明的社会风尚，进行家庭伦理、社会公德教育，通过充满正能量的各种文化活动引导教育群众。（参见案例

---

①② 冯道杰. 集体化村庄可持续发展的路径探讨［J］. 马克思主义研究，2014（9）：62-71.

18：总书记点赞的山东代村）

村庄企业带有更多的社区属性，社区经济与社区文化相融合，村庄成员强烈的自豪感和认同感，对村庄发展起了非常重要的促进作用。作为一个村落共同体，其内部联系不仅是靠产权纽带和契约关系来联结的，在很大程度上还要依赖村落文化中传统的思想和价值观念。这些村庄通过一系列制度和措施表扬先进，倡导良好文明的社会风尚和集体主义精神，提升社区成员的知识文化水平和道德素质，形成人尽其才、物尽其用、地尽其利的良性运作机制。

（三）家庭承包时期与人民公社时期集体化村庄发展比较

无论是改革开放以来，还是人民公社时期，集体化村庄都实行土地等主要生产资料集体所有，大力发展集体经济和合作经济，坚持以按劳分配为主体，都比较注重集体主义思想教育和精神文明建设，都注重发挥人民群众合作和联合的力量，注重非农产业的发展，加强村庄基础建设，改善村庄生产生活条件。但是，由于改革开放以来，集体化村庄的发展环境有了较大变化，加上各种内外因素的影响，与人民公社时期相比，呈现出许多不同的特征。

第一，改革开放以来，集体化村庄虽然仍坚持了土地等主要生产资料集体所有的公有制，但是，公有制的实现形式发生较大变化，公有资产的组织形式、经营方式、管理方式等都发生了较大变化。相对于人民公社时期统一实行"三级所有，队为基础"的经营管理模式，改革开放以来，集体化村庄公有的规模与程度参差不齐，形式更加灵活多样。相对于过去的"队为基础"，有的村庄基本经营核算单位有了扩大，有的有了缩小，有的变换了组织形式。公有的程度也发生了较大变化，比如南街村，无论是公有规模还是程度，比过去生产队都有所扩大。华西村等则更多地引入了股份制、股份合作制等经营管理方式，还有许多村庄公有资产实行了承包制、租赁制等方式。相对于人民公社时期，新时期集体化村庄集体经济的存在形式更加多样。人民公社体制下，农村生产经营方式基本一致，按照行政区域集体所有，集体统一经营，各地差别不是很大。改革开放以来，为了适应市场化环境，集体化村庄积极探索集体经济的多种实现形式，发展集体经济出现了多种组织形式和经营方式。既可以按照行政区域建立，也可以跨区域；既可以是单独的集体所有制，也可以与不同所有制联合组成。

第二，改革开放以来，大多数集体化村庄都实行了多种经营，更多地向第二、第三产业渗透、拓展、延伸，发展了工商业、旅游业、服务业等。同样是农业发展，更多地引入了新技术、新品种等现代耕作方式，发展现代农业。在集体企业的发展方面，受到上级政府的行政干预较少，自主性增强。有的发展与农业和农村相关的非农产业，有的则根据市场需求，发展相应的产业。

第三，在分配方式方面，新时期集体化村庄有了更多要素参与分配，除了按劳分配外，还有管理、资本、知识、技术等要素参与分配，成员之间的收入差距有所拉大。在处理国家、集体、个人的关系方面，更多地关注了个体利益，由人民公社时期的以国家利益、集体利益、个人利益为序，转变为以个人利益、集体利益、国家利益为序。

第四，人民公社时期，村庄生产活动基本以计划为主导，市场化程度较低，村庄生产较多地受到国家行政计划和上级政策的影响。新时期集体化村庄受到市场化大环境的较大冲击，围绕市场需求开展生产经营成为主要的生产导向。

第五，许多集体化村庄在坚持集体经济主体地位的同时，还发展了非公经济，不仅有个体私营经济，还有股份制、外资等多种经济成分并存，形成了以公有制为主体，多种经济成分共同发展的局面。人民公社体制下的集体经济发展，则基本排斥家庭个体经营和私营经济，更没有外资经济。

第六，村庄治理方式和手段更加灵活多样，村民有了更多的自由和自主权。人民公社时期，基本上是统一管理、统一分配、统一经营，统种统收。在村庄管理方面，受到行政、政治、意识形态等因素影响较大，常常通过群众运动式的政治斗争手段进行村庄管理。改革开放以来，管理更加民主化，手段更加多样化，更多的是依靠经济手段和思想文化教育的方式，很少采用行政手段和政治斗争的手段进行村庄管理和治理。改革开放以来，集体化村庄的发展受到行政干预和意识形态影响的因素大大减弱，受到国家干预的任务和目标影响较小[1]。

第七，新时期集体化村庄村民的组织方式发生较大变化，村庄集体化、农民组织化实现路径不同，国家层面的自上而下的组织力量很少出现，多数是在村民的拥护和支持下，以自下而上的组织为主导，在带头人领导下自下而上的自发自觉力量占主导作用。人民公社时期，也有许多农民自觉组织起

---

[1] 韩长赋. 中国现代化进程中的"三农"问题[M]. 北京：中国农业出版社，2003：119-123.

来开展生产经营活动,但在计划体制下,多数农民是被组织,自上而下的国家力量起主导作用。

第八,两个历史时期集体化村庄的干群关系、党群关系都比较和谐,集体主义观念和社会主义信仰都比较强烈,但是,新时期集体化村庄管理的政治色彩相对淡化,思想观念发生较大变化,自私自利的个人主义思潮呈现增加趋势。

第九,从村庄发展的外部环境和政策环境来看,与人民公社时期集体化发展模式受到各界肯定和扶持不同,新时期市场化改革的大环境产生了较大影响,政治环境发生了较大变化,坚持集体化发展道路至今没有得到大范围扶持和肯定,这种发展模式常被当作"另类"看待,有的还遇到较大阻力。

二、集体化村庄可持续发展动力与困境

(一)集体化村庄可持续发展动因分析

马克思主义认为,内部矛盾是事物发展变化的根本动力。内因是基础,规定着事物运动和发展的基本趋势;外因是条件,加速或延缓事物的发展进程。家庭经营基础上的个体小农生产方式,包含着与社会化大生产,以及与市场化、工业化、城镇化、农业现代化和农村公共事业发展的矛盾。正是这些矛盾,推动着各种集体化村庄发展道路和发展模式不断涌现。

1. 小农生产方式与社会化大生产的矛盾

相对于小生产而言,社会化大生产是指生产资料和劳动力的集中配置和使用,生产经营的组织化、规模化、协作化、专业化、集约化;有组织的规模化生产,既有分工,又有协作;高新技术的应用与劳动者素质的提高。家庭经营基础上的个体小农生产方式,具有封闭性、保守性、散漫性、自足性、狭隘性等局限性,农民个体家庭的力量有限,缺乏资金、技术、信息等,无法适应社会大生产发展的要求,不利于科学技术在农业产业各环节的普遍应用和劳动者素质的提高。以个体家庭经营为主要特征的小农经济难以适应社会化大生产的要求,这是制约农村发展和农民致富最基础、最根本的矛盾。

2. 小农生产方式与大市场的矛盾

家庭分散经营的个体农民力量有限,以其个体的力量对整个市场供求的

影响微不足道，在市场中谈判地位低，力量和信息不对称，再加之农产品鲜活易腐等特点，面临"卖难""买难"等问题，种种市场风险让农民苦不堪言，弱势小农的利益，被更多的市场强者侵占。农民生产只能被动地接受市场调节，造成"一哄而起，一哄而散""歉收难增收""丰产不丰收""谷贱伤农"等现象，严重制约了农业生产的发展和农民收入的增加。一些中间商或农产品加工企业利用单个农民的弱势地位，压级压价，使农民的生产剩余变成工商业者的高额利润。个体农民由于在资金、技术、信息、规模等方面弱势，在市场竞争中处于不利地位，农村大量资源流失，进而造成农民的贫困、农村的落后、农业的停滞。在解决农业、农村、农民的"三农"问题上，市场失灵①。分散经营的个体农民在弱肉强食、利润最大化的激烈市场竞争中更多地承受着压力、竞争、利益的流失受损等，还不如生活在自然经济环境中那么舒服、悠闲自得。

3. 小农生产方式与农村工业化、城镇化发展的矛盾

作为人口最多的东方农业大国，中国要由农业国转变为工业国，不仅需要提升城市工业化水平，还需要探索一条中国自己的农村工业化、城镇化道路。在家庭经营和市场经济环境下，农民个体创业是非常困难的，需要同时具有一定的经营管理才能、资金和相应的风险承担能力等多项条件，绝大多数想涉足风险较高的非农产业，几乎不可能②。当工业走向现代化大规模生产时，建立在家庭分散经营基础上的农业由于受到城乡分割体制，以及自身落后的生产方式和经营方式的限制，农产品生产链条短、加工程度低、附加值低，农业利润外溢，分散的个体农民自身力量单薄，难以获取农业产业链延伸的效益，无法参与分享工业化、城市化发展成果③。

早在人民公社时期，毛泽东就肯定了轻工业部党组关于人民公社大办工业问题的报告，认为"在人民公社中大办工业，是轻工业发展的基本方向"④。发展集"工农商学兵"于一体的人民公社，正是毛泽东对走出一条中国自己的农村工业化、城镇化道路的全面探索。毛泽东认为，只有在社会主义制度下，大力发展集体经济，组织农民，教育农民，才能在消灭剥削和消

---

① 温铁军. "三农"问题与制度变迁 [M]. 北京：中国经济出版社，2009：145.
② 周晓东. 农村集体经济组织形式研究 [M]. 北京：知识产权出版社，2011：37.
③ 冯道杰. 集体化村庄可持续发展的路径探讨 [J]. 马克思主义研究，2014（9）：62-71.
④ 中共中央文献研究室. 建国以来毛泽东文稿：第七册 [M]. 北京：中央文献出版社，1992：492.

除两极分化的基础上建设真正的社会主义新农村,才能防止农村持续衰败、萧条,防止农民自发流入城市而沦为弱势群体①。今天的华西村、南街村、刘庄村等集体化村庄基本实现了毛泽东的构想,集体化探索的经验具有借鉴意义。

4. 小农生产方式与村庄公共事业发展和乡村社会治理的矛盾

家庭分散经营,对于农村基础设施建设和公共事业发展来说,具有内在的制度缺陷。个体农民长期处于分散化和原子化状态,一家一户小农的生产、生活、娱乐等被隔离开来,使得农民之间联系松散,普遍缺少公共精神和集体意识,导致了农民内部凝聚力不强,相互之间缺乏合作意识,造成个体农民的私利性越来越严重,相互缺乏信任和了解,增强了农民的从众心理和"搭便车"的机会主义心理,致使基础设施建设和乡村公共事业的决策成本、建设成本等高昂,把农民组织起来,兴办公共事业,难度越来越大②。

在"自上而下"的农村公共产品和公共服务体制中,个体小农没有组织作为依托和载体,缺乏组织化的渠道和力量参与农村公共产品供给谈判,在农村公共产品和公共服务供给中难以准确表达自己的意愿和诉求,多数情况下只能被动接受,而集体经济实力的薄弱和贫乏又使得农民难以依靠自身力量满足农村公共产品和公共服务的需求,导致总量短缺、质量低下、结构失调。本应成为新农村建设主体力量的农民被边缘化,农民被上楼、被打工、被强拆、被流转、被征地等不断涌现。即使有政府对农民的善意,推出代表农民利益的政策法规,但是,在农村"去组织化"的条件下,既没有农民的利益表达,也没有农民的合理推动。由于无法解决普遍性公共服务供给与分散小农户之间的交易成本过高的问题,在解决"村治、乡治、县治"的农村"三治"问题上,政府失灵③。

农民组织起来以集体化、组织化的力量,推进农村经济社会发展,使农民组织化、规模化、协作化地走向市场,比较容易地介入第二、第三产业领域,实现了社区资源的优化配置和效益最大化,在技术、资金、经营规模、劳动力使用、行政资源、基础设施建设以及社区凝聚力等方面具有个体农民所无法比拟的优势,产生了协作的生产力,是化解上述各类矛盾的必然选择。

---

① 徐俊忠. 农民合作思想与实践:毛泽东时期的一份重要遗产[J]. 马克思主义与现实, 2013(2):17-21.
② 冯道杰,汪婷. 合力推进农村集体经济发展与农民组织化[J]. 武汉理工大学学报, 2010(6):830-835.
③ 温铁军. 中国新农村建设报告[M]. 福州:福建人民出版社, 2010:7-13.

中国村庄资源社区共有的历史传统和土地集体所有制，又为中国农村走集体化道路提供了基本土壤。在具备一定条件和机会的情况下，集体化村庄会不断涌现和持续发展。

（二）集体化村庄可持续发展困境分析

当前，从整体来看，集体化村庄在市场化大潮中大多取得了骄人的成就，但是在发展进程中也面临着许多困难和问题。

第一，农村集体经济是否有活力，是否能够持续给村民带来丰厚的回报，是影响集体化村庄能否持续的物质基础。

农村集体经济是生产资料劳动者联合所有、共同受益的一种公有制经济，是党在农村长期执政，人民当家作主和共同富裕的物质基础[1]。在市场化、私有化的大潮中，以市场规则进行交易的所有企业都存在经营风险。集体化村庄的集体企业承担着更多的社区责任和社会责任，经营不善，同样面临亏损倒闭的风险。集体经济的发展一旦出现严重问题，不能给居民带来更多的保障和收益，集体化村庄发展的持续性就会受到冲击和影响。

组织存在和发展的价值在于其组织收益大于组织成本，集体化村庄可持续发展的关键因素，是村民加入村集体组织获得的收益大于个体单干的收益，归根结底，取决于集体化发展道路的质量和效益。集体化村庄农民是一种有组织的群体劳动，它不是单个个体劳动的简单相加，弥补了个体劳动的有限性，拓展了劳动的空间与时间，创造出了个体劳动所不具备的新的生产力——集体力与协作力，不仅可以获得规模收益、组织收益、协作收益、分工收益，能更有效地分散风险[2]，而且，可以促进农民之间的交往互动、信息传播，增进农民之间的互帮互助，增强农民的归属感、安全感和幸福感，形成良好的社会风尚，实现乡村良性治理。

然而，把分散的个体农民组成一个有凝聚力的团体，保持集体组织的良性运转，也需要支付谈判与组建成本、监督与管理成本、意识形态灌输成本、执行成本等，农民作为个体也需要承担学习与适应成本、心理摩擦成本、自由权受限等成本[3]，只有在农民加入集体组织获得的收益大于成本的条件下，

---

[1] 程恩富. 程恩富选集［M］. 北京：中国社会科学出版社，2010：394.
[2] 曹阳. 当代中国农村微观经济组织形式研究［M］. 北京：中国社会科学出版社，2007：266-268.
[3] 冯道杰. 农民专业合作经济组织的发展动力研究：基于成本—收益视角的分析［J］. 山东经济，2007（2）：125-130.

农民留在集体才会有较大的动力，集体经济组织的生存发展才更加有持续性。

第二，能否持续培育和建立具有奉献精神、集体主义精神的核心领导人和领导团队，对集体化村庄的可持续发展起着关键性作用。

这样的村庄精英在人民群众中具有很高的威望和威信，而且，具有较强的经营管理能力，能够带领村民较好地发展集体经济，能够较好地处理各类矛盾，实现村庄的良性治理。能够带领村民走共同富裕道路的村庄领袖或者村庄带头人，是集体化村庄的领导者、组织者和集体经济发展的掌舵者，不仅要防止村庄领导人脱离群众、腐化堕落，还要防止过度依赖个别核心领袖，解决"人走村散，人亡政息"的问题。

在创业阶段，村庄还没有发展起来，村庄精英还没有成功成名，他们和群众同心同德，贯彻群众路线难度不大。但是，在村庄发展壮大以后，村庄领袖威信空前提高，权力高度集中，如何避免蜕化变质，继续保持昂扬奋进的精神状态，不断创新进取？如何防止村庄领导干部利用手中的权力和资源化公为私，以权谋私，变村庄集体财富为家族私有财产？如何防止村庄精英持权妄为，专横跋扈，把村庄集体经济看作自己的"私人领地"而变成"土皇帝"，甚至"黑老大"，最终身败名裂，造成天津大邱庄禹作敏式①的悲剧结果？如何既要使得社区带头人、技术骨干、专业人才等得到适度激励，又要防止两极分化，实现按贡献度分配和按劳分配相结合？如何健全以组织化的农民力量为主的人民监督，以及审计监督、舆论监督、财务监督等各种监督制约机制，确保集体资产保值增值？如何既要贯彻党的群众路线和民主集中制，又要建立适应市场竞争的高效决策执行体制？因此，能否完善民主管理体制和内部治理机制，健全激励约束机制，完善人民民主专政的上层建筑，是集体化村庄能否可持续发展的核心政治因素②。

第三，市场化、私有化大潮冲击和一部分出于私利或者意识形态偏见的经济政治势力，是影响集体化村庄能否持续发展的外界环境和重要外部因素。

受市场化、私有化环境影响，人的私心和自利性不断增强。有些秉承新

---

① 20世纪80年代，天津静海县大邱庄在党委书记禹作敏带领下，坚持集体化道路，发展二、三产业，建成第一个亿元村。1991年，大邱庄工农业总产值已达18亿元。然而，由于缺乏民主管理制度，禹作敏逐渐脱离群众，专横跋扈。1993年8月27日，63岁的禹作敏因犯窝藏罪、妨害公务罪、行贿罪、非法拘禁罪和非法管制罪，数罪并罚，被判有期徒刑20年。

② 冯道杰. 集体化村庄可持续发展的路径探讨 [J]. 马克思主义研究，2014 (9): 62-71.

自由主义等全盘西化思想的力量，把市场化私有化改革"新意识形态化"等同于走资本主义道路，一些人打着"改革改制"的旗号，打着"向发达国家学习"的旗号，通过所谓的"产权改革""股份制改革"等，达到变相谋取私利的目的，以权谋私，化公为私，贱卖侵吞集体资产。

另外，在从计划经济体制向市场经济体制转变的过程中，确有一部分人利用产权不清晰的空子，侵吞大量公有资产和企业，形成既得利益集团和强势群体[①]，甚至与境外势力相呼应，把控了一定领域和范围的话语权和行政权，或者是出于私利，或者是出于某种意识形态的偏见，戴着西方有色眼镜，认为只有向西方发达国家学习，把国有企业私有化，发展非公经济，推进市场化进程，才符合改革趋势和潮流，并逐渐成为改革"新意识形态"。否则，谁强调发展和壮大公有制经济，谁就是阻碍改革，谁就是大逆不道。在这样的舆论环境和政治生态下，从中央到地方，相当一段时期，对于发展农村集体经济，大家多采取讳莫如深的态度，唯恐给自己扣上"反对改革""走回头路""吃大锅饭"的大帽子。南街村、华西村等集体化村庄坚持发展集体经济，走共同富裕的社会主义道路，必然遭遇污名化等种种非难和阻碍[②]。

第四，家庭承包经营以来农村日益原子化、碎片化的现实和农民自私自利、一盘散沙的局面，以及根深蒂固的个体小农意识，宗族势力、黑恶势力等的出现，增加了农民组织化集体化的组织管理成本，农村基层党组织带领农民发展集体经济缺乏必要的社会基础和群众基础。

家庭承包经营的基础上农村最重要的集体资源——土地被分到各家各户，其他集体资产大多也被分光卖净，大多数村集体组织能够控制的集体资源越来越少。农户取代生产队成为农村基本的生产生活单位，个人利益与集体利益和国家利益的联系程度越来越松散，大多数农民群众呈现出自私自利、一盘散沙的状态，农民的自利性日渐增强，集体意识、国家观念越来越淡薄，有的为了个人利益甚至可以破坏集体利益和国家利益。不同个体之间以及不同群体之间的利益分化和冲突越来越严重，导致一部分强势个体和群体脱颖而出，精英政治、强人政治、宗族政治以及黑恶势力侵入基层政权等现象出现。在集体资源匮乏的情况下，集体组织和乡村干部失去提供良好服务的物质基础，组织农民难度大。这种状况如果不能改变，有可能会出现大多数农

---

① 程恩富，詹志华. 当前我国利益集团问题分析 [J]. 毛泽东邓小平理论研究，2015（10）：42-49，92.

② 冯道杰. 集体化村庄可持续发展的路径探讨 [J]. 马克思主义研究，2014（9）：62-71.

民群众与集体相脱离、相分离的危险，村民对家乡的建设热情、归属感、集体荣誉感大大下降。特别是在基层干部不能得到村民组织化强力监督的情况下，很多农民认为集体经济的发展跟自己没关系。

第五，在青壮年劳动力持续流出的情况下，增强以农民为主体力量的乡村内生发展力，增强拓展延伸产业链供应链价值链创新链的能力，推动产业融合发展和农业农村现代化，基层党组织带领农民发展集体经济的能力要求相当高。

单纯从事种养业生产初级农产品，集体经营并不比家庭经营有优势，而组织农民发展农产品加工储运销、金融保险等环节的经营，拓展延伸产业链供应链价值链创新链，提升产品附加值，推动农业农村多功能多业态多模式开发发展，发展非农产业，需要具备资金、技术、市场、人脉、信息等各种要素。由于大多数农业村庄青壮年劳动力持续外出务工经商，老一代种地农民渐渐老去，新生代农民工不愿返乡也不再会种地，在这种情况下即便有意愿带领农民发展集体经济的带头人，难度也非常大。社区带头人带领农民发展集体经济，不仅难度大，成本高，而且，即便发展起来，对本人也没有多大的利益和便宜可占，如果发展不好，还要承担责任。更何况众口难调，邻里关系也非常复杂，很少有人干这些出力不讨好的事情，还不如"自己有能力发家致富，过个小日子"。

面对日趋激烈的竞争，集体化村庄单靠一个小村庄的力量应对大资本、大市场等各方面的冲击和压力，势单力薄。如何突破地区、行业、所有制等各方面的限制，通过更大范围、更大规模的纵横向联合与合作，在增强自身集体经济实力的同时，带动更多地区和人民实现共同富裕，协调推动工农城乡融合发展，推动新型农村工业化、城镇化、信息化和农业现代化，实现乡村产业和公共服务高质量发展，构建新型工农城乡关系和国内大循环为主的新发展格局，这对集体化村庄是更大的挑战，也是更高的要求。

中国农村地域广阔，各地风土人情、自然环境、文化传承等千差万别，不可能千篇一律"一刀切"地都走集体化发展道路，何况在当前基层党组织重新组织农民发展集体经济困难重重，也不能保证集体化村庄的企业不倒闭亏损。但是，这种生产经营方式从根源上与社会化大生产是内在适应的，只要依靠广大农民群众组织起来集体化、协作化的力量，比个体农民能够形成更强大的凝聚力、组织力发展生产建设家园，比私营雇工企业更有利于推动共同富裕和乡村全面振兴，具有更强的抗风险能力和生命力，只要形成集体主义精神传统，村庄凝聚力、向心力不断增强，就能够克服重重困难，实现持续健康发展。

（三）集体化村庄可持续发展路径分析

要实现集体化村庄的可持续发展，集体经济是物质保障和经济基础，人民民主专政的上层建筑是政治保障，农民组织化、知识化是力量保障和组织载体，集体主义、社会主义的主流文化传统是精神动力、智力支持和思想保证。发展集体经济，完善集体层面统一经营，在农民组织化的基础上发展人民当家作主的基层民主和集体主义的主流文化，持续培育具有奉献精神、能够带领村民共同富裕的领导团队和领导梯队，是实现集体化村庄可持续发展的模式要素（见图2-1）。

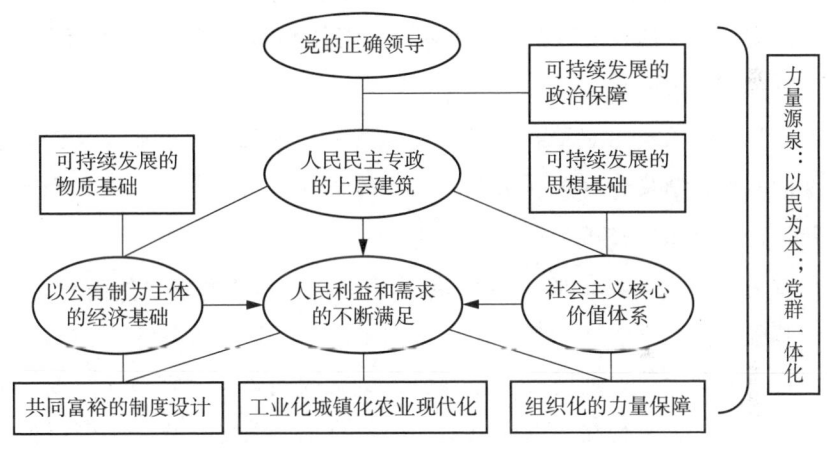

图2-1 集体化村庄可持续发展模型

1. 发展和壮大集体层面统一经营，完善统分结合的双层经营体制，大力发展集体经济，是集体化村庄发展可持续的根本物质保障

不具备相应的经济基础，单纯的政治体制改革和上层建筑建设是苍白无力的。发展农村集体经济的过程就是把农民组织起来，发展基层民主，保障和落实农民主人翁地位的过程，是推动农村工业化、城镇化，实现农村剩余劳动力转移和农民共同富裕的重要途径。我国家庭联产承包责任制最初实行的本意是建立统分结合的双层经营体制，也就是说，这种经营体制既有"分"，也有"统"，集体统一经营的主导层次和家庭分散经营的基础层次有机结合、共同发展。家庭经营绵延几千年，本身没有什么新意，家庭联产承包责任制的创新点是"统"而不是"分"，是"公"而不是"私"，深化农村

改革，创新和完善统分结合的双层经营体制的着力点，应当放在完善集体层面统一经营，发展壮大农村集体经济上①。这才是家庭联产承包责任制与传统小农经济生产方式和资本主义农场的根本区别。党在农村工作的重心，不是一分了事，而是在加强"统"。

公有制的实现形式可以而且应当多样化，提升集体经济发展的质量和效益，需要探索集体经济的有效实现形式和管理方式，建立有效的激励约束机制。改革开放以来，许多集体化村庄引入了股份制、合作制、股份合作制等多种经营方式和组织形式，在理论上和实践上都进行了大量有益探索和创新，进一步明晰了农村集体、农民个人和其他各类经济主体的产权关系，使原来社区农民对土地等公有资产"人人有份"但不清楚自己究竟有多少份的集体所有，变为了"人人有股"而且清楚自己究竟有多少股的股份所有，但是，集体共同占有的实质没有变，提高了村民的责任心和资产运营的效率和质量，促进了资源的优化配置②。

2. 健全集体化村庄的管理运营机制和激励约束机制，发展以人民当家作主为核心的民主制度和以集体主义为核心的主流文化，完善人民民主专政的上层建筑，是集体化村庄发展可持续的核心要素

仅有公有制的经济基础，农民当家作主的地位并非能够自然而然地建立，公有制基础上如果不能建立起人民当家作主的上层建筑和民主管理制度，就容易出现集权和少数人利用权力侵吞公有财富的问题，就容易导致领导干部官僚化、特权化、腐朽化、以权谋私、化公为私，最终导致集体资产被私有化、家族化。集体所有制建立后，集体经济能否发展，关键取决于内部管理③。虽然一部分集体企业也可能会因经营不善而出现亏损、倒闭，破产转型，但只要同心协力，坚定信念，最终渡过难关，战胜困难，是完全可能的。集体化村庄持续发展最大的危机，不是经济危机，而是政治危机、文化危机、信仰危机。对于集体化村庄可持续发展最困难的问题是，完善民主管理体制和内部治理机制，完善人民民主专政的上层建筑，保障人民当家作主的地位，弘扬集体主义的文化传统和精神信仰。只有充分发挥广大农民在集体经济管理和发展中的主体作用，才能为集体化村庄可持续发展提供强大政治保证和

---

① 冯道杰. 合力推进农村集体经济发展与农民组织化 [J]. 武汉理工大学学报，2010（6）：68.
② 曹阳. 当代中国农村微观经济组织形式研究 [M]. 北京：中国社会科学出版社，2007：266.
③ 程恩富. 大力发展多样化模式的集体经济和合作经济 [J]. 中国集体经济，2012（31）：57.

制度支撑，只有组织起来的农民才有能力、有组织载体实现当家作主地位。

群众路线是中国共产党根本的政治路线、组织路线和工作路线。邓小平指出，执政党之所以容易脱离群众，原因在于，执政党手中有权力，有资源的调配权，人事任免权，容易站在群众之上发号施令；有些党员干部稍稍有点成绩，就容易骄傲自满，不能接受批评监督；有些党员干部利用手中的权力谋取小集团或个人的私利，贪污腐败严重[①]。贯彻群众路线的核心，是必须在党权与官权分离、党员干部与人民群众工作生活在一起的基础上，建立群众对领导层的民主监督和制约机制，实现党群一体化。"党群一体化"，是以党组织为核心，以工会、农会、共青团、妇联等组织为依托，实现党的建设、群团建设与经济建设、社会建设相互促进、互动多赢，是党群组织推动发展、服务群众、凝聚人心、促进和谐的重要载体，是持续培育集体化村庄带头人和领导梯队，防止领导干部蜕化变质的根本途径。集体化村庄成员在公有制生产资料面前本质上的平等，决定了其最大政治优势是在集体经济基础上全体成员形成了更加紧密的利益共同体，为党群一体化提供了物质基础和实现载体[②]。

集体化村庄的持续繁荣不仅需要客观物质环境的不断改变，更需要广大干部群众思想观念、精神追求等主观世界的不断改造与提升。仅仅在集体经济、合作经济基础上发展集体化村庄，仍属于建立在"物"的层面上低层次的发展，在政治上、精神文化上实现农民的组织化、合作化，是实现集体化村庄可持续发展的一种至高境界。大力发展农村教育文化事业，确立和发展社会主义、集体主义主流文化地位，唱响主旋律，不断开展触及人类灵魂和精神信念的教育文化革命，提升人民群众科技文化素质，建立与集体化村庄持续发展相适应的组织文化和组织形态，形成人民民主专政的上层建筑和主流意识形态。

3. 持续培育具有奉献精神、带领村民共同富裕的领导团队和领导梯队是集体化村庄发展可持续的关键要素

无论是私有制经济，还是公有制经济，要搞好都需要"精英"，只不过这两种"精英"有着本质的差别。私有制条件下的精英是建立在少数精英剥削大多数人而为自己谋利益的基础上的，他们为了追逐自己的或者是集团的少

---

① 邓小平. 邓小平文选：第 2 卷 [M]. 北京：人民出版社, 1994：368.
② 冯道杰. 集体化村庄可持续发展的路径探讨 [J]. 马克思主义研究, 2014 (9): 62-71.

数人的利益最大化服务，其出发点是"私"和"利"，其利己性远超利他性。而走集体化道路的社区精英是在公有制条件下，和人民群众形成利益共同体的基础上形成的，他们在为自己争取更美好生活的同时，更多的是为多数人谋福利，其出发点是"公"和"共同富裕"，其利他性远超利己性。

事实上，像南街村"班长"王宏斌、华西村老书记吴仁宝等这样的"人民精英"，是在中国共产党领导社会主义建设的大背景下培育和发展起来的，是中国共产党人的杰出代表，这些人表现出来的思想觉悟和非凡才能，是资产阶级学者难以理解的，是"传奇式"的，难以持续，必然"人亡政息"。的确，这样具有共产主义精神的先锋模范的涌现需要特定的土壤和背景，在彻底私有化、市场化的资本主义社会环境中很难大批量地产生。然而，在集体化村庄公有制环境中，在社区成员结成利益共同体而进行的长期共同生产生活实践中，只要不断完善民主管理体制，经过长期的无产阶级思想文化和中华优秀传统文化的熏陶，经过实践磨炼和检验，具有集体主义和奉献精神的社区精英是能够不断涌现的，带领农民走共同富裕道路的领导团队和领导梯队也是完全可以建立起来的。

关于当前集体化村庄领袖终身制及"父传子"的问题，在私有化、市场化大环境中，具有一定的合理性和必要性。像王宏斌、吴仁宝这样的村庄领袖的出现和成长、成熟来之不易，他们坚持终生为民服务，得到人民群众的拥护和支持，应该大力提倡、鼓励。他们始终坚守无私奉献的那片热土，不拿最高的工资，不住最好的房子。像华西村新书记吴协恩等"子承父业"，受父辈的言传身教，对老一辈带头人的精神信仰和发展理念的理解相对更深刻，感情更真诚，他们继续担当起带领村民走集体化发展道路的使命和责任，无可厚非。具有奉献精神的村庄领袖的"父传子"，本质上是为人民服务的"父传子"，是发展理念、发展道路、精神信仰、意志品质的"父传子"。这与私营企业的家族财产继承制有本质区别。然而，一些媒体和势力，不反对化公为私的"家族化"和"改革改制"，却对坚持集体化道路的"父传子"说三道四，其中缘由值得深思。

4. 建立和完善集体层面统一经营的组织主体和运营机制，提升农民组织化、知识化水平，是集体化村庄可持续发展的当务之急

中央文件和政策一直倡导发展壮大集体经济，但是缺乏具体的政策、领导、组织和实施。只有组织起来、行动起来，中央的政策和精神才能得到贯

彻落实，农民共同富裕的愿望才能"梦想成真"。在思想观念上，应当摒弃资本主义邪路，坚定社会主义理想信念。在中央设立集体经济发展领导小组，在地方成立由组织部门和涉农行政部门组成的集体经济负责机构，恢复和强化乡、村集体经济组织的功能和作用，村集体经济组织可以叫"村合作社""农工商联合社"等，根据各地的实际和需求，由各地具体确定。有党中央的坚强领导，有政府层面的组织实施，一定能够不断发展壮大农村集体经济，能够带领农民实现共同富裕的村庄领导人会层出不穷，农民组织化程度和水平也会不断提升，真正意义上的社会主义新农村之"花"会越来越多地绽开在神州大地。

5. 当前，推进集体化村庄可持续发展，还需要处理好相关方面的问题

（1）正确处理集体与个体、利己与利他关系的问题

正确处理集体与个体、利己和利他的关系，根源于中华文化中"义和利"的关系。利与义相和相生，利是"义"的聚合。服务自己叫利益，称"利"；服务他人叫价值，称"义"。人追逐私利，产生欲望；人追逐公利，则产生价值。一个人的价值是在服务社会和他人的过程中实现的，让私欲符合大多数人的利益和需要，才能实现"义"和"利"的统一。个体是集体的组成部分，不尊重和保障个人权利的集体是虚无的空壳，不具有持续的内在生机与活力。集体作为个体组成的有机整体和组合，并不是个体的机械合并，有分工协作，有默契配合，这种组合与合作才能够使集体具有个体无法比拟的优势和力量，从而更好地实现和保障个体的利益。满足个体需要是集体化村庄发展的前提和基础，集体实力的壮大是个体发展的保障和依托。集体化村庄以多数人的利益和意志为基础，必须以集体利益为重，应当在大力发展集体经济的基础上"重建个人所有制"，建立马克思所倡导的"自由人的联合体"。

（2）正确处理民主与集中、自由与纪律关系的问题

民主与集中、自由和纪律是不可分割的矛盾统一体，既相互矛盾又相互依存。不解决好集中、纪律层面的问题，民主、自由就会变成一盘散沙，形成扯皮和我行我素的无政府状态；同样，不处理好民主、自由，集中、纪律也不可能持久，就会演变为集权独裁和官僚特权专制。

世界上只有具体的自由、具体的民主，没有抽象的自由、抽象的民主[①]。从民主的现实效果和实现程度来看，有实质民主和形式民主之分。一个社会

---

① 毛泽东. 毛泽东文集：第7卷 [M]. 北京：人民出版社，1999：204.

是否有实质民主,取决于社会各群体力量对比的相对均衡,取决于是否有保护弱势群体的社会机制。尽管有看似公平民主的方法或途径,却并不能改变大多数劳动者的生产生活状态,不能改变社会的不公和分化,那么,这种民主只能是形式民主。个体农民以合作化、组织化的方式建设集体化村庄,本质上就是以牺牲个人的形式民主和形式自由为代价,改变单个农民在市场和经济社会发展中的弱势地位,获取与其他利益集团相对均衡的发展能力和权利。

(3) 正确处理集体经营与家庭经营的关系问题

完善双层经营体制,就是要发挥集体层面统一经营的主导作用和家庭经营的基础作用,二者不可偏废,更不可对立。统分结合的不同程度,表现为各种不同形式的经济责任制。这个"度",决定于生产力的状况,决定于生产社会化程度[①]。不能因为家庭承包经营,而忽略了集体经营和集体经济的发展。发展集体经济,完善集体层面统一经营,也不是要人为地消灭个体私营经济,更不是"一刀切"地取消家庭经营方式。集体统一经营与家庭承包经营都是土地集体所有制的有效实现形式,各有优缺点。单纯进行农业生产,家庭经营具有自主性、灵活性强,管理成本低等优势。如果要进一步推进农村工业化、城镇化和农业现代化,发展乡村公共事业,则组织化、集体化的农民更有优势。让集体经济与个体、私营经济竞争共存,逐步增强集体经济的竞争力、影响力和控制力。

(4) 正确处理集体企业的发展与改革改制问题

随着环境和条件的变化,集体企业可以引入股份制、合作制、股份合作制、公司制等经营方式和组织形式,可以学习和借鉴各类企业先进的管理经验和方法,不断完善经营方式和管理方式,提高资产的运营质量和效益。但是,改革改制一定要有原则、有分寸、有底线。无论如何"改",集体所有的性质不能改,企业的控股权一定要掌握在集体手中;人民群众当家作主的地位不能改,一定要不断巩固和发展农民群众当家作主的主人翁地位;主流意识形态和共同富裕的方向不能改,一定要不断弘扬优秀民族文化传统和集体主义价值观念。正如习近平同志在 2014 年全国两会期间对国企改革做出的重要指示,国企不仅不能削弱,而且要加强,使国有企业"在深化改革中自我

---

① 程恩富,龚云. 大力发展多样化模式的集体经济和合作经济 [J]. 中国集体经济,2012 (31): 3-9.

完善，在凤凰涅槃中浴火重生"，不能允许有人打着混合所有制的旗号搞私有化，打着改革的旗号把国有资产变成牟取暴利的机会①。同样，农村集体企业改革改制的目的是不断发展壮大集体经济，而不是化公为私，借机谋私。

  世界上没有完全相同的两片树叶，集体化村庄不可能完全复制，但可以推广和突出主流。在大部分村庄因回归到小农生产方式而陷入发展困境和治理困境，中国农村仅仅依靠个体经济、私营经济而出现种种乱象的形势下，华西村、南街村、刘庄村、周家庄等集体化村庄为中国农村实现"第二次飞跃"提供了经验和样本。当前研究集体化村庄的可持续可推广性，对于走出"三农"困局，明确农村改革趋向，实现城乡融合发展和乡村全面振兴，具有重要价值。但是，现实发展的复杂性远超想象，深化农村改革面临着方向选择，关键还要取决于在政治、经济等方面占优势的主流政治力量的价值取向和中国农村社会现实的持续演进②。

---

① 朱继东. 为国企改革画定红线 [N]. 环球时报，2014-03-17 (02).
② 冯道杰. 集体化村庄可持续发展的路径探讨 [J]. 马克思主义研究，2014 (9)：62-71.

第三章
以家庭经营为主导的村庄发展模式：分散型村庄

家庭联产承包责任制取代人民公社体制，家庭经营取代以生产队为基础单位的集体经营，实现了劳动者与土地等生产资料的直接结合，劳动付出与劳动收益直接相关，调动了广大农民的生产积极性、主动性，降低了经营管理成本，增强了农民的自主性、独立性和自由支配权、选择权，在短时间内解决了大部分农民群众的温饱问题。然而，现实实践中许多农村地区集体层面统一经营日渐弱化，甚至缺失，集体经济式微，个体生产与社会化大生产的内在矛盾，大量青壮年劳动力等资源要素持续流出农业农村，导致中国"三农"问题陷入困局，乡村社会日益碎片化，农民日益原子化，这样的村庄被称为"分散型村庄"。

一、以家庭经营为主导的普通农业村庄发展变迁——以 JDC 为例

从全国来看，家庭经营基础上个体、私营经济占主导地位的分散型村庄大量存在，与其泛泛而谈，不如跟踪一个，窥一斑而见"全貌"。本书主要选取一个笔者深度调研的普通农业型村庄的典型——山东 SX 县 JDC 作为案例进行分析，点面结合，以便顺利地获得真实的一手资料，以期能够既见"树叶"，又识"森林"。

（一）从 JDC 看分散型村庄的发展演化及其现状

JDC 位于山东、河南交界处，属于鲁西平原地区。该村是典型的以家庭经营为主的普通农业型村庄，既没有丰富的矿藏资源，也不处于交通要道。JDC 人均耕地约 1.5 亩，2600 多口人，主要种植小麦、玉米等。

在 JDC，居住在村东和村西的冯姓，以及村南和村东的陈姓人数上略胜一筹，村北的主要是霍姓、刘姓等，个别姓氏的住户交错居住。人民公社时期，由于人口多，JDC 独立成为一个生产大队，按照居住区域和姓氏血缘关

系等分成9个生产小队。在上级政府的领导和组织下，依靠集体的力量进行了较大规模的农田水利建设，修整土地，改良土壤，在村西人工开挖了一条灌溉河和一条穿耕地而过的徒骇河支流，并在与邻村交界处修了两处水闸；在此基础上，又修了大量的灌溉渠道，生产队的大部分田地都能够实现引流灌溉，个别土地又打了多处机井。据村民回忆，这两条河当时清澈无比，水草丰茂。除此之外，集体还进行了道路整修、麦场铺设、树木栽种、苗圃栽培等。

土地分田到户后，许多灌溉沟渠被平整掉，水利设施基本没有人再管，20世纪90年代以来，村庄最西面的徒骇河支流逐渐干涸，河床变成了耕地的一部分。而另外一条河水流大大减少，因为上游某个县的炼油厂排污长期得不到治理，河水污染严重，不仅不能再灌溉土地，甚至下渗污染了村中的地下水，河里没有了鱼虾，河边的水草都几乎长不出来了。2011年，国家拨款又进行了人工河的修整，仅仅是在河底铺上了水泥和塑料薄膜，由于上游的污染源没有得到解决，水质并没有实质性改善。因此，很多村民都非常怀念生产队时期甘洌的河水。

JDC最有特色之处还在于村内现存有一座100多年前德国传教士主持修建的教堂。新中国成立后，依托教堂及周边建筑修建了学校，20世纪50年代曾是培训初中师资的"小师范"。上级也曾经有意将乡政府所在地设在该村，并征求时任JDC村支书FSL的意见，他感觉政府部门占用本村土地，不太同意。后来，由于地处乡村，学校改为高中和初中。20世纪60年代末，学校又分成初中和小学两部分。JDC村民得益于家门口上学的便利，也考出来不少优秀学生。后来受到计划生育政策的影响，学生减少，上级有意把JDC的学校迁移到乡政府驻地。由于JDC支书FSL是个"绝户"①，"特别烦小孩子咋咋呼呼的，嫌学校太乱"，把校舍变卖给村民，他还可以从中捞取好处，就答应了乡政府把初中部迁走的要求，村里只保留了小学部分。2005年，由于大量青壮年劳动力外出务工经商，农村小学合并，JDC小学也被并入镇中心小学。从此，村民的小孩上小学需要家长到镇上去接送。村内的教堂由于政治原因等一直荒废着，直到2010年前后被一位自称信教的村民联系天主教管理部门进行了修缮，而这一村民也因此在教堂周边圈地盖房。教堂修缮之后吸引了村里村外的信众来此礼拜，后来随着信众减少而又重新荒废，但教堂的

---

① 鲁西南的土语，就是没有生育孩子。

主体建筑历经百年仍然完好。

生产队时期，集体组织社员共同整修了贯穿村庄东西的主街道，社员参加集体劳动，闲暇时形成了"站街"的习惯，站在村街道两边拉家常、耍闹、打牌等，有时也聚到一起商量村里队里的相关事情。村内还经常放电影、说评书等，整个村庄沉浸在欢乐的海洋中，每天都像开大会，社员之间合作互助，在集体生产、劳动、娱乐的过程中，村民们逐渐形成了集体主义观念。

改革开放以来，作为一个普通农业村庄，JDC与全国大多数村庄一样，大致经历了以下几个发展阶段：

第一阶段：1978—1984年，改革释放活力，农民生活快速改善。

据村民回忆，JDC集体土地被均分承包，小麦等粮食作物亩产量由原来的100~300斤，提高到300~500斤。为了尽快解决人民群众的温饱问题，国家连续提高棉花收购价格，从1980年起，棉花生产出现持续大幅度上升的局面，1984年全国棉花总产量达到626万吨，与1978年相比，全国棉花总产量以平均每年递增23.5%的速度发展，新中国成立以来首次实现棉花供需平衡有余。1983年12月，国家停止了对城乡居民发放布票、絮棉票的统销政策，纺织品、针织品和絮棉敞开供应，这标志着中国纺织品和民用絮棉短缺的历史宣告结束①。随着粮食产量和棉农收入显著提高，农民的"土坯房"变成了"砖瓦房"，"黑面窝头""杂面窝头"变为"白面馒头"，收音机、录音机、自行车等逐渐进入家庭，农民生活有了明显改善。

这一时期，农民从有组织的"集体大干"逐渐转为"分田单干"，村民的集体活动大大减少，但生产队集体时期的合作习惯和合作情感依然存在。农业劳动仍然是以手工农具为主，主要依靠人力、畜力，大型繁重、复杂的劳动一般是依托血缘关系的合作联合共同完成。为满足农业生产需求，有的农民联合购买了抽水机等农业机械。当然，拥有劳动力多的个别家庭能够独立承担各种农活，而那些劳动力少的农户，常常被当作累赘，往往难以加入合作队伍中，不得不找亲戚朋友帮忙。村民"站街"习俗仍然存在，邻里之间有困难也往往能够互助解决。由于家庭情况、个人禀赋等的差别，贫富分化逐渐显现，收入来源也逐渐多样，部分农民开始种植经济作物、养殖家禽，或者做点小生意来获得财富增长。

---

① 毛树春，李亚兵，董合忠. 中国棉花辉煌70年：我国走出了一条适合国情、具有中国特色的棉花发展道路、发展模式和发展理论［J］. 中国棉花，2019（7）：1-14.

第三章 以家庭经营为主导的村庄发展模式：分散型村庄

这一时期，人民公社体制下开始大规模改良土壤，进行基础建设和农田水利建设，为农业生产快速发展奠定了坚实基础，创造了良好的条件①。土地承包到户，农民可以自由支配自己的劳动力，充分享有承包土地的经营权、支配权，劳动付出与收益紧密联结，空前地释放了农民个体劳动的积极性；农民种植的自由度增加，棉花等经济作物的种植增加了农民收入。而此时工业及其他行业改革尚未大规模启动，国家较大幅度提高农副产品价格的同时，农业生产资料的价格相对较低，单纯依靠耕种承包土地，农民就能够取得不错的收入②。

第二阶段，1985—1992年，家庭承包经营的激励作用开始弱化，农业生产出现徘徊，农民生活在获得温饱后进一步改善。

这一时期，主要依靠个体农民的精耕细作，依靠劳动投入提高农产品单产数量，农业机械化程度并不高。粮食单产增加，农产品更加丰富。农民劳动仍然以人力、畜力为主，很少农民家庭具备购置大型农业机械的能力，小块土地，细碎耕作，也不利于农业机械和农业先进技术的推广应用。人民公社时期开挖的一些灌溉沟渠遭到破坏，JDC农田灌溉转为抽水机抽取地下水为主。

这一时期，JDC村民"站街"的习惯依然保留，村民之间的交往、串门、拉家常等仍普遍存在，特别是青年儿童等聚在一起玩耍、游戏的习惯仍然保留，但数量和规模已经远远不如生产队时期，村民大规模集体活动基本消失，村民之间的互助合作越来越少，自私性、自利性越来越凸显，集体观念逐渐淡化。在耕地、播种、脱粒、灌溉等一些繁重、复杂的劳动中，农户之间仍然存在合作，主要是根据血缘关系的远近、人际关系的好坏确定合作对象，但合作对象很不固定，基本都是临时互助，以个体家庭经营为主。

农民生活进一步改善，绝大多数农民温饱问题基本解决，砖瓦房增加，家用电器也进一步进入农民家庭，农民的食品、衣服等更加多样化。但村民收入来源更加多样化、多元化，贫富分化也逐渐拉大，会泥瓦工、木工等技术的，懂经营、头脑比较灵活的，或者获得兼业收入，或者做点小生意，有的种植多种蔬菜等经济作物，或养家畜家禽到集市上卖。有的村民在亲戚等社会关系帮助下，开始到外面务工经商。富裕些的村民，家里开始陆续购置

---

①② 徐俊忠. 农民合作思想与实践：毛泽东时期的一份重要遗产［J］. 马克思主义与现实，2013（2）：154-160.

电风扇、录音机、电视机、冰箱等大件电器，村里开始出现"万元户"等较为富裕农户，一些农户购置了三轮车、摩托车等。由于农产品价格上涨缓慢，工农产品剪刀差拉大，多数农民家庭单纯依靠农业增加收入难度加大。这一时期农民之间的联结度进一步降低，村民之间的冲突和矛盾增多，特别是围绕争地、浇水等矛盾打架、骂街现象逐渐增多。需要指出的是，随着计划生育被确定为基本国策，政府加大了管理力度，对违反政策者加大了惩罚力度，农村家庭独生子女的小孩增多。

第三阶段，1992—2003 年，农民负担日益沉重，农业生产徘徊不前，农民外出务工经商大幅增加，城乡差距、贫富分化等日趋拉大，社会矛盾日渐累积，"三农"问题日益突出。

这一时期，农产品价格长期低迷，市场波动加大。但是种子、化肥、农药等农业生产资料价格上涨迅速，工农产品之间的剪刀差较大，单纯依靠种养业增收非常缓慢，出现了种地不赚钱，甚至赔钱等现象。同时，由于工业化、城市化进程的推进，一大批国有企业、集体企业效益下降，一部分工人下岗失业，国家从农村攫取资源的动力加强，农民的税费负担也逐步加重。然而，随着市场化改革提速，农民的教育、医疗等生活成本大大提升，农民"上不起学、看不起病、生不起孩子、养不起老"等问题日趋严重，生活生存压力加大。

这一时期，由于种地不赚钱，农民被迫外出做生意、打工的越来越多，纷纷寻求农业之外的收入，通过考学、参军、经商、打工等想办法脱离农业。基层政权和村干部乱摊派严重，"三提五统"①之外的税费层出不穷，农民的生活生存压力增大，有些农民生活改善缓慢，甚至倒退返贫。特别需要指出的是，这一时期，国家对计划生育的管理力度进一步加大，对不遵守和违反政策的，动辄进行经济和人身惩罚，甚至"牵牛扒屋"，株连家人，农村把基层干部的作为甚至戏称为"催粮收款、刮宫流产、要钱要命"，干群关系出现紧张。农村基础建设滞后，道路泥泞，校舍简陋，农田水利建设基本停滞。

---

① 三提五统，是指村级三项提留和五项乡统筹。村提留是村级集体经济组织按规定从农民生产收入中提取的用于村一级维持或扩大再生产、兴办公益事业和日常管理开支费用的总称，主要包括三项，即公积金、公益金和管理费。乡统筹费，是指乡（镇）合作经济组织依法向所属单位（包括乡镇、村办企业、联户企业）和农户收取的，用于乡村两级办学（即农村教育事业费附加）、计划生育、优抚、民兵训练、修建乡村道路等民办公助事业的款项。2006 年农业税取消后，农村的这些税费基本取消。

JDC村民"站街"的越来越少，农民的互助合作日渐稀缺，主要存在于近亲和少数农户之间。村民之间的邻里乡情甚至亲情关系也逐渐被利益关系左右。

这一时期，农民之间的贫富分化逐渐增大，一般农村家庭是老人在家种地维持一家人的吃饭问题，年轻人外出务工经商，依靠农业外收入来维持相对体面的农村生活。过去农民遇到困难可以找组织，由生产队、村集体等帮助解决。分田到户后，生产队解散了，村集体形同虚设，集体资源减少，个体农民缺乏可以依赖的组织和集体力量，不得不单独面对各种社会风险、自然风险、市场风险、生活风险等。随着JDC村民自治的实行，也开始出现贿选、暴力选举等问题。某些乡镇基层干部为了顺利完成计划生育、收取税费等任务，放任黑恶势力泛滥膨胀，甚至直接与黑恶势力合作。JDC一个打架特别厉害、曾经坐过监狱的陈姓村民，扬言谁跟他争村支书，就对谁不客气，竟然依靠"拳头硬"，加上对一部分有影响力的村民施加小恩小惠，连续20多年坐稳村支书岗位。

第四阶段，2003—2012年，农民税负逐渐消除，农村补贴逐步加大，社会保障逐步提升，新农村建设取得成就，但"三农"困局依然难解。

这一时期，党中央提出社会主义新农村建设的战略举措，国家惠农政策不断推出，通过农村税费改革、取消农业税、农村合作医疗、给老年农民发放养老金等方面给予农民实实在在的好处，减轻农民负担。在加大对农村农业扶持力度的同时，加强农村基础设施建设，实施"村村通工程"，加强农田水利建设，推进家电下乡、汽车下乡等。JDC种粮农户有了60~80元/亩的补贴，老年人有了50~60元/月的养老金，村民看病住院能享受50%~90%的报销比例。乡镇干部职责实现了转变，重点推进基础建设，优化乡村环境，完成上级建设新农村的任务。JDC一些主要街道铺上了柏油路，装上了路灯，用上了自来水，农民生产生活条件有了明显改善，家里的房屋、大门等越盖越气派。

这一时期，农民就业途径和收入渠道更加多样化，虽然在国家惠农政策影响下，农民经过了3~5年短暂的回流，但种地挣钱难的局面没有根本改变。由于计划生育等原因，农村劳动力减少，农民外出务工的工资收入得到大幅提升，绝大部分青壮年劳动力依然选择外出务工经商。有在县城等地卖炉灶、家电、农资的，有开饭馆的，也有在北京等地倒卖二手车的，还有通过亲戚和朋友关系在其他大中城市包揽工程，当包工头的，能够得到不错的收入。

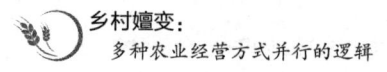

这些人富裕之后有的回 JDC 修房置业，逢年过节开着高档汽车回老家。

总体来看，随着国家惠农支农政策的实施，农民的幸福指数和满意度明显上升，但是，农村人财物继续流出的趋势并没有根本扭转，空巢老人、留守妇女儿童、基础建设滞后、公共事业迟滞等问题依然没有从根本上得到解决，农村的两极分化进一步拉大。建房、看病、子女婚配等大额支出之后，生活压力仍然存在，多数家庭依然通过代际分工①的模式维持在农村的体面生活，完全有能力举家迁往城市的，还是少数。部分农民没有社会关系和技能外出打工，或者家里老人需要照顾，不得不单纯依靠种养业生活，逐渐成为村里比较贫困的农户。当然，也有个别在家流转别人的土地，从事规模种植、养殖等，也能够获得不错的收入，但是，由于市场波动风险也很大，种大棚蔬菜、规模养殖等赔钱的也不少。需要指出的是，长期外出务工经商的青年女性相当一部分嫁给城里人，或者嫁到经济发达地区，致使本地适婚男女比例严重失调，农村男青年结婚难的问题越来越突出，彩礼越来越高，而且，女方要求有车有房，还要在县城买房子。

第五阶段，2013 年以来，"三农"问题依然突出，农村发展寻求新解，力图构建新型农业经营体系和新型工农城乡关系，全面推进乡村振兴。

党的十八大以来，中央明确提出构建新型农业经营体系和新型城乡关系，进一步放宽农民工入城的户籍限制，明确支持土地流转，农业部门加大对家庭农场、专业大户、农业企业等的扶持，"三农"问题寻求新解。这一时期，JDC 新建了一个太阳能发电的企业，附近村有本地农民办的棉纺厂，也有外来老板在邻近村建蘑菇种养基地。其中，发电企业租赁土地的合同是企业与镇政府签的，属于镇招商引资项目。镇政府与 JDC 村民委员会签，村民委员会再分别与被占土地的农户签，以避免村民给企业找麻烦，降低企业成本。即使这样操作，也遇到个别农民不愿意把承包地租赁给企业的，镇政府强制性把个别农民耕种的庄稼毁掉。随着资本下乡的加速，与当地村民的冲突与矛盾增加。

虽然政府对土地流转大力扶持，然而，作为普通农业村庄，JDC 大多数农民还需要以耕种承包地解决吃饭问题，承包地是全家人的生存保障，自愿流转土地给外来资本的农民并不多。即使有愿意流转土地的，多数也是把土

---

① 青壮年劳动力外出打工补贴家用，老人在家种地解决吃饭问题，并为年轻人外出务工经商提供后勤保障。

地流转给亲邻，或者本村知根知底的人，宁可流转价格低一点，但将来要回来容易。即便如此，资本下乡侵占农村土地的进程仍然呈现加速趋势，JDC靠近公路，邻近镇政府驻地，以及处在交通便利位置的农田基本被侵占完毕。也有大面积流转农民土地种山药、种大棚蔬菜等，但由于市场价格波动很大，种养技术要求高，亏本的也不少，这些现实例子也使得普通农户没有胆量去流转更多土地。

总体来看，JDC村民的税费负担没有了，外出务工工资也比以前有所增加，生活条件持续改善。那些没有条件外出的农民，也可在本地附近的企业、饭馆、建筑队打工，有的给私人农场干活，也有的在附近县城和乡镇开个小饭馆、小商店等。但是，无论是外来企业下乡，还是土地流转出去，都没能从根本上改变村民的生活和生存压力。空巢老人、留守妇女等问题越来越突出，有的老人得了病，无人照料。留守妇女不仅要承担繁重的农业劳动，还要忍受精神空虚、家庭生活缺失，留守儿童无法得到健康完整的家庭关爱。闲暇之余，村民多是聚在一起打牌、聊天、打麻将等。同时，由于村里多是老弱病残，治安状况也不容乐观。一些犯罪分子知道各家各户几乎都是老人和妇女，有恃无恐，有的进到农户家里面，近乎明抢。据JDC村民说，村内有些地方也都装了摄像头，但是关键时候根本不管用，一是不可能把各个地方全覆盖；二是光线黑暗，看不清楚，还经常坏。比较管用的是，乡镇政府设立了夜间巡逻队，在各村巡逻。

随着上级对农村转移支付力度的加大，村干部逐渐成为有"油水"的工作，村内有头脸有势力的人也开始了对村干部职务的角逐，村民选举中贿选、行政干预、外部社会关系干预、宗族势力和黑恶势力控制选举等问题比较突出。

党的十九大提出了"乡村振兴战略"，"坚持农业农村优先发展，按照产业兴旺、生态宜居、乡风文明、治理有效、生活富裕的总要求，建立健全城乡融合发展的体制机制和政策体系，加快推进农业农村现代化"。2017年12月28日至29日，中央农村工作会议进一步提出了实施乡村振兴战略的目标任务和基本原则、实施途径等。根据党中央精神，山东省制定了《山东省乡村振兴战略规划（2018—2022年）》和《山东省推动乡村产业振兴工作方案》等一系列文件。具体到JDC村民，许多经常看电视的老百姓听说有乡村振兴这件事，认为中央更加重视农村了。村民体会更多的是产业发展和公共服务的适度规模需要，一些地区推进了合村并居。在JDC等普通农业地区，山东实施了"厕所革命",给每户农民免费更换便池、埋大粪桶等,并提供给农民抽拉式冲水塑料桶。但是,农民长期以来习惯了露天的蹲坑,由于厕所多数在自家院子的角落里,不能把自来水管接通到改造后的便池,而抽拉式冲水塑料桶又容易坏,其卫生程度和使用的方便程度依然很差,甚至还不如不改造。结果,国家花费了大量资金资助"厕所革命",由于帮助农民接通水管等造价太高,成为"半拉子"工程,有些农户还不得不自己再改回去。比较实惠的是,帮助农民免费安装了煤气炉,而且,还给予安装户1000元费用补贴,基本够农户免费使用一年。

(二)以农业家庭经营为主导的分散型村庄发展类型分析

分散型村庄虽然都是在家庭经营农业的基础上以个体私营经济占据主导和主体地位,但是,在发展过程中也呈现出不同的发展类型和特征。

1. 根据国家乡村规划,将村庄分为集聚提升类、城郊融合类、特色保护类、搬迁撤并类

中央农村工作领导小组编制发布的《国家乡村振兴战略规划(2018—2022年)》(简称《规划》)指出,顺应村庄发展规律和演变趋势,根据发展现状、区位条件、资源禀赋等,把村庄分为集聚提升类、城郊融合类、特色保护类、搬迁撤并类四种,分类推进乡村振兴。

集聚提升类村庄,即"现有规模较大的中心村和其他仍将存续的一般村庄"。该类村庄应当"科学制定发展方向,在原有规模基础上有序推进改造提升","鼓励发挥自身比较优势,强化主导产业支撑",建设宜居宜业的美丽村庄。这类村庄包含了大部分集体化村庄和发展较好的分散型村庄,村庄作为千百年来农民生产生活的集聚场所,是乡村的基础单位,无论怎么整合,大部分都会存续下去。

城郊融合类村庄,即"城市近郊区以及县城城关镇所在地的村庄,具备成为城市后花园的优势,也具有向城市转型的条件",可以"在形态上保留乡村风貌,在治理上体现城市水平"。这类村庄有可能会伴随着城镇化进程而成为城镇的一部分,或者城市的"后花园"。

特色保护类村庄,即"历史文化名村、传统村落、少数民族特色村寨、特色景观旅游名村等自然历史文化特色资源丰富的村庄",对这类村庄应"统筹保护、利用与发展的关系,努力保持村庄的完整性、真实性和延续性"。

搬迁撤并类村庄,即"位于生存条件恶劣、生态环境脆弱、自然灾害频发等地区的村庄,因重大项目建设需要搬迁的村庄,以及人口流失特别严重的村庄"。对该类村庄"实施村庄搬迁撤并,统筹解决村民生计、生态保护等问题"。

2. 根据资源禀赋状况,将村庄分为资源丰富型和资源贫乏型

资源丰富型村庄可依托的资源包括物质资源、文化资源、生态资源、自然资源、人脉资源、旅游资源、区位资源等。物质资源包括地下的矿藏资源,也包括地上的社队企业等;文化资源包括遗留下来的古建筑、古村落等,也包括风俗文化传统等。资源丰富型村庄,有的依托便利的交通和靠近城镇的条件,有的依托地下矿藏资源,生态资源或其他旅游资源等,得到了较快的发展。这类村庄的村民,能够充分利用资源优势,各显其能,相对于资源贫乏型村庄有更多的收入渠道和发展机会。但是,这些村庄内村民们之间也是贫富悬殊较大。一些有经营能力的村民,依托资源创办企业,或者做一些其他生意。这些村庄集体大多也可以获得一些收入,但是,由于缺乏强有力的为村民谋福利的基层党组织或者带头人,这些村庄在有了收入后并没有走上集体化发展道路,而只是在解决一些村庄公共事业发展问题的同时,村干部更多地想着如何多"捞"一些。资源贫乏型村庄,既不靠近城镇,也没有优势资源,主要是普通农业型村庄,村民们的收入来源主要是种养业收入和外出打工收入。资源丰富型村庄发展水平普遍较高,依托资源优势,无论村庄整体,还是村民个体,都得到了较大发展。村民依托资源和相关企业,或者打工,或者做小生意,有的则直接办企业,收入普遍高于资源贫乏型村庄的村民。

3. 按照产业结构和发展状况,将村庄分为工业型、市场型、旅游型和普通农业型等

工业型村庄是以兴办工业企业为主,以制造业带动经济发展的村庄。这类村庄主要是有家庭手工业传统的村庄,村民比较早地办起了家庭工场或者企业。这类村庄的企业主要是私营性质的,也有根据需要后来发展为合伙或者股份制企业。市场型村庄,是指以专业市场、小集镇、综合批发市场等为依托而带动经济发展的村庄,大多数村民已经由从事农业为主转变为从事第三产业为主。这类村庄以家庭个体经济、私营经济为主体,乡村能人较早地进入第二、第三产业领域先富起来,能者多"捞"。这类村庄中个体私营企业之间利润水平差距比较大,老板与老板之间,老板和雇工之间的收入差距都

比较大，贫富分化悬殊①。由于第二、第三产业发达，村集体在提供基础设施、土地租赁、公共服务等过程中，也获得一定的收入，相比于普通农业型村庄有着更多的财产积累和收入来源。

旅游型村庄主要是靠近城镇，或者靠近景区的村庄。村庄交通方便，大面积种植桃树、杏树、梨树，以及油菜花、草莓等，吸引顾客来旅游、采摘，吃农家饭，体验乡村生活。比如，山东济南市郊区就有许多这样的村庄，像济南槐荫区吴家堡镇东赵村五洲都市农业示范园的桃花、长清区张夏黄家峪的万亩杏园、平阴县榆山街道办事处胡庄村的海棠花等，还有济南市历城区董家镇张而村的草莓采摘基地等。大多数农户在自家承包地里种植，也形成了规模效益，不过缺乏组织性，存在农户之间同质化竞争、储运销等问题。

普通农业型村庄是指家庭承包经营后，农民从事以传统种养业为主的分散型村庄。这样的村庄既没有特色产业支撑，又不靠近城镇、缺乏资源和区位优势，大多数村民主要从事传统种养业初级产品生产，农业现代化程度低，非农产业不发达，青壮年劳动力流失比较严重。村庄集体层面统一经营缺失，集体经济组织虚置或虚化，村庄集体经济收入较低，个体、私营经济占据主导和主体地位，很少有带头人愿意带领农民发展集体经济，虽然土地还保留名义上的集体所有，但是土地的经营权、使用权、支配权、收益权等，均归私人。这类村庄伴随着劳动力持续外出流动，会趋于空心化、空壳化，有可能会整合、消失。

4. 依据村庄集体层面统一经营性资产状况，可以把村庄分为有集体有经济、有集体无经济、无集体有经济、无集体无经济四种类型

有集体有经济的村庄是指村庄建立了集体经济组织，有经营性收入。但集体经济不占主体地位，也不能占主导地位，仅仅是集体组织有一定的租地收入、租赁收入、服务收费等，这些收入数额不大，基本上能够满足村庄公共服务和村庄公共事务的日常开支。集体的存在是以为个体经济、私营经济服务为基础的，因为集体有收入，各方力量对村干部的争夺也比较激烈。

有集体无经济的村庄是指村庄表面上有集体经济组织，比如成立了合作社或者农工商企业，但是，由于缺乏实质性的经营业务，或者经营效益较差，村庄集体经济收入很少，难以满足村庄日常公共开支。

---

① 陶友之，周一烽，顾存伟. 苏南模式与温州模式的比较研究 [J]. 上海社会科学院学术季刊，1987 (3)：48-57.

无集体有经济的村庄是指村庄集体组织处于瘫痪状态，村庄内部各种矛盾比较错综复杂，各种力量都难以获得其他力量比较多的认同和支持，难以统领和凝聚其他力量，村干部经常处于空缺状态，村庄公共事务无人过问。但是，由于村庄或者靠近城镇，或者有优势资源，村庄内收入较高的有钱人却不少，村庄发展程度依然较高，村民生活水平也普遍有较大改善，村集体也可以比较容易地获得一定的集体收入。因为集体有收入，各方力量的争夺也比较激烈。这类村庄主要是缺乏强有力的村庄能人和基层党组织，难以带领村庄集体经济的发展。村庄缺乏一种能够得到各方认同、多数村民认可的核心力量。

无集体无经济的村庄是指村庄集体组织处于瘫痪状态，一盘散沙，村庄公共事务无人过问，大家基本忙于自己的个人事务。这类村庄由于没有集体收入，村庄大多数能人对当村干部兴趣不大，大多数忙于外出打工经商。或者是村庄内部家族势力等各方力量比较均衡，村庄缺乏一种能够得到各方认同、多数村民认可的核心力量，无法产生村集体稳定的领导班子。

中国农村地域广阔，各地风土人情、地理环境、文化传统等千差万别，个体私营经济占据主导地位的分散型村庄分布广泛，发展模式、发展类型也是错综复杂。从不同维度可以有其他多种分类，比如，根据经济社会发展程度和人口流出状况，分散型村庄还可以分为发展程度相对较好的中心村和发展比较弱的偏远型农业村；根据宗族势力和村庄选举中派系斗争情况，又可以分为宗族势力较强、派系斗争比较激烈和宗族势力较弱、派系斗争不激烈等类型。

（三）以农业家庭经营为主导的分散型村庄发展共性特征

全国大多数农村都实行了家庭承包，大多数都是建立在家庭承包经营基础上发展个体私营经济的分散型村庄。这些村庄数量多、分布广，各具特色，但是，它们有共同的特征，具体体现在以下方面：

第一，分散型村庄以个体经济、私营经济为主，集体经济成分占比较低。许多分散型村庄经营性集体资产基本没有，即使有集体收入，也是以为个体私营经济服务为基础获取管理费用、租赁费用等，集体经济不占主导和主体地位。分散型村庄一方面非常迫切地需要发展壮大集体经济实力，而另一方面集体经济发展举步维艰。组织小农合作，需要支付组织成本、管理成本、教育成本等，需要有较强力量的介入和利益诱导，农民才会组织起来。任凭个体小农自然分化和发展，无论是到城市打工，还是个体经营，都是农民基于自身利益进行选择，自谋出路。大多数村庄陷入"温饱而难以富裕"和发展不协调不平衡的陷阱。

第二，村庄日益"原子化"，村民自利性较强，相互间的关系比较淡漠，集体观念较弱，合作趋于减少，呈现出自私自利、一盘散沙的状态。多数村民相互间的联结度较低，合作互助比较少，村庄凝聚力、向心力缺乏，组织化程度低。传统的人际联系正在解体，现代联系又未建立，社会关联度降低①。集体生活、集体劳动的场景基本消失，为了克服生产生活中的困难，在亲戚、近邻之间应对各类风险，小范围内的互助合作仍然存在，但合作不紧密、不稳固。多数农民已经习惯和认同了现在的生产生活方式，如果没有新的利益因素诱导和外界力量引导，没有科学合理的体制机制，重新组织起来发展集体经济、合作经济难度很大。

第三，不同情况的村庄之间、同一村庄内部不同家庭情况的农户之间、经营能力不同的村民之间，贫富分化比较大。村庄内单纯依靠承包土地，通过种养业获得收入的农民家庭，会陷入"温饱难以富裕"的陷阱。能够获得经商收入、务工收入等非农业收入的家庭，生活水平相对较高。在私营企业内部，老板与普通员工的收入差距悬殊。由于"增人不增地，减人不减地"，也出现了一些人已经离开村庄或者去世但仍然有承包地，一些人出生后没有分到承包土地等现象，出现了少地失地农民。有的农民由于年龄、家庭、自身能力等原因找不到合适的工作，生活没有保障，"种田无地、就业无岗、进城无门"，成为弱势的边缘群体。

第四，经济与社会、人与自然发展不协调，重经济效益轻社会效益与生态效益，对土地恶性开发利用，农业生态环境和资源支撑有恶化风险。为了获取更高单产效益，农民大量使用化肥农药，土壤板结严重，肥力下降。许多地区河流污染、干涸，农田灌溉又过度抽取地下水，面临着土壤污染、水污染、淡水资源缺乏等问题。特别是 JDC 这样的北方普通农业村庄，由于农田水利建设滞后，多数土地需要打机井，抽取地下水灌溉。分散经营的个体农民无力进行大规模农业基础设施和农田水利建设，村庄建设和规划参差不齐，许多村庄耕地被企业等外来资本和势力侵占严重，出现了一些失地无地的农民。

---

① 贺雪峰. 村庄的生活 [J]. 开放时代，2002（2）：109-117.

第三章 以家庭经营为主导的村庄发展模式：分散型村庄

第五，物质文明与精神文明发展不均衡，村民社会主义信念和集体主义观念相对薄弱，传统道德伦理受到严重冲击，村民精神文化生活相对空虚，村民生活生存压力普遍较大。有些地区宗族、宗派活动盛行，宗教思想、迷信思想等沉渣泛起。外来文化和市场经济对农民社会主义理想信念、传统文化伦理等造成巨大冲击，尊老爱幼、扶弱济困等传统伦理道德受到较大影响，功利性、私利性越来越强，人与人之间更多的是利益关系。

第六，由于缺乏集体经济实力，村庄教育卫生体育等公共事业发展滞缓，环境卫生、公共文化生活、公共设施建设等比较差，基础建设比较滞后。村庄基层组织软弱无力，村民公共生活比较贫乏。多数青壮年劳力外出打工，留守村庄的主要是老人、妇女和孩子，空巢老人、留守妇女、留守儿童问题日趋严重，许多村庄失去生机与活力，死气沉沉，出现了大量"空心村""空壳村"。

第七，分散型村庄农民的自主性增强，个人自由度较高，人口流动性大，同时，个人面临的风险增加，抗风险能力较弱。家庭承包经营体制下，农民可以直接拥有承包土地的经营权、收益权、支配权，自主支配劳动力，自主决定土地和农产品耕种，实现了劳动者与生产资料的直接结合，利益观念融入生产劳动的各个环节，市场意识、民主意识、自我意识增强。个人自由，形式自由，符合农民小私有者、小生产者自利的本性。年轻人外出打工，但很难在城市有稳定工作和稳定收入，因生活成本高昂，举家迁入城市难度相当大，多数青壮年劳动力外出打工，妇女、老人带着孩子在家种地。也有一部分能够有较高收入的，有一定技能的打工仔带着老婆、孩子一起在外面打拼，务工经商收入比较高，能够获得优裕生活而定居于大城市的农民工人数较少。

从整体来看，分散型村庄是以个体私营经济为主，因缺乏集体经济支撑，集体事业、公共事业、社区福利等多数由财政承担。多数农民解决生产生活困难，从生产队时期主要依赖组织，转变为主要依赖近亲好友，很少去找基层组织。分散型村庄普遍面临着如何完善集体经营层次、聚合社会闲散生产要素、增强村庄发展的内在活力和竞争力等问题，在市场环境下确保农民基于从事农产品种植、销售等获得社会平均利润，推进农业和农村持续健康发展。

（四）改革开放以来分散型村庄与传统小农村庄比较分析

家庭承包经营后，国家行政力量较大程度地退出分散型村庄，与传统小农村庄具有许多相似之处，都是小块土地分散经营为主，以家庭为基本生产和消费单位，以家庭成员为主要劳动力，带有个体小农色彩，都比较多地依赖家族亲邻解决生产生活中的困难。分散型村庄比较符合大多数农民的小私有者本性和农村自然发展状态，但是，与传统的封建小农村庄有着巨大差别。

第一，封建小农村庄存在着地主经济和租佃经济、自耕农经济，少量的地主占有大量的土地，而同时无地少地的贫雇农占人口的绝大多数。而今天的分散型村庄实行的依然是土地集体所有制，社区农民拥有承包经营权，保障"耕者有其田"。几千年封建社会多数农民的理想变成了现实。

第二，传统封建小农村庄更多的是依赖从土地中获取农业收入，自然经济色彩更加浓厚，依靠家庭劳动基本实现自给自足，市场对小农村庄生产生活的影响较弱。而今天的农村受市场的影响较大，更多地依赖市场，从外部获得衣食住行用等生产生活资料。过去男耕女织的田园式生活被"老人种地，年轻人打工"的代际分工模式，以及既种地保障生活也务工经商获取更多收入的兼业模式取代。

第三，村庄的组织管理方式有了较大变化，由乡绅政治、乡土自治转变为国家治理、村民自治。受交通、通信等限制，封建小农村庄更加闭塞，国家力量对偏远乡村的影响较小，"皇权不下县"，国家政权往往是通过乡绅、宗族势力来实现对乡村社会的影响和治理。而今天，分散型村庄集体层面统一经营虽然弱化，但是，国家行政力量仍然较多地介入乡村社会，县乡基层政权、中央政策等成为村民关注的一部分。国家的生育政策、社会保障政策、农业生产政策等对农民的生产生活产生较大影响，有较为强势的基层政权的行政管理和较多的行政色彩。

第四，今天的中国农村较多地受到外来文化和市场经济的冲击，与以传统血缘关系为纽带的乡土中国相比，农民受到纲常伦理、道德规范、风俗习惯等的约束力弱化，父母子女之间、夫妻之间、婆媳之间、兄弟姐妹等家庭成员之间的关系发生了较大变化，邻里亲情、熟人感情、道德伦理等关系越来越被利益关系取代。同时，党的方针政策，以及外来文化等通过各种途径渗入村民生产生活中，农民的价值观念、思想认知等有了较大变化。

第五，由于生产力水平和工业化进程的影响，今天的农村更多地使用了机械化劳动工具，使用了农药、化肥、电力等科技成果，家用电器等进入农民家庭，摩托车、电瓶车，甚至汽车等现代交通工具，手机、电话等现代通信工具等普遍进入农村，村民的闲暇娱乐生活也发生了巨大变化。宗族祭祀、祭拜神灵等迷信活动虽然在一些地区依然存在，但是，相对于封建小农社会，宗族势力、封建迷信势力的影响已经大大减弱。

第六，封建小农村庄由于土地等财富的占有、社会关系和公共权力的拥有状况不同，村庄内部贫富强弱分化严重，许多村庄出现欺男霸女的现象。生产资料私有制基础上的个体私营经济的发展，会导致快速的两极分化和阶层分化，历史上的土地兼并，使农民起义此起彼伏。传统封建小农大多数处于无地或少地的状态，只能租种地主土地维持基本生存，一旦发生天灾人祸，就会出现家破人亡、流离失所等惨状。现在的分散型村庄内虽然也产生了强弱贫富分化，但是，由于经历了共产党领导的革命和改造，村庄内部黑恶势力，以及豪强势力欺男霸女等为所欲为的现象已十分少见。土地集体所有制保障了村民之间的基本公平和生存需要，家庭承包属于集体经济的一种实现形式，生产资料公有制限制和弱化了个体私营经济、市场经济的负面影响。即使流转土地的承包农户也仍然享有土地的承包权和部分收益权，只是经营权有偿流转。

二、分散型村庄的发展现状与主要问题

（一）分散型村庄的农民生活：以 JDC 为例

农村分地到户以来，村民的生产生活方式相对于人民公社体制下的集体化时代发生了巨大变化。从整体来看，农村改革后，家庭联产承包责任制的确立使广大农民获得了生产自主权、生产利益分配权，农民的束缚少了，自由多了，农民的劳动和自己的利益直接挂钩，短时间内解决了温饱问题，农民的物质生活水平有了大幅度提高。从"黑面窝头"到"白面馒头"，从"楼上楼下、电灯电话"的憧憬，到"手表、缝纫机、自行车"的三大件，再到收音机、录音机、电视机、冰箱等进入家庭，以至摩托车、手机、电脑、汽车等逐步进入家庭，农民的生活水平有了大幅度提高。

然而，农民在感受分地到户的激动的同时，家庭经营的问题也日渐显露。原来集体修建的农田水利设施疏于维护而渐渐荒废，耕地被均分承包、分散经营、细碎耕作，大型农业机械、先进农业技术等难以推广应用。劳动力少的单个农民家庭独自耕作出现困难，特别是青壮年劳动力外出，依靠单个家庭的留守老人、留守妇女独自完成耕种、收割等比较繁重的体力劳动，存在

着不同程度的困难，多数是花钱请人用中小型机械完成，服务价格从最初的10元/亩增加到现在的100元/亩不等。在农产品的销售、农业生产资料的购置等方面，农民也存在着信息、运输、储藏等方面的困难。

随着城市化、工业化、市场化进程的推进，农业生产资料价格不断提高，农业生产的比较效益下降，大多数农民家庭以代际分工的模式获取收入，大量青壮年劳动力外出务工经商，老人、妇女留守在家种地，看孩子。对大多数农民家庭来说，出力干活不是问题，受苦受累也很少抱怨，只要能挣到钱。"农闲时候，好找活的话，身体许可的老人也打工挣点钱。"由于国家对进城务工经商子女出台优惠政策，也为了解决夫妻分居、照顾孩子等问题，现在越来越多的农民工带着妻子、孩子一起在城里打工，也有的为了多挣点钱，夫妻两个分别在不同的城市打工。如果家庭没有劳动力外出打工，缺少非农收入，一般生活比较困难。

山东SX县JDC村民FGC 47岁，有两个儿子，共有耕地8.5亩，每年种两季，夏季收获麦子，秋季收获玉米。按他的说法，种地就是"剩一季"，就是卖掉玉米，够所有种地的成本，包括化肥、浇地、种子、收割等各种费用。春季的小麦基本上能够剩余，算是一年劳动所得。按照每亩地能够收1000斤小麦，每斤小麦市场价1.3元计算，每年依靠种地能够收入总计大约11050元。如果仅仅依靠这11050元，难以满足全家人的日常花销、人情礼往、教育医疗等各种费用。大儿子上了两年技校，就在聊城市打工了，每月收入5000元左右，扣除个人的房租等花销，基本剩不下钱。二儿子上高中，每年大约花费4000元。他们夫妻二人每到秋收忙完后就外出打工。FGC跟着建筑班干体力活，每个月大约能收入5000元，扣除日常花费，剩余3000元左右。他媳妇在超市里当清洁工，每个月工资收入大约3000元，扣除花销，剩余1600元左右。这样，他们两人每年冬天打工大约净收入4万~5万元。近两年，FGC父亲脑血栓瘫痪在床，他母亲单独一人难以伺候，于是他媳妇也只好留在家里伺候老人。而且，大儿子又面临"相媳妇、定亲"，据说要30万元多，还要买个汽车，花费15万元左右，盖新房子要20万元左右，这样，他们两口子辛辛苦苦一二十年积攒的收入全部花完还不够。

调查中，大多数农民普遍认为，现在种地不赚钱，单纯依靠种地很难维持日常开支。青壮年劳动力外出打工，又不得不面临信息、人脉、家庭、社会等问题和困难。同时，留守的老人、妇女、孩子的生活也令人担忧，进而产生空巢老人、留守妇女、留守儿童、空心村等问题。调查发现，留守在家耕种承包土地的大多数是70多岁的老人，一般五六十岁的人，只要身体许可，也出去打工挣点钱。老人种地虽然有经验，但是体力、精力等跟不上，有些繁重的劳动，依靠老人难以承担，不得不花钱请人帮忙。有个别农民出于经营目的，个人买了拖拉机、收割机等，靠给别人机械化耕作收取服务费赚钱。不过，农忙季节，农业机械忙不过来，许多农民要排队等，也有的因为等不上收割机，麦子被大雨淋在地里的。

根据JDC的调查，生产队时期集体化的大规模活动基本消失，村里很少再有放电影、开大会、集体娱乐等活动，一般都是在家里看电视，闲暇时间，几个比较熟悉的人凑一起打麻将、打牌、聊天等。过去热闹的大队部，现在冷冷清清。村民的公共活动、集体活动几乎为零，村集体组织给予村民的帮助和服务也非常有限。留守老人、妇女难以得到健全的家庭温暖，他们渴望感情沟通，许多事情需要互帮互助，但又迫于生活压力不得不选择分开。调查发现，现在出现家庭变故和困难，多数村民不再找组织和集体，而是依靠血亲互助等解决困难，应对风险。由于人财物的大量流出，过去热闹的村庄，日渐冷清和破败。宗教势力、宗族势力和一些封建迷信思想，甚至黄赌毒黑等现象乘虚而入，沉渣泛起。

农民个体家庭分散经营承包的小块土地，相互之间的联系和互助行为大大减少，村民之间的社会关联度大大降低，乡村社会日益碎片化，农民日益原子化，村庄作为生产生活共同体的意义和作用减弱，许多年轻村民对村庄的感性认识就是"落后"，"穷、脏、乱"，有本事有能力的，都想着脱离农村到城里买房生活，过去的故土乡情、邻里亲情等，趋于淡漠。

农村留守人群的互助合作，在一定程度上增进了相互之间的沟通与交流，改善亲邻之间的人际关系，缓解紧张无助的情绪，减轻心理上的负担和压力，相互找到情感的慰藉和依托，有助于在一定程度上缓解青壮年劳动力外出务工经商的后顾之忧，推动农村经济社会的和谐稳定。同时，有助于农民家庭应对市场风险、经济风险、生活风险、社会风险，增强农民抵御自然灾害和社会伤害的能力。JDC这样的分散型普通农业村庄，农户之间主要是基于血缘、地缘的互助合作，也有养殖专业户之间，流转土地的专业大户之间基于共同经营领域而彼此合作。情缘，也是日常合作中比较常见的一种，主要是相互之间基于共同的价值观、信念、世界观，相互之间彼此聊得来，共同的兴趣和爱好而形成的合作。

留守人群之间、农户家庭之间的互助合作是一种被迫的选择，是为了应对风险、克服困难而出现的自然反应和被动适应，是一种迫于生活和生存压力而采取的自发应对策略。生产劳动中为了应对繁重复杂的劳动，比如，翻耕、灌溉、收割、播种、脱粒、农田水利建设、田间道路的修整，单家独户的农民难以完成，不得不进行合作。部分农民也进行购销合作，比如联合购买农药化肥、联合销售农产品等。留守人群相互之间更多的是社会事务的合作，主要是红白事邻里之间的互助。政治活动中的合作较少，主要集中在村民选举中私下串联、串通，联合选举或抵制某个人。联合维权、联合抵制危害个人利益的外来伤害等事件也偶尔发生，但不常见。比如，JDC村民曾经因为村庄东部的被征收土地的价格太低而联合起来进行抵制，为避免引发群体恶性事件，一般由政府和乡村干部介入，相互妥协。农村青壮年劳力之间的合作互助，主要是结伴外出务工经商，互助合作，共同应对外部风险、市场风险。

留守人群大多是老弱病残，没有更高的思想认识水平和更宽的交往范围，主要是弱者困难时的相互扶助，大多是不得已为之的行为，是为了应对各种风险，克服生产生活中困难的需要，是一种对生活现实的被动适应，合作对象经常随着关系的好坏而不断变换，缺乏必要的组织性，缺乏广度和深度，缺乏连续性和稳定性，大多是小范围内临时性、应急性的被动应对。面对困难时的被动互助，不会带来农业经营方式的根本变革，对于改变农村的面貌，改变农民发展命运，推进农村工业化、城镇化、信息化和农业现代化，没有多大作用。

从经济生活来看，分散型村庄以个体私营经济为主，村民在家庭经营农业的基础上各显其能，不断自发向外扩展，寻求更多获取收入的渠道。JDC集体经济缺乏，除了村民外出务工经商之外，本地的非农产业和非农经营很少。被调查的JDC村68户中有7户收入比较高的，主要是有本事、有能力、有关系经商做生意的、搞工程的。其中最富的1户是FZG家，他通过在市公路局当处长的弟弟包揽工程修公路，据说工程大的时候，每年能赚几百万元。其次，是在外地经商做生意，经营比较好、干得比较大的4家，都是村里面数得上的，比较有名气的老板。FSC一家在县城批发零售家电，据说每年也能赚一二十万元。FSC高中毕业考上本地的职业技术院校，学习家电相关专业，曾经在市里三联家电维修部工作，后来辞职回到SX县城自己单干。FYF是村里比较早在北京倒卖二手车，后来转行卖货车"赚了大钱"的，据说每年能赚几十万到上百万元。FSY自己会木工，儿子在本地职业院校学过装潢，毕业后跟着父亲在河北保定干工程装潢装修，据说一年能赚几十万元。还有一家是在聊城卖农业生产资料和日用品的 FGZ，最初在镇上开小卖部；后来，他大姐在聊城市一家职业院校工作，姐夫在建委工作，动员他到市里做建材等生意，正赶上房地产行业发展迅速，每年能赚几十到上百万元不等。还有一家在县城卖厨具，估计每年也能赚一二十万元。上文述及这些村里面"有头脸、影响大的有钱人"，基本不在村里居住生活了，已经举家迁往城里，在务工经商的城市买了房子，过着不错的生活。

另外，村里收入比较好的还有 3 户村民在镇上做生意的。一户村民学过厨师，不愿意出去为别人打工，就租了房子在镇上开饭店，由于饭菜味道可口，又比较实惠，生意不错，年收入在一二十万元左右。一户在镇上卖水产、百货等；还有一户从事屠宰，以杀羊为主，同时，也在镇上开个小饭店。经商做生意的村民，大多头脑比较灵活，有社会关系，有经营能力，或者有一技之长，能比较早、比较快地适应市场，成为市场中的"赢家"。

在被调查的 68 户中，47 户主要依靠劳动力外出打工获得收入，有的是男劳力外出打工，有的是夫妻两个都外出打工，由老人照看孩子等，还有的家庭孩子大了，不需要照顾，一家人都外出打工。外出打工人员的年龄一般在 15~65 岁。虽然都是外出打工，但工作和收入并不相同，大多集中于建筑工程、餐饮服务、清洁工、水电安装等，也有的到化工、钢铁、服装生产等私营企业，很少有到高新科技企业或者是国有企业的。干建筑活，会木工、泥瓦工等技术的，一般一天能收入 300~600 元不等，甚至还有高的。没有技术，只能依靠体力劳动的，一天大约 100~200 元。当服务员、清洁工的女性，收入一般每月 1000~4000 元不等。还有部分当保姆、做家政的，收入差距比较大。

68 户中有 7 户因为老人需要照顾，离不开家，或者找不到打工的去处，或者不愿意背井离乡去打工，就在本地就近找活干。有的跟着本地的建筑班干活，有的到附近的超市、饭店打工，有的到附近的农场干农活，有的到本地小私营企业打工。在本地打工，因为工作性质不同，收入也有差别。由于当地的工资水平普遍较低，一般比外出打工收入要低一些，最高的也不过月工资 6000 元。其中，单靠种植承包土地，以种植粮食作物为主，兼种点蔬菜，养猪、鸡、羊等家畜的农户有 3 户。他们或是因为没有技能特长，或是因为年龄比较大，没有关系或机会外出务工经商，单纯依靠种养业收入普遍不高，基本生活在中下层。

68户中，有4户流转自己父母、兄弟等亲属的土地，或者流转本村其他人的土地，在家种植经济作物，比如大棚蔬菜、山药等。还有2户在家搞养殖，一家养鸡，一家养猪。不过，无论种植经济作物，还是养殖，收入很不稳定。赶上市场行情好的时候，一年能赚10多万元，但是市场不好的时候，也赔不少钱。

从风俗习惯和文化风尚来看，JDC更多地保留着祭祀祖先、祭祀神灵等风俗，逢年过节都会在家里悬挂标有族谱、牌位的"柱子"①，村内的大姓冯姓、陈姓等也相继进行了续家谱等活动。JDC村民至今都保留着大年初一"起五更"的风俗，年三十晚上要吃饺子、放鞭炮。年初一天亮之前就要起床，吃新年的第一顿饺子，放鞭炮。吃完后，同一家族内的晚辈要挨家挨户给年长的长辈跪下磕头、拜年。不同姓氏和家族之间也有相互拜年的，但比较少。

JDC村民在生产队时期就养成了街坊近邻聚在胡同口、街边墙角、麦场等闲聊、拉家常、娱乐等习惯，夏季拿着蒲扇、端着饭碗聚在阴凉处，边吃边聊，聊的也多是家长里短、生产生活、人际交往等，也有的聚在一起打牌、打麻将，这样就自发形成了许多非正式群体。冬天因为天气原因，多数村民往往会选择聚集到某一户人家，说笑闲聊消磨时光，互通消息也增进感情。这种聚会是一种自发的行为，也是一种习惯和风气。各种小道消息、集市行情、生产生活经历、村庄发展、乡村风俗、家长里短、红白喜事等构成了这种聚会闲聊的主题，几乎没有人花钱去购买图书、报刊等，封建迷信、宗教势力等趁机进入农民生活。

值得指出的是，JDC男青年普遍存在结婚难、结婚贵问题，一度几乎消失的农村光棍汉又多了起来，大有卷土重来的迹象。20世纪60—80年代中期，JDC村的光棍汉由1949年以前的二三十个逐渐减少到一两个，甚至消失。然而，随着农村青壮年劳动力大规模外出务工经商，农村男青年找对象越来越难，大龄未婚男青年人数迅速增加。一般情况下，过了35岁，依然找不到对象的男青年再想找没结过婚的女性，就几乎是不可能了。JDC所在的鲁西南地区相对落后，非农产业不发达，农业现代化水平低，青壮年劳动力绝大多数去北京、上海、江苏、广东，以及山东半岛等地区打工，在本地务工经商的人数很少。相比于男青年而言，多数农村女青年在外出务工经商的过程

---

① 画有家族先人和族谱的图，多数为布料的，也有纸质的。

中外嫁给城里人，或者外嫁到经济发达地区，婚龄女青年大量流失（见表3-1）。相比之下，作为欠发达地区，JDC男青年要娶到外地女性，难度则比较大，一般还要在本地找媳妇，在大量青壮年劳动力持续外出务工经商过程中，较多的婚龄女性嫁到城里或者发达地区，致使本地婚龄男女青年比例严重失调。越是落后地区，农村婚龄男女外出务工经商的人数越多，本地女性嫁到城里或者外地的人数越多，而男性娶到外地女性的则很少，致使本地"一女难求"，彩礼、结婚成本等也随之水涨船高，结婚难、结婚贵问题越来越严重。

表3-1 JDC 19~35岁婚龄女性外嫁和外地女性嫁入人数调查数据　　单位：人

JDC 19~35岁婚龄女性	1990—2000年	2001—2010年	2011—2020年
外嫁女人数	6	12	23
嫁入女人数	3	5	7

注：①婚龄女性是指19~35岁年龄段适宜结婚养育子女的女性；②外嫁并非适婚女性外嫁到本地市的十里八乡，而是外嫁到城市或经济较为发达的农村地区；③嫁入女，是指外省（市）的女性嫁给JDC男性，而不是本地女性。

过去农村男孩子结婚，"女方一般要求盖套新房，弄一处院落"，大约成本在10万~20万元，加上彩礼、结婚费用等，计算下来需要15万~25万元。现在女方的条件由在村里盖新房转变为到县城买房、买车、买金银首饰，结婚仪式等也越来越要求高档时尚。根据课题组调查，一般当地县城房价每平方米约5000元，一套房子连装修带家具家电需要70万~80多万元，买辆车一般15万元左右，再加上彩礼、金银首饰、结婚费用等花费，计算下来，要100多万元。即便是在村里盖一套新房子，由于建筑成本的上升，房屋和院落条件和要求的提高，加上买车、彩礼、金银首饰等，算下来也要五六十万元。"现在娶个媳妇要百十万""少说也要五六十万"，这是受访对象的普遍说法。对于JDC村大多数农户而言，辛苦打拼数年，还攒不够一个儿子结婚的钱，尽管如此，还有很多男青年找不到对象，为了儿子结婚，许多父母"一夜愁白头"。

总体来看，以JDC为代表的分散型村庄，村民的生活生存压力普遍较大，即使经商稍微富裕些的村民，单独面对市场风险、自然风险、社会风险，也面临着激烈的竞争，生活没有组织依托，多数困难只能在亲朋好友之间相互帮助解决。

（二）家庭经营主导下分散型村庄的经济发展

分散型村庄相对于集体化村庄最大的区别，就是集体经济是否占主体地位。农村集体经济是建立在土地等主要生产资料集体所有基础之上的，是以农村劳动群众的联合与合作为纽带，集体所有、共同经营、合作互助、民主管理、利益共享的经济。JDC 由于缺乏集体经济支撑，村庄党组织在提供社区服务、进行基础建设、发展公共事业等方面基本完全依赖上级财政。一盘散沙的个体农民缺乏凝聚力、团结力、向心力、协作力，无法形成集体协作行动，缺乏集体组织化力量建设家乡，改造农村社会，也难以抗衡强势群体的利益侵犯，在市场化、工业化、城市化大潮中，农民逐渐沦为弱势群体，即便在农村的主体地位和作用，也趋于弱化，村庄日益沦为"空心村""空壳村"而趋于萧条。

习近平总书记指出："全国 12.8 万个建档立卡贫困村居住着 60% 的贫困人口，基础设施和公共服务严重滞后，村"两委"班子能力普遍不强，四分之三的村无合作经济组织，三分之二的村无集体经济，无人管事、无人干事、无钱办事现象突出。"① 农村集体经济是确保党在农村长期执政、保障农民当家作主地位和实现共同富裕的经济基础，是维护社区成员基本权利、增加社区福利、发展社会事业的物质基础。"坚持农民集体所有不动摇，不能把集体经济改弱了、改小了、改垮了，防止集体资产流失；坚持农民权利不受损，不能把农民的财产权利改虚了、改少了、改没了，防止内部少数人控制和外部资本侵占。"②

随着商品生产者之间的竞争不断增强，个体越来越需要借助于组织力量求得生存与发展。市场经济条件下社区集体经济组织的功能和作用不应该被忽略和削弱，而应该深化农村集体经济组织改革，发挥集体层面统一经营功能，完善统分结合的双层经营体制，解决个体农民办不好、办不了、办起来不经济的问题和难题，维护农民利益，增加农民收益。由于资金、技术、能力、信息等的限制，除了从事生产初级产品的种养业之外，以农户个体的力量难以拓展延伸产业链供应链价值链创新链，落入"温饱而难富裕"的陷阱。国家的支农惠农资金，面对一盘散沙、千家万户的个体农民，交易成本高，

---

① 习近平. 在深度贫困地区脱贫攻坚座谈会上的讲话[J]. 党建, 2017 (9): 4-9.
② 中共中央 国务院关于稳步推进农村集体产权制度改革的意见[EB/OL]. [2016-12-26]. http://news.xinhuanet.com/politics/2016-12/29/c_1120216470.htm, 2016-12-29.

效益低,组织协调动员难度大,难以发挥"四两拨千斤"的作用,增强乡村内生发展动力活力能力,致使"三农"困局迟迟难以扭转,乡村振而难兴。

山东 SX 县是地处鲁西南平原的一个农业县,既不处于交通要道,也没有独特的资源,非农产业不发达。课题组重点调研了 SX 县的 SZY、WZJ、YTY、GY、GC 等 6 个乡镇中的 JDC、YLH、GW、HZD、SZ、WKS、GH、HZ、ZZ 等 27 个村庄。除了已经承包给农民的土地名义上还属于集体所有之外,大多数村庄已经没有集体经济了(见表3-2)。集体化时代的集体资产或分或卖,或被破坏,许多公共设施也年久失修,无人管理,破坏严重,荒废殆尽。原来的一些村办集体企业大多陷于困境,即使在 20 世纪 90 年代乡镇企业异军突起的时候,SX 县大部分普通农业村庄的集体企业也没有发展起来。即便个别村庄有集体企业的,伴随着激烈的市场竞争,也多倒闭或者改制转为私人。随着分田到户的实行,原来的集体经济组织在大多数村庄已经形同虚设。只有 DZJ、GY、GW 等 6 个集体经济基础稍好的村有合作社的牌子,一般是党支部书记兼任合作社理事长,与村委会、村支部"三块牌子,一套班子"。

表3-2 27 个村庄集体收入和负债情况统计

收入/负债(万元)	有收入的村庄			负债的村庄			
	>15	10~15	5~9	0~4	0~5	6~10	11~15	>15
村庄数(个)	1	2	3	13	4	2	1	1

27 个村庄中绝大多数的集体收入来自上级财政的转移支付,其中,GY、DZJ 是中原油田三厂所在地,该镇地下有较为丰富的石油资源,村集体收入来自征地补偿款、出租房屋、土地,以及收取管理费等所得,村集体比较富裕。YTY、BZ 紧靠河南 FX 县城,村集体收取商贩的管理费、房屋租赁费等,有一定收入。WZJ、GC 作为乡镇政府和集贸市场所在地,依靠收取租赁费、摊贩的管理费等,集体也有收入。其余 21 个单纯依靠农业的村庄,自身基本没有收入来源,村干部工资、村集体活动依靠上级转移支付,村民们忙于各自生计,村庄基本处于"无集体、无经济""有集体、无经济"状态。

JDC 是典型的"无集体、无经济",既没有集体经济组织,也没有集体经济收入,村党支部和村委会处于软弱涣散状态。以 WKS 等为代表,虽然有合作社的牌子,但也只是一个虚设的牌子,是"有集体、无经济"。GY、DZJ 或靠近城镇,或有资源依托,有一定集体收入,村庄富人群体人数较多,依托有利条件,不少人较好地利用社会关系、市场机会等发家致富。以 MC 等村庄为代表，由于村内各个宗族势力相当，内部矛盾错综复杂，要么是对当村干部兴趣不大，要么是相互不服气，缺乏核心领导力量，集体组织也基本处于瘫痪状态。

以 JDC 为代表的分散型村庄集体层面统一经营和集体经济组织缺乏，基本没有集体企业，没有集体经营性收入，也没有集体组织提供的社区福利。村庄更多地呈现自然状态布局，村民住宅质量参差不齐，村庄卫生较差，公共绿化基本没有，都是村民自己在房前屋后栽种树木花草。田间道路维修、农田水利设施建设等基本上是村民自发联合进行，费用由利益相关农户按照田亩和人口的多少等分摊。村庄道路的硬化、灌溉河流的疏浚等，依赖上级政府的组织和投资。山东省实施"村村通"工程和新农村建设，使得包括 JDC 在内的大部分村庄硬化了道路，也给村里安装了路灯，打了几眼机井，整修了一些水利设施和灌溉沟渠。

为了解决生产生活困难，更好地维护自身权益和健康发展，许多地区的农民在家庭经营和市场经济基础上进行了多种形式的合作和联合，组成农民专业合作社、专业协会、综合性合作社以及股份制、股份合作制等形式的经济实体，农村集体经济实现形式呈现出多样化发展的态势。

合作经济可以建立在不同所有制经济基础上，可以更多地借鉴和学习西方经验，其公有化程度和规模不如集体经济，政府和学界倡导合作经济的热情远远高于集体经济。理论界关于农民合作社，特别是农民专业合作社的研究热情此起彼伏，并得到国家政策和法律支持，《中华人民共和国农民专业合作社法》2006 年 10 月 31 日由第十届全国人民代表大会常务委员会第二十四次会议通过，2017 年 12 月 27 日由第十二届全国人民代表大会常务委员会第三十一次会议修订。但是，具体实践中普通农民对于加入专业合作社冷热不一，对于专业合作社的发展呈现出理论热、实践冷，大户热、小户冷，官方热、民间冷，精英热、民众冷，数量热、质量冷等尴尬局面。专业合作社虽然在数量上增长得很快，但是发展的规范程度千差万别，主要是少数专业大户之间合作互助，大多数农民对此不感兴趣，有的甚至根本不知道有"专业合作社"这个称呼，也不知道是什么组织。

据调查，JDC 大多数农民对专业合作社不感兴趣，许多村民都不知道什么是专业合作社。在对 SX 县的调查中发现，在政府部门、有关企业、致富能手等的发动下，一些村庄成立了"农民专业合作社"，主要有农机专业合作社、蔬菜专业合作社等，办得比较好的主要有 SX 豪达蔬菜专业合作社、SX

康之源瓜果蔬菜专业合作社和 SX 杨楼庄蔬菜合作社等。

SX 豪达蔬菜专业合作社位于山东省 SX 县河店镇农业科技示范园，是依托企业、在镇政府的扶持下成立的，注册资金 1000 万元，2011 年 12 月在 SX 县工商局注册登记，成员 200 人，占地 290 亩，是 LC 职业技术学院的实习基地。实际上是把种植蔬菜的农民专业户集中起来，连片规模种植。建有 4000 平方米智能连栋温室，17000 平方米冬暖日光温室，210 亩农业示范基地，主要经营伊丽莎白香瓜、以色列秋延迟西红柿、先正达甜椒等优质种子种苗的提供及绿色蔬菜种植。合作社为社员提供优质种苗、技术培训、咨询服务、市场信息、代购代销等，采取"公司+合作社+基地"的模式，连接带动周边农户，产品销往北京、上海、哈尔滨、南京、沈阳等大中城市，形成绿色蔬菜产业链，在种苗、技术、品牌、销售等方面实行统一管理，建立标准化基地，农户社员统一进行技术培训，统一生产规程，实现从田间到餐桌全程无污染控制。

康之源瓜果蔬菜专业合作社位于山东 SX 县燕店镇孟家村，主要由蔬菜大棚种植专业户和种田能手 MLC 牵头，联合附近的蔬菜种植专业户组成。社员按照民主管理、利益共享、风险同担的原则，实行民主决策、科学管理，在组织机构上设立有社员代表大会、理事会、监事会。合作社在优质种子、农资供应、技术服务、产品购销等方面提供统一服务，全方位保证基地蔬菜达到绿色标准，实现规模效益。瓜果蔬菜种植以冬暖式日光温棚室和大拱棚为主，品种主要有：洋香瓜、哈密瓜、黄瓜、西红柿、尖椒、甜椒、冬瓜、无丝豆、扁豆等。

山东 SX 杨楼庄蔬菜合作社成立于 2012 年，凭借当地蔬菜种植面积大、品种多、质量好的优势，在镇政府的扶持下，由蔬菜种植专业户 QLH 牵头，建立了 1500 亩的绿色蔬菜生产基地，并在育苗栽培、生产资料购买、市场信息、技术服务、产品销售等方面为社员农户提供统一服务。为了更好地服务社员，开拓市场，合作社为基地蔬菜注册了"绿绕"蔬菜品牌，基地生产的黄瓜、西葫芦、豆角、樱桃西红柿已申报了"无公害产品"认证，产品主要销往全国各大超市，从而提升蔬菜产业的加工增值能力。

农民专业合作社主要是由政府部门扶持，由专业大户或者企业牵头，为了获得上级财政支持，联合一部分农户成立，其社员也主要局限在一些专业户、种田大户、经济能人，大多数普通种粮农户对此并不感兴趣，或者说他们不具备加入合作社的资质。企业、大户主导了合作社，普通农户也没有话语权。社员之间的合作并不紧密，有的仍然是自己单干，只是挂个牌子，名义上入社。许多合作社在章程、组织机构等方面不规范，注册资金造假，给农民带来的经济效益有限，多局限于种养业合作，在产品深加工、储运销等产业链条拓展方面能力不足。农民专业合作社的发展，很难带动乡村集体经济的发展，更不等同于乡村集体经济。

新型农村集体经济组织是指改革开放以来，建立在土地等主要生产资料劳动群众集体所有基础上的，以农村劳动群众的联合与合作为纽带，承担集体资产经营管理、确保集体资产保值增值、服务组织成员生产生活等职责和职能的经济组织。农村集体经济组织作为兼顾公平与效率的农民组织，能够最大程度上覆盖社区农民，组织农民形成协作合力和规模效益，弥补个体生产者在资金、技术、信息、抗风险能力等方面的不足，增强乡村内生发展力。农村集体经济的实质和核心是农村部分社会成员共同所有或联合所有，共同受益的经济，保障了农民成为生产资料的主人，进而才有可能使其成为社区和国家的主人，实现人们在生产资料面前的平等，这是社会主义制度在农村的经济基础。

建立在生产资料公有制基础上的集体经济经营实现形式是多样的，在实践中具体采用何种实现形式，本质上是由生产力的发展水平和社会化程度决定的。从集体所有个体经营，到集体所有合作经营，再到集体所有集体统一经营，公有化的规模与程度不断扩大。伴随着公有化规模和程度的扩大，管理的难度也不断增加，但是，在更大范围内实现资源优化配置的能力和资源聚集能力也越大，规模效益和抗风险能力也就越强。

现实中农村集体经济发展面临着众多困难和问题，大多数乡村处于"有集体、无经济"，甚至"无集体、无经济"的一盘散沙状态。农村集体经济组织处于"虚置"的尴尬境地，集体经济组织缺失或弱化，缺乏实际经营运作，国家倡导发展新型集体经济，现实却有集体无经济，"分易统难"，集体经营运作能力弱，可持续性差，多数分散型村庄以个体经济、私营经济为主[①]。

贺雪峰认为，乡村振兴的基本前提是依托农村土地集体所有制，重建新型集体经济，再造村社集体，实现农民组织化[②]。但是，对于乡村干部等"乡

---

① 李敢，徐建牛. "虚实之间"：产业振兴背景下的农村集体经济组织[J]. 浙江社会科学，2021（4）：89-97.

② 贺雪峰. 农民组织化与再造村社集体[J]. 开放时代，2019（3）：186-196.

村精英"而言，带领农民发展乡村集体经济、合作经济却是出力不讨好的事，甚至"弄不好还出事"，本人所能捞到的"好处"，特别是经济收益非常有限。对于大多数农民而言，习惯了千百年来的个体小农经营，家庭分散经营的农民基本处于自私自利、一盘散沙状态，对于合作与先进技术的需求不大，实施困难，农村再组织化集体化成本高、难度大①。

调查中了解到，多数村干部是为自己捞好处，很少有愿意真正组织带领农民发展集体经济、合作经济，发展乡村公共事业的。许多村干部认为，带领农民发展集体经济是"出力不讨好的事"，"集体发展好了，大家伙受益，吃苦受累的是干部；集体经济发展不好，干部不仅吃亏受累，还要挨骂挨批"。基层事务繁杂琐碎，依赖上级部门对处于科层体制末梢的基层政府工作人员进行监管很难到位，而原子化个体农民缺乏组织渠道和能力监督基层干部，致使乡村干部权力缺少强有力的监督和制约，"微腐败"问题难以解决。有些地方的基层干部甚至当起了"土皇帝"，以权谋私、化公为私，侵吞公有资产和资源，作风腐化粗暴等问题屡禁不止，基础建设、支农惠农资金使用、土地征用等领域，侵害农民合法权益，贪污受贿、渎职侵权等案件时有发生。有些农民反映，一些干部"吃喝嫖赌，和群众关系恶化"，甚至打骂农民。由于民主管理和监督制约机制不健全，集体资产的处置基本由干部决定，集体经济异化为"干部经济"。即使个别干部有带领农民发展集体经济、合作经济的想法，也很难得到农民群众的积极响应。

乡村集体经济弱化，乡村公共服务经费缺乏，公共事业难以发展，基础建设和公共事业的发展都成了"政府的事""上级的事"，农民既缺乏参与的渠道和平台，也缺乏参与的能力和动力，乡村干部带领村民发展集体经济、合作经济，扎实推进共同富裕任重道远。JDC农民小范围集中起来，大多是因为谁家有红白事，或者是组织起来建祠堂，修家谱，或者打牌打麻将等。人人"各扫门前雪"，集体化时期那种热火朝天的局面再也难以见到。现在的农民大多都是为了自己发家致富而奋斗，很少有人愿意想着带领广大群众一起发展集体经济，实现共同富裕。即使个别人有这种想法，大多因为没有实现的条件而困难重重，最终选择放弃。尤其是在市场竞争激烈的今天，领导农民发展种养业很难获得更高利润，发展第二、第三产业，又缺乏资金、技术、人脉、渠道、信息等，没有政府的号召和扶持，单纯依靠带头人的努力

---

① 冯道杰. 集体化村庄可持续发展的路径探讨 [J]. 马克思主义研究，2014（9）：62-71.

发展集体经济，难度相当大。

在以JDC为代表的分散型村庄，村民以家庭个体劳动为主，相互之间的合作互助很少。田间道路、沟渠灌溉、土壤改良等多是村民自己联合协商解决。农民大多独自面对各类社会风险、市场风险、自然风险，在生产生活中的困难多数只能找亲戚朋友帮忙，或让外出打工的年轻人回来。在市场经济冲击下，繁重的体力劳动、婚丧嫁娶、盖房子等需要合作或者帮助的大事，由原来找亲戚邻居帮忙，到逐渐演化为花钱解决，农民之间的乡情、亲情日益被利益关系取代，村庄关联度日益降低，村庄共同体处于弱化、消解的过程中。

国内外存在一部分对集体化时代持否定态度的群体，集体经济在现实中常被丑化和扭曲，再加上受西方自由主义思潮等影响，尽管邓小平一再强调要旗帜鲜明地反对资产阶级自由化，绝不走西方资本主义道路，但是，一说发展集体经济，就是"吃大锅饭"、走"回头路"，就是"左"，只有市场化私有化才是改革。这在一定程度上把"改革"意识形态化，妨碍了中央农村政策的正确贯彻，导致一些地方不重视，甚至压制、破坏集体经济发展。尽管中央文件一直强调发展壮大集体经济、合作经济，但是，地方政府往往缺乏实质性举措和相应配套措施，甚至被当作人民公社和生产队、生产大队的"复辟""回归"。

乡村社会各种利益关系和矛盾错综复杂，集体资产被分光卖净，村民自利性越来越强，集体主义观念日趋淡漠，家庭经营基础上的个体农民大多处于自私自利的一盘散沙状态，要组织农民把集体经济发展起来难度很大。乡村干部很少有人愿意带领村民发展集体经济，走共同富裕道路。"有能力、有关系、有本事的，都是想着自己干，自己发财，把自己的小日子过好就行了，管不了那么多人。""搞集体（经济）不少费劲，人心不齐，个人又不落好处。""对大家伙有好处，对个人没好处的事，谁愿意去干。"……类似想法非常普遍。分散型村庄的农民已经习惯和认同了现在的生活方式，在村干部的权力得不到有效监督制约的情况下，多数农民认为，发展集体经济是"干部的事"，跟自己没多大关系。如果没有新的利益因素诱导和外界力量的推动，他们也并不一定愿意走集体化道路。

集体经济不仅具有经济效益，而且带有一定的公共性、社区性、社会性，有更多的社会责任、政治责任、社区责任、生态责任。农村不缺乏能人，但是缺乏具有奉献精神、愿意为集体谋利益、发展集体经济的能人。在没有上级政府倡导和扶持，也没有多少村民拥护的形势下，即使个别村庄能人有发展集体经济的想法，因缺乏实现的条件和环境，也会望而却步。更多的精英是自利性的，想着自己发财致富，不少村干部也多是将自身利益放在首位，而不是为村民谋利益。组织小农合作，需要支付高昂的组织成本、管理成本、教育成本等，必须有强势力量的介入和引导，农民才会组织起来。任凭个体小农自然分化，在自身利益的基础上进行选择，在两极分化的基础上发展个体私营经济是自然常态。

集体经济组织管理运营机制不完善，自身制度存在缺陷，是集体经济难以发展的内在因素。即使有个别村庄存在一定的集体经济基础，由于集体经济组织内部管理运营和机理约束机制不健全，难以建立完善的监督机制和民主管理体制，也会因经营不善而亏损倒闭。集体经济组织的管理运营既要适应市场竞争需要，有一定的集中和高效，又要符合集体所有的本质属性而实行民主集中制，把握好个体与集体、民主与集中、公和私的"度"，其管理运营难度比较大。一旦集体经济收益下滑，就会面临着难以持续的风险，甚至很多人认为"好处都被村干部捞了"。集体经济一旦发展壮大起来，又会引发众多力量对集体财富的觊觎和欲望，没有强有力的监督制约机制和完善的民主管理机制，有的人便会以权谋私、化公为私，通过各种途径把集体财富转化为个人财产，导致集体经济的异化变质。

面对激烈的市场竞争和产业竞争，发展乡村集体经济的环境比较严峻，除非个别村庄能人有着很强的党性，非常有毅力、有能力，再加上地方政府的扶持，在村民的拥护下，集体经济才有可能发展壮大起来。现实中，乡村社会家族势力、血缘邻里关系错综复杂，能够达到这些条件的村庄为数极少。集体经济组织虚置、弱化，经营性集体经济消失，个别地方党组织带领农民发展新型集体经济、合作经济的经验模式并没有得到广泛效仿和大力推广。

（三）家庭经营主导下分散型村庄的乡政村治

20世纪70年代末开始，家庭联产承包责任制逐步取代人民公社体制，家庭逐步取代生产队成为农村基本的生产经营单位，村庄集体经济或分或卖，农村集体化体制赖以存在的经济基础逐步消失。村庄集体除了名义上享有村庄土地的集体所有权之外，基本没有了集体经营资源。原来以生产队为基本单位的集体经营体制瓦解了，却没有建立起来针对家庭农户的相应的服务体系，也没有形成承担大量乡村公共事务的组织体系。在缺乏人民公社体制下的集体组织承担社会治理和公共事业职责，依靠农民自身力量难以实现乡村良性治理的情况下，国家力量迅速退出，造成了乡村社会治理力量的"真空"，个体农民，包括村干部都忙于发家致富，乡村公共事务、公共事业、公共设施处于无人问津的瘫痪、半瘫痪状态，宗教迷信势力、黑恶势力、宗族势力等各种力量开始沉渣泛起。

为了管理好乡村事务，1980年底，广西河池市宜州区屏南乡合寨村村民自发组织起来，以无记名投票方式选举产生新的村庄公权力机构——村民委员会，负责协调和化解矛盾纠纷，处理村庄公共事务，资金来源于农民集资。这种做法得到国家认可，农村村民委员会作为基层群众自治性组织被写入1982年新修订的《中华人民共和国宪法》。此后，乡镇政府取代人民公社成为国家在农村的基层行政机构，村民委员会成为乡镇政府指导下为村民提供公共服务的农民自治组织。由此，形成了与家庭联产承包责任制相对应的乡政村治的社会治理架构。

1983年，在《关于实行政社分开建立乡政府的通知》中又规定了实行村民自治，建立村民委员会的具体要求。到1987年，除西藏等个别省份外，绝大多数农村建立了村民委员会组织。1998年11月，《中华人民共和国村民委员会组织法》由全国人大通过，村民自治制度被确立为一项直接民主制度和基层群众自治制度，以法律的形式确立下来[①]。

与家庭联产承包责任制相对应的乡政村治政治治理模式，增强了农民的独立意识、民主意识、自主意识、维权意识和平等意识，奠定了新时期农村基层民主的基础，对推进农村基层民主建设、保持农村稳定、促进经济社会发展发挥了积极作用。然而，通过乡政村治体制确保农民当家作主，发挥农民主体地位与作用，实现乡村善治，更好地推进农业农村现代化的初始目标并未能完全实现，乡村治理在各个层面、各个领域均出现了一系列问题。村民自治实践表明，民主并不简单等同于选举，如何更好地发挥农民在乡村经济社会发展中的主体地位与作用，完善农村人民民主专政的上层建筑，需要持续探索和努力。

近代以来，国家行政权不断向农村下移，从晚清政府到国民党政府，均试图把乡村社会整合到国家体系之中，但由于行政官僚机构与大多数农民群众之间关系的根本对立性，依靠小农经济支撑的农业财政供养不断膨胀的官

---

① 徐勇.基层民主：社会主义民主的基础性工程：改革开放30年来中国基层民主的发展[J].学习与探索，2008（4）：1-6.

僚队伍和行政费用,"以农养政"致使苛捐杂税日益沉重,人们苦不堪言。新中国成立后,在生产资料公有制基础上建立了人民公社体制,大量的乡村干部处于不脱产或半脱产状态,和农民同吃同住同劳动,使得广大农民群众、基层干部、基层政府融为一体,逐渐形成利益共同体,把一盘散沙的乡村社会整合融入国家政权体系之中,依靠高度组织化的农民集体力量,建立了低成本高效率的乡村社会治理体系。

家庭承包经营后,乡镇基层干部基本都是脱产的公务员,与乡土社会渐行渐远,政权与民权不再是融为一体的关系,依然采取"以农养政"政策,致使产生冗官冗员冗费,乱集资、乱罚款、乱收费、乱摊派等问题,一度导致干群关系紧张,农民上访不断,群体事件时有发生。农业税取消后,国家实施"以工补农,以城带乡"政策,加大支农惠农力度,农民负担大大减轻,缓解了干群关系、冗官冗员冗费等问题。但是,乡镇政府依然承担着大量基层事务,人员很难精减,不得不采取雇用临时工(或合同工)等措施保障基层工作任务的完成。①

当前,广大家庭经营农户依然是我国农业生产的主体力量,是中国农产品安全和社会稳定的主要保障和主体力量,以老人、妇女为主的农业保障着十几亿人口的吃饭问题。同时,土地集体所有基础上相对公平的家庭经营实现了耕者有其田,解决了广大农民的生存保障问题,其农业生产方式的基础地位短期内难以动摇。然而,双层经营体系中集体层面统一经营的问题始终没有解决好,这种分散经营、细碎耕作的农业家庭经营方式不利于先进农业科技装备的推广应用,也不利于产业链供应链价值链的拓展延伸,提升产品附加值,一家一户的个体农户缺乏足够的资金、技术、关系、人才、规模等,只能被限定在初级产品生产环节赚取微薄的劳动利润,由此,产生了"种地不赚钱""丰产不丰收"的情况,造成土地抛荒、流转等问题层出不穷,陷入"温饱而难富裕的陷阱"。

为了获取较高收入,农村劳动力纷纷外出务工经商,由此形成了"三留守""民工潮""空心村""空壳村""空巢老人""土地抛荒"等一系列问题。乡村资源持续单向流出,公共事业与基础建设滞缓,农民日益原子化、碎片化,呈现出自私自利、一盘散沙状态,许多村庄趋于凋敝。农业弱质、

---

① 蒋永穆,等. 改革开放以来中国农村财政扶贫资金使用效率评估研究[J]. 海派经济学,2018,16(4):96-109.

农民弱势,又进一步导致农村贫困和资源持续流出,由此形成恶性循环。

人民公社体制瓦解,乡村集体经济趋于弱化,农村集体组织缺失,国家行政权力对乡村社会的影响力大大弱化。然而,与此同时,农民自己的组织化力量远远没有形成,乡村社会出现了力量"真空"。农民关心的是自己发财致富,对国家和集体利益不再那样关心了。① 在乡镇行政权力日渐退出乡村、村级集体组织缺位、农民自身组织化力量缺乏的形势下,各种黑恶势力、宗教势力、宗族势力、封建迷信等力量沉渣泛起。在政绩驱动下,乡镇政府直接把上级任务与每一位干部本人的"奖罚"挂钩,责任到人。这就使得一些乡镇干部为了完成任务,纵容村庄内拳头硬的"狠"人负责村庄事务,基层政权出现"黑恶化"现象。② 黑恶势力、宗族势力、宗教势力在乡村社会的兴起,使得乡村基层政权出现严重异化,乡村社会治理难度增加。一盘散沙的个体农民无力抗衡各种势力,一些地方乡村"精英"成为"土皇帝",形成新的"乡绅统治"和"黑金政治"等。一些乡村富豪雇有打手和保镖,成为横行乡里的"一霸",普通村民敢怒不敢言。课题组在河南F县城关镇JC村调查中,村民反映两个大户村干部火拼的事。其中一高姓大户,从跑运输开始,逐渐成为村内"富豪",当选为村支书,且成为市、县的"模范带头人"等。村内另一张姓富豪因与之产生利益冲突,双方动用大量打手火拼。随后,公安机关不得不介入,免去双方的村内职务。各种势力染指农村基层政权绝非个案,且还有逐步向上层政权和其他领域延伸的危险,致使乡村政权面临着日益脱离群众的危险。

乡政村治中,乡镇政权各部门之间,乡镇政府与村级组织之间,基层组织与群众组织、社会组织之间,村"两委"之间,基层干部之间,基层干部与群众之间的一系列关系依然没有完全理顺,在现实运作中存在着许多矛盾与冲突。乡镇权力集中于党委,党委权力集中于党委书记,而乡镇长具体负责众多工作,却受到多方掣肘,乡镇人大的职能和作用没有充分发挥。在权力体系内部,权力高度集中于乡镇党委书记,决策权过多地集中于党委"一把手",成为基层"一支笔",民主集中制不能很好地贯彻,普通老百姓很难对基层领导干部形成真正的监督。

大多数乡镇领导干部基本由上级任命,决定他们晋升前途的是上级领导,

---

① 徐勇. 政权下乡:现代国家对乡土社会的整合[J]. 贵州社会科学,2007(11):4-9.
② 于建嵘. 农村黑恶势力和基层政权退化[J]. 战略与管理,2003(5):37-38.

"对上负责而不是对下服务",这是大多数基层干部和工作人员的普遍做法,乡镇干部"为人民服务"的宗旨异化。由于乡镇干部"拿财政工资",职务由上级任命,他们天然地"对上负责"。而基层工作主要职责是直接服务群众,要"对下负责",但是,其工作绩效的考核与职务的升降又基本没有农民群众参与,农民群众对乡镇干部的评价很难真实传递到上级部门和上级领导。更何况,大多数农民群众对乡镇基层干部的工作状况没有评价的权力和机会,即便有,多数也不熟悉干部的真实品行,很难做出中肯评判。乡镇干部为了得到提拔重用,跑关系、走门子、送礼请客等盛行,有的甚至"明码标价"。"不跑不送,原地不动;又跑又送,提拔重用"等顺口溜流传甚广。晋升的标准不是因为有能力为民办事,而是因为上面有关系,得到上级领导赏识。有的基层政府变成了"官衙门",这种目标和宗旨的异化导致许多乡镇干部寻租以自利自肥的行为日益加重。乡村干部的收入、业绩、晋升等权力基本由上级部门和领导掌握,"官大一级压死人",唯领导"马首是瞻",服务农民主要是为了完成上级任务。

当前,农民表达利益诉求主要是通过向村委会、村党支部反映,而村"两委"干部越来越行政化,也成为拿国家工资的工作人员。其优点是强化了上级政府对村干部的监管力度,增强了村干部不敢腐的敬畏之心、不想腐的收敛收手意愿。其缺点是村干部拿财政工资,增加了铁饭碗的优越感,成为拿国家俸禄的"一级官员","对上级负责"的倾向大于"对村民负责",逐渐脱离"一般群众",很难成为农民的利益代言人、知心人,充分代表和表达农民的利益诉求。在问卷调查中,有37%的村民在"您认为村干部和村委会主要代表谁的利益?"的回答中选择了"代表上级政府的利益",25%的村民选择"代表有钱人的利益"。在"你认为罢免不合格村干部的难度有多大?"选项中,63%的村民选择"几乎不可能"。多数农民表示,"上级给他发工资,老百姓管不住他","你想罢免不合格干部,不可能"。当然,由于还要世世代代生活在一个村子,抬头不见低头见,聪明的村干部也不愿意与村民成为"死对头"。

农村基层党组织是农村经济社会发展的领导核心,而村委会是由村民选举产生,代表村民利益的自治组织,村主任是村庄的法定代表人。为了避免村"两委"之间的矛盾,有的地方实行"两推一选制①",有的通过"两票制②"选村支书,有的通过"两选联动机制③"。现实中村支书和村主任谁的势力大,谁是村内的"一把手",主要取决于各自的家族背景、社会威望、经济实力、能力大小等。为了减少摩擦,提高效率,许多村庄实行了村支书和村主任"一肩挑"。面对更大利益诱惑,许多村干部并非瞧上工资待遇,而是把干部职务作为捞取更大好处的基础资本。村干部既要执行和落实乡镇政府的工作安排,又缺乏足够的资源、能力和财力带领百姓富裕起来,大多数得过且过,趁机为自己捞取好处和方便。在一盘散沙的个体农民无力有效监督制约基层权力的情况下,权力滥用繁衍而来的各种"村霸""微腐败""精英俘获"等问题,必定层出不穷。

分散的个体农民在乡村社会和市场竞争中均处于弱势地位,缺乏组织依托和载体,缺乏表达利益诉求的渠道和能力,无力依靠自身力量抵御各类利益集团和利益群体的利益侵犯。各个组织之间、基层干部之间、干部群众之间关系的异化和矛盾,使得乡村治理各种问题难以得到根本解决,人与人之间、人与自然之间发展不和谐,乡村经济社会发展不协调,物质文明、精神文明、生态文明、社会文明、政治文明不同步。

为了解决乡镇政府机构臃肿、人员超编等问题,各省纷纷撤并乡镇。调研的山东 SX 县 WZJ 乡合并了相邻的 MJ 乡改为"WZJ 镇",总体上减少了财政编制人数。但是,管辖范围的扩大,增加了公共服务难度,一些偏远乡村更加无人问津。在撤并乡镇、村庄合并过程中,地方政府与房产商、开发商合作,拆掉农民的平房,以建设新农村的名义盖楼房,同时,建立农民活动场所和一些体育设施,搞乡村社会化管理。拆掉农民平房和院落时,给一定的补贴,一般能够支付购买楼房总款项的 50%~80% 不等,农民还需要拿出一部分资金购买楼房。但是,由于部分农民习惯了住平房和农家院,房前屋后

---

① 两推一选制主要指参加基层党组织负责人选举的候选人要在获得大多数群众推荐认同和一般党员推荐认同基础上,再按党内选举程序选举,由此产生的基层党组织负责人不仅大多数党员满意,大多数群众也满意,其与两票制的共同特点是扩大了村党支书的民意基础,党支书不再由少数党员或者上级党组织所决定,而由多数村民所决定。

② 两票制是在村民自治的实践中,为了协调村支部和村委会的矛盾,村支书的选举先由村民以不记名投票的方式,推选村支部书记、副书记和党委委员的候选人名单,随后再由乡镇党委依据村民信任投票结果,向村支部提出差额候选人,由全村党员正式投票选举党支部委员会成员。

③ 两选联动机制,是为了避免村党支部与村委会的权力摩擦,或者是村支部书记参选村主任,或者是村主任参选党支部书记,二者实行交叉任职,从而提高村级组织的整体效能。

搞饲养、种植等，不愿意"上楼"，就出现了"强拆"现象，遭到一些农民的反对和抵抗，惹出了麻烦。

村民自治主要体现在选举层面，存在着村务公开难、民主监督难、治理成本高、"一事一议"难落实、效率低等问题，民主决策、民主监督、民主管理几乎是流于形式。村民自治不等于村民选举，选举是村民当家作主的一个条件或者手段，更重要的是民主决策、民主管理和民主监督。然而，现实实践中把村民自治更多地看成了让村民投票选举，而且，落实民主选举这个环节也困难重重，落实民主决策、民主监督的难度更大，问题更多。比如，村务公开是村民自治和民主管理的基本要求和基本形式，然而，现实中村务公开等监督机制存在表面化、形式化、不规范等问题，个体农民缺乏组织化监督渠道，难以对村干部权力形成有效制约，村民自治逐渐演变为"少数干部自治"和"乡村精英自治"，违背了村民自治的初衷，出现了"强人政治""富人政治"，甚至"黑金政治"等问题，事实上成为少数人的民主和"少数人说了算"。JDC村虽然设有村务公开栏，但基本流于形式，只是"做个样子看的"。多数村民对村庄事务采取"事不关己高高挂起""明哲保身"，以及随大流等心态。一般情况下，对于遇到的不公平，多数农民或者忍气吞声，或者上访，或者找人协调，或者采取其他极端方式。

JDC 80%以上的农民外出务工经商，把村民集中到一起开会非常不容易，召集成本、开会成本、误工成本等都非常大，往返成本和误工损失都比较大。成立领导机构、监督选举、印发选票、发放误工补助等，召集村民开会需要支付费用和成本。即使不计算贿选等非正常、隐性开支，仅仅运作和实施村民选举的成本就相当高，实行"一事一议"几乎不现实。而且，许多村庄存在着不同层次、不同宗族等的群体，开大会七嘴八舌，各方各执一词，要达成一致决议相当困难，民主决策、民主管理、民主监督等更多的是流于口号和形式。

有的村庄也会为了应付上级检查，在一定时期内把财务收支等张贴在墙上，但大多是做做样子。群众明明知道村民选举中有贿选、拉选票等问题，但还是谁给的好处多就选谁。多数村民认为，自己投票不投票，决定不了大局。"选谁都贪污，不都一样"，"即使你不投他的票，人家也不缺你这一票，照样当选，根本选不出来自己想选的人"。在JDC的访谈中，多数村民认为，"村里的事都是干部说了算"，"啥民主？都是走走形式，做做样子"。对多数农民而言，村庄财务收支大多是一笔糊涂账，很难了解真相，也无心无力过问。

与有较多集体资源的村庄不同的是，那些没有集体收入，甚至有大量欠债的村庄，由于当选后没有多少好处可捞，村庄多数精英只顾忙于自己致富，当村干部出力不讨好，并没有强烈意愿争着当村干部，有技术的、有知识的、有社会关系的、有经营能力的，忙着自己赚钱。"当村干部不少得罪人，就是干好了大家也不一定说好，说不定还挨骂。"以YHM、HZ等村为代表，不但村集体一无所有，而且欠债五六万元，村内各个姓氏家族势力均衡，相互之间不服气，村干部不好干。这样的村庄人心涣散，能人要么外出务工经商做生意，要么在本地经商搞副业，村民参与村庄事务的意识淡薄，对于竞选村干部并不太关心。

并非说这些村庄缺乏有能力的好人，就是有想带领村民致富的人，由于受到各方力量的掣肘，实现理想实在太困难。还有的说："别说带领大家致富了，你在村里要让大家说个好都难！"WKS曾经选出来一个当过民办教师的村干部，他原想开一家预制厂，把本村倒闭的一个砖窑厂重新盘活，带领村民发展集体经济，结果重重阻力，不久就被村内势力大的赶下台。村内没势力、乡里没后台、社会关系薄弱的人即使当选村干部，也会被村内大户和大家族逼下台。HZD也曾经选出来个有威望的好人，没干多久，就被村内有势力的人赶下来。村庄宗族势力和意识较强，村干部等职位一般是被大家族的人，或者有钱有势的人把持，小门小户的很难被选出来，选出来也很难干下去。

许多村民选举中存在贿选、拉票、拉关系等现象，从调查和走访的情况看，贿选和拉关系的竞争程度和激烈程度主要是与集体资源的多少有关，与当村干部所能捞取的好处多少有关。当干部好处越多，竞争越激烈。选举干部时，多数村民依然非常短视，只顾眼前利益，许多村民表示"谁给的好处多就选谁"。参加竞选的，多数是村内有头脸的，家族势力比较大的，和上级干部有关系的，基本是乡村"先富精英""社会精英"等。普通老百姓根本没有经济实力参加竞选，也没有能力领导村庄大户。为了竞选村干部，有的摆酒席请客，有的送烟酒等物品，有的直接送钱，花样百出，手段繁多。近几年水涨船高，贿选的筹码也越来越重。在GC镇调查中有村民反映，有人为了当村支书花100多万元。当听说一个小小的村庄选举，竟然有如此巨大的选举花费时，很多人还是有些吃惊的。

乡政村治体制虽然建立在人民公社体制解体的基础上，但人民公社和乡政村治两种制度并非对立和替代的关系,而是继承和发展的关系,既有联系,又有区别,都具有时代的合理性。乡政村治体制与人民公社体制都是以马克思主义及其中国化理论为指导,在中国共产党领导下保障人民当家作主的实践探索,其初衷都是维护和实现广大人民群众的利益。虽然当前乡政村治体制下出现了精英政治、强人政治以及黑恶势力等少数人控制乡村政治权力的问题,但这并非最初政社分设,实行村民自治的本意。家庭承包经营相对于封建社会的小农经济而言,其最大新意在于集体经济基础上"统"的层次和功能的存在;村民自治相对于传统社会的"乡绅自治"而言,其最大新意在于要实现的是党领导下的人民当家作主,以村民自治为基础的乡政村治体制要发展和实现的基层民主是劳动人民当家作主,是社会主义性质的多数人的民主,而不是乡村强人自治、精英自治、富人自治,不是少数"精英""士绅"重新控制乡村社会秩序。

乡政村治体制与人民公社体制都是建立在集体经济基础上的,是中国共产党不同时期在农村社会构筑人民当家作主的上层建筑的实践。人民公社体制基本是建立在单一公有制经济基础上,当时与社会主义大方向不一致的私有经济、个体经济比例相当小。社员群众组织起来,集体所有,集体劳动,统一经营,依靠集体的力量发展农村各项事业。家庭承包经营后,农村土地集体所有的性质没有变。这保证了社区成员之间基本的平等权利,是形成村庄共同体和进行村民自治的物质基础。乡政村治体制和人民公社体制建立的集体经济基础,决定了这两种上层建筑的性质都是社会主义的,都是多数人当家作主的。

乡政村治体制和人民公社体制的领导核心都是中国共产党,都是党领导组织农民发展生产,推进乡村社会各项事业发展的社会管理体制,都是以确保党对乡村社会的领导、组织和动员能力为前提的。中国共产党是全心全意为人民服务的先锋队组织,领导人民通过走社会主义道路,最终实现自己的历史使命。在人民公社体制下,党的基层组织紧密地和社员群众结合在一起,党员干部同社员群众同吃同住同劳动,是组织社员群众发展乡村各项事业的核心力量。村民自治是党领导下农民群众的自我组织和自我管理,中国共产党试图通过这一体制以较低成本实现乡村社会秩序的稳定和农民的再组织。国家不直接行政干涉村民自治事务,但给予指导和扶持,村民自治组织则协助国家机关完成有关行政任务。

另外,乡政村治体制与人民公社体制在边界范围上具有继承性,村民自治是以"村"为单位进行自治，大多数"村"的前身就是生产大队，大多数"村民小组"的前身就是生产小队，而大多数"乡（镇）"的前身就是"人民公社"。

但是，乡政村治体制与人民公社体制作为不同时期的农村社会管理体制，都与特定时期的社会形势和环境相适应，在管理方法、制度构建、经济基础、社会组织基础、思想文化基础等方面有着重大区别，是在继承中发展创新的。

人民公社体制把农民群众聚集在集体组织中，依靠集体的力量，推动农村基层民主进程，推进农村社会各项事业的发展，进而实现劳动人民的利益。社员群众个人的利益建立在集体经济和集体事业发展的基础上，农民被紧密组织在人民公社体制内，在日常生产生活中切身感受到国家和集体的存在与变化，爱国主义、社会主义、集体主义精神与农民的日常生产生活相联系，对国家前途和民族命运越来越关心，国家意识和民族意识逐渐增强，这样人民公社体制同时也就具有了强大的意识形态作用，各种反党反社会主义力量在人民公社体制下很难滋生壮大。但是，人民公社体制对个人生产生活管制得过于严密，个人以及各种社会力量自由发展的空间非常有限，导致各类民间组织非常少。

乡政村治体制是建立在家庭承包经营的基础上，个体农户的自主权和独立性大大增强，农村最重要的集体资源——土地被分到各家各户，其他集体资产大多也被分光卖净，多数集体组织能够控制的集体资源越来越少。农民回归个体家庭，农户取代生产队成为农村基本的生产生活单位，个人利益与集体利益、国家利益的联系程度趋于松散，尤其是在集体资源匮乏、集体组织和乡村干部不能提供良好服务的情况下，村庄呈现出一盘散沙的状态，农民自利性不断增强，集体意识越来越淡薄，有的为了个人利益甚至可以破坏集体利益和国家利益。随着多种经济成分和各种社会力量的发展，不同个体之间以及不同群体之间的利益分化和冲突也越来越严重，一部分强势个体和群体脱颖而出，精英政治、强人政治、宗族政治以及黑恶势力侵入基层政权等现象的出现也就成为必然，致使乡村资源被少数强势群体控制，而多数群众被排除在"集体"之外。

人民公社体制是以国家政权与民权的融合统一为特征的，集政治、经济、文化、社会，甚至军事等功能于一体，工农商学兵于一身的组织化体制。由于大多数人民群众已经组织起来，不仅拥有公有制的经济资源，还拥有政治资源、文化资源，甚至是民兵等武装资源，具有了强大的制约少数敌对势力和错误现象的能力和力量，人民群众在斗争的实践中不断得到教育和锻炼，最终把社会主义国家力量与人民力量结合起来，形成个人利益、集体利益和国家利益的一致，使党和社会主义国家政权日益得到巩固和人民支持。政社合一，国家政权与社员群众的集体组织合二为一，便利了组织起来的农民群众直接掌控基层国家政权，但也会出现国家行政力量过多干预社员群众生产生活等问题，国家行政力量对乡村社会控制过于严密。当对领导干部的监督和制约不力的时候，就可能会出现少数人集权等现象，少数人侵犯多数人利益的现象。

乡政村治体制是以国家行政权与代表民权的自治权相互分离，或若即若离为特征的。乡政村治体制建立在家庭承包经营的基础上，农户回归家庭生产，集体经济组织不再安排村民的社会生活。乡政村治体制更多的是通过赋予农民个体更多的自由和自主权，依靠个体力量来实现个人利益，依靠群众性自治组织来发展乡村公共事业，依靠乡镇政府行使国家行政权，国家行政权、社会自治权和农民个人自主权逐渐分开。虽然，家庭承包制度在集体基础上有"统"的层次，但在大多数村庄集体资产匮乏，"统"的层次形同虚设，村民处于自私自利的一盘散沙状态，缺乏密切的合作和联系，呈现出日益原子化的趋势。扭转这种局势，需要在强有力的基层党组织和社区带头人的带领下，组织农民发展壮大集体经济、合作经济，实现国家行政权、社会自治权和个人自主权的有机结合。

人民公社体制推动基层民主发展的步骤主要是通过群众运动和社会主义教育运动，大多数人民群众在与少数破坏势力和错误现象的现实斗争中接受直接的教育和锻炼，认识到正确与错误，越来越清醒地站到正确的方面来，从而使集体化和组织化的社会秩序逐步规范化和制度化。人民公社体制推动基层民主发展的步骤实际上是先有群众斗争和运动，再有制度和规范，或者是运动与规范同步推进。实际上，社员群众是一边学习一边实践，一边斗争锻炼一边进步提高，具有激进和容易失控等缺点。人民公社体制实现了农民组织化，但需要在民主程序和民主制度上进一步完善，然而，还没有来得及把这种社员群众组织化的民主进一步程序化、制度化、规范化，历史就发生了较大的逆转和变化。

乡政村治体制推动基层民主发展的步骤是先有制度和规范，后有推动和落实。村民自治就是要通过制定和执行法律来推进有序民主，无论是制度制定者，还是法律制定者，无论是立法者，还是执行者，都是具体的人,而且这些人大多数都是"精英人士",一盘散沙状态的普通个体——农民群众很难参与制度制定与立法,而是被动接受者和被动受教育者。因此,可以说乡政村治体制是"精英"主导下的民主,村民选举实际上选出的也大多数是"精英"。这种工作方式和推动步骤的实质是精英推动和精英政治。

在人民公社体制下,乡村社区是成员联系紧密的联合体和共同体,成员之间的共同利益、集体利益呈递增趋势,有利于形成乡村社会资本,推进乡村社会各项公共事业的发展,但是,不利于成员个体的流动和自由选择。当时,除了招工、参军、考学等正规渠道外,社员群众及其子女要想脱离农村和农业,进入其他行业和城镇,相当困难。而乡政村治体制下缺乏集体经济、合作经济支撑的乡村社区是相对松散的联合体,成员之间的共同利益、集体利益呈递减趋势,有利于个体成员的自由流动和自主选择,为农民脱离农业农村进城务工经商创造了条件,但是,对于乡村社会事业和公共事业的发展则很难达成一致,相互之间的合作、交往也大大不如集体化时期,对国家和集体事务的关心程度也大大下降。

三、基于家庭经营的个体农民博弈困境与"三农"问题

(一)家庭承包经营绩效分析

家庭联产承包责任制的实行和中央关于长期稳定农村土地承包关系的政策,恢复了历史上传统的家庭经营这种农业经营形式,实现了劳动力与生产资料的直接结合,农民获得了对自身劳动力的支配权和生产经营自主权,解决了劳动监督问题、激励约束问题等,调动了农民的生产劳动积极性,更加符合农业生产劳动的季节性、生物性、自然性、复杂性、难监管、难计量等特点,1978—1984 年,出现了我国农业发展史上的持续辉煌(见表 3-3)。

表 3-3 1978—1984 年农业总产值、大宗农产品产量

年份	农业总产值(亿元)	粮食(万吨)	棉花(万吨)	油料(万吨)
1978	1458.85	30475	216.7	521.8
1979	1584	33217.75	220.7	643.5
1980	1627	31822	270.7	769.1

续表

年份	农业总产值（亿元）	粮食（万吨）	棉花（万吨）	油料（万吨）
1981	2312	32502	296.8	1020.5
1982	2785	35343	359.8	1181.7
1983	3121	38728.0	463.7	1055.0
1984	3612.0	40712.0	607.7	1185.2

资料来源：中国农业年鉴（1979—1986）[M]．北京：中国统计出版社，1987：522.

家庭承包经营使得我国在农产品价格长期低迷的情况下，有效地保障了国家农产品的供应和多样化需求。土地在中国农村不仅是基本的生产资料，而且具有很强的社会保障功能。由于确保了农户拥有的土地承包经营权，农民即使失去了农外就业的机会，仍然有最基本的生活保障，从而有力地促进了农村社会的安定，为国家工业化战略的实施和城市化的推进提供了必要的资金积累和劳动力支撑，为轻工业的发展提供了原料来源。农村大量的剩余劳动力涌入非农产业和城市，促进了非农产业的发展和快速城市化的推进。

然而，从20世纪80年代中后期开始，家庭承包经营的制度激励作用逐渐弱化，制度变迁的边际效应日益显现，体制优越性不再明显。实行家庭联产承包责任制最初的本意是建立统分结合的双层经营体制，集体统一经营的主导层次和家庭分散经营的基础层次有机结合、共同发展。然而，事实上过分强调了"分"，强调了个体、私营经济的发展，而忽略了"统"，忽略了集体统一经营，忽略了集体经济等公有制经济的发展，以至于集体资产被分光卖净。农业社会主义改造的最重要成果集体主义被忽略了，社会主义在农村发展的根基集体经济被弱化了[1]。

1984年后我国粮食产量出现徘徊局面，1994年我国粮食总产量为44450万吨，比1984年增长3738万吨，年均增长率0.9%[2]。特别是进入20世纪90年代中期以来，城乡居民收入差距持续拉大，农村资源不断外流，集体资产被分光卖净，村庄出现离散状态，人心涣散，公共事业、公共福利发展滞缓，两极分化日益严重，空壳村、空心村、空巢老人、留守妇女、留守儿童、征地拆迁群体性事件等各类问题和矛盾层出不穷，"三农"问题陷入困局。1996—2003年，粮食产量徘徊在4.9亿吨左右；1997年，粮食总产量达到阶

---

[1] 王晓毅．小岗村的悖论[J]．读书，2004（6）：91-94.
[2] 程恩富．要切实发展统分结合的集体层经营[J]．中国老区建设，2007（2）：9-10.

段性峰值 49250 万吨后，一度出现下降。2003 年，粮食产量为 43067 万吨，比上年增长-5.8%（见表 3-4）。

表 3-4　1984—2003 年粮食产量

年份	1984	1985	1986	1987	1989	1990	1994	1997	2003
粮食产量（万吨）	40712	37898	39109	40241	40745	43500	44450	49250	43067

资料来源：根据国家统计局年度公报公布数据整理，http://www.stats.gov.cn/tjgb/。

2003 年以后，虽然受国家扶持政策和免除农业税等利好因素的影响，粮食产量出现连续递增的好势头，但是，农村面貌和农民生活水平并没有实质性改变，城乡二元格局并未根本扭转（见图 3-1）。随着家庭经营和个体私营经济的发展，大部分村庄双层经营变成了只有家庭经营，集体层面统一经营缺失，个体农民无力进行大规模农田水利建设、大规模土壤改良和农村环境整治，难以抵御自然风险、市场风险、政策风险等，农村基础建设和公共事业发展滞缓，青壮年劳动力纷纷外出务工经商①，农业农村内生发展能力减弱，出现了"五化"（农村空心化、务农老龄化、要素非农化、农民兼业化、农业副业化）、"双高"（高成本、高风险）、"双紧"（资源环境约束趋紧、青壮年劳动力紧缺）等问题②。

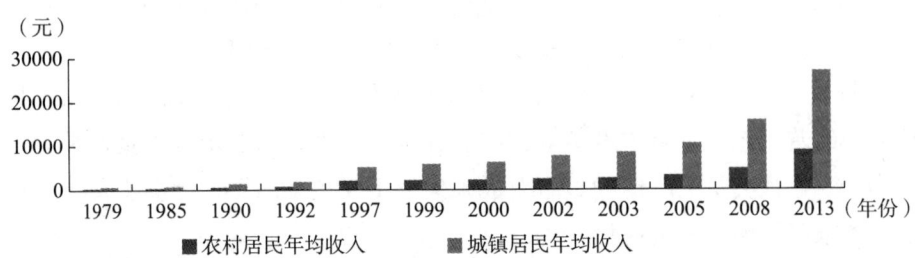

图 3-1　改革开放以来城乡居民收入差距

资料来源：根据国家统计局全国年度统计公报整理，http://www.stats.gov.cn/tjgb/。

改革开放后，家庭联产承包责任制代替了农村人民公社体制，个体农户取代生产队成为中国农村最基本的微观经济组织，解决了人民公社体制激励

---

① 截至 2012 年底，全国农民工总量达到 2.6 亿，占农村劳动力总数的 45%。在全国种植业劳动力中，50~60 岁的占 32.6%，60 岁以上的占 11.4%，占 77.2%的是小学以下文化程度，新生代农民工务农意愿普遍淡薄。[农业部经管司，经管总站研究组．构建新型农业经营体系，稳步推进适度规模经营 [J]．毛泽东邓小平理论研究，2013（6）：38-46．]

② 李铜山，刘清娟．新型农业经营体系研究述评 [J]．中州学刊，2013（3）：48-54．

不足、偷懒和监督问题。但是，在乡村社会各利益主体中，面对拥有较多资源、组织化程度高的基层政权组织、各类市场组织和社团组织，分散经营而又细碎耕作的个体农民，难以抗衡乡村社会中各利益集团的利益侵犯，不仅在市场经济中，而且在与庞大的科层体制的互动中均处于极为不利的地位，难以抗拒市场风险、自然风险、政策风险等，难以抗衡和制约乡村社会各利益主体的利益侵犯，形成了众多利益主体共同汲取乡村资源和农业利润的局面（见图3-2）。个体农民弱势、农业产业弱质终于使得"三农"问题成为中国现代化建设中的难解之题。

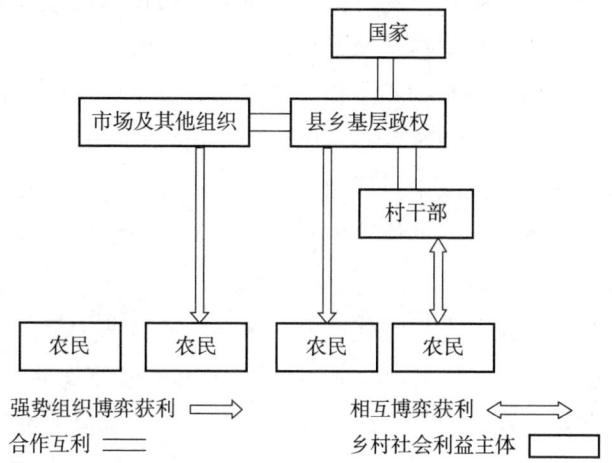

图3-2 家庭承包制下个体农民与乡村社会各利益主体的博弈

（二）个体农民在市场经济中的弱势博弈困境

在激烈的市场竞争中，个体农民资金少、规模小，力量有限而相互又难以联合，谈判地位低，信息不对称，只能被动地接受市场调节，"歉收难增收""丰产不丰收"，农民增收困难，农资价格和日用品价格却连年上涨，再加上假种子、假农药等各种伪劣商品在农村市场倾销，弱势小农的利益不断被市场强者侵蚀。

我国多数农村地区社会化服务体系不完善，市场渠道不顺畅，基础设施不完善，个体农民每一次交易，都要付出较高人力、财力、时间等成本和代价[①]。温铁军指出，个体农民在市场化环境中面临双重困境：一方面农民低价卖出农产品；另一方面要高价购进生活用品和工业产品，由此形成了一个促

---

① 冯道杰.农民专业合作经济组织的发展动力研究［J］.山东经济，2007（2）：127.

使小农经济日益衰败的恶性循环。对个体小农而言，市场化并非帮助致富，而是受到了更多的盘剥，付出更多成本①。在市场竞争中处于弱势地位的分散的个体农民难以联合起来，组织化知识化程度低，导致他们农业生产经营成本高、收益低，劳动力、资金、土地等大量资源持续流出农村农业。

（三）个体农民在农业现代化和农村工业化中的博弈困境

我国政府主导的农业技术推广体系在人员数量、素质、推广方式和手段上都难以适应形势变化的需要，人员大多集中在省、市、县，由于工作和生活条件差，资金和经费缺乏，乡、村缺少高素质的技术推广人才，农业科技推广到达乡、村，特别是到达千家万户，难度大、成本高。农业科技推广到了乡一级就形成断层，根本到不了村，更难到农民手中，使得我国农业技术不能得到应用，难以转化为现实生产力。我国农业家庭分散经营，细碎耕作，很难适用先进的农业科技成果。再加上农民实际收入增长缓慢，工农产品比价扭曲，农业比较效益低，个体农民既没有投资新技术的能力，也缺乏投资新技术的动力。

绝大多数个体农民要发展现代农业，投资农产品深加工，或者其他非农产业领域，面临着资金、技术、信息、人才、市场等各方面的困难②，只能局限于从事种养业等初级农产品生产，难以获取产业链供应链价值链创新链拓展延伸的效益，难以进入第二、第三产业领域③，依靠农民个体的力量协调推进农村工业化、城镇化、信息化和农业现代化，缺乏有效的组织载体和实现路径。

（四）个体农民在乡村公共事业发展和基础建设中的博弈困境

一家一户的农民私利性日益发展，在农业基础设施建设和公共事业发展中缺少合作，搭便车的动机和现象普遍存在，致使基础设施建设、公共事业发展的决策成本、建设成本等高昂。由于家庭经营规模狭小，单个农民无法进行大规模的农田水利建设，许多生产队时期留下来的农业基础设施因失于维护而废弃，农业生产进一步发展的基础设施比较薄弱，难以抗拒自然风险。

乡镇基层政府为了追求"政绩"和"经济利益"，有限的公共资源难以

---

① 温铁军．"三农"问题与制度变迁［M］．北京：中国经济出版社，2009：145.
② 张晓山，等．联结农民与市场：中国农民中介组织探究［M］．北京：中国社会科学出版社，2002：12.
③ 赵保佑，张成智．农业产业化经营理论与实践［M］．郑州：黄河水利出版社，1999：10.

真正用到农民急需的公共服务上。个体农民既没有能力也没有渠道向上级政府反映自己的公共品服务诉求，更没有力量监督各种财政转移支付款项的"花销"。对于政府拨款投资的基础设施建设，个体农民无力对工程的投资、施工、维护等进行监督，甚至连最基本的知情权、参与权也没有。负责建设的政府官员、项目负责人员以及施工方等腐败问题频发，致使大量支农惠农资金流入少数"精英"手中，难以发挥推动乡村振兴的"四两拨千斤"作用，难以激活乡村内生发展动力活力能力。

分地到户后，一度形成"分得越彻底，改革越坚决"的风气，多数分散型村庄集体资产被分光卖净，集体经济实力日趋弱化，集体组织无力进行基础建设，提供良好的公共服务。分散型村庄的农民之间联系松散，一家一户小农的生产、生活、娱乐等被隔离开来，相互缺乏信任与合作，集体意识减弱，内部凝聚力不强，私利性越来越严重，组织农民兴办社区公共事业，难度越来越大[①]。

（五）个体农民在基层政权体系和乡村社会治理中的弱势困境

在改革开放后相当长的时间内，为了集中资源发展工业和城市，一方面，国家仍然需要通过工农产品剪刀差、征收税费等途径，汲取农村资源和财富。但另一方面，国家却无力对农村和农民给予相应的补偿和投入，在国民待遇、基础建设、公共服务等方面，农民与市民、乡村与城市都有相当大的差距。

为了减轻农民负担，缓和农村矛盾，党中央实施了农村税费改革、减免等措施，直至2006年全面取消农业税。但是，由于分散的个体农民组织化程度低，缺乏组织载体和力量表达自己的利益诉求，无力制约和抗衡各类市场组织、政府组织等各种强势利益集团。在有关涉农方面的制度设计中，农民被排斥在决策过程之外，成为乡村社会"被管理""被维稳"的对象。由于普通农民难以对乡村基层工作人员形成有力的监督制约和晋升影响，"对上负责"而不"对下服务"，成为他们共同遵循的行为准则。在这样的形势下，各类利益主体侵犯农民利益的事件层出不穷，很多支农惠农资金成为地方政府和相关精英群体追求政绩工程，谋取个人私利的"鱼肉"。从根本上解决农民弱势、农业弱质问题，需要提升农民的组织化知识化程度与水平，发展壮大新型集体经济、合作经济，增强以农民为主体的乡村内生发展动力活力能力（见图3-3）。

---

① 冯道杰. 家庭经营制度下个体农民的博弈困境与出路［J］. 重庆社会科学, 2008（10）: 42-50.

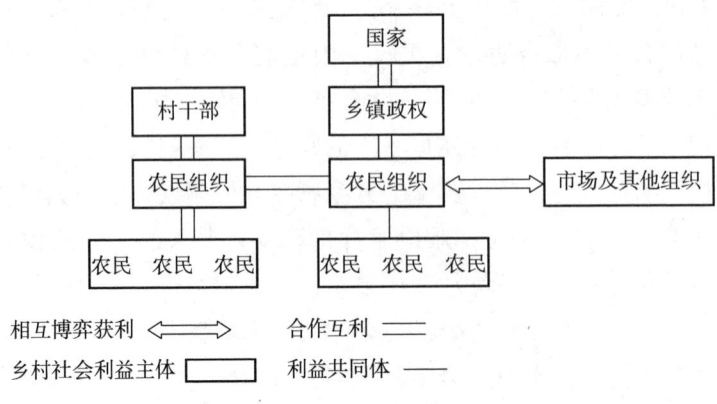

图 3-3 农民组织化状态下个体农民与乡村社会各利益主体的博弈

（六）分散型村庄农民组织化博弈困境

一方面，广大个体农民迫切需要组织起来，共同应对各类风险，拓展延伸产业链条，增强获取社会平均利润的能力；另一方面，现实中，我国农民往往又是一盘散沙，成为社会的弱势群体。造成农民组织化困境的主要因素如下：

第一，个体小农的生产方式是农民组织化困境的根源。

现在的小块土地经营模式更加符合千百年来农民个体小生产者、小私有者的本性，大多数并不认为自己遇到的困境是体制问题、制度问题，使得他们没有了集体组织可以依靠和依托。个体小农在重压下多数选择逆来顺受，很少会有联合起来，逐步改善自己处境的行为，反抗是在走投无路的情况下采取的极端行为，这是千百年来中国农民作为小私有者的政治生态。虽然现在分散型村庄的个体农民生活质量并不高，但多数农民也不愿意回到集体化生活的时代，而是感觉现在很自由，受穷是自己的原因，"自己没本事"。

第二，缺少政府扶持和法律保护是农民组织化的政治制度障碍。

不像生产队时期，集体所有，集体经营，一个生产队、生产大队，甚至一个人民公社的群体成员之间都有较多的利益关联，甚至成为利益共同体。那个时候的生产队干部从农民群众中推举出来，一般也都真心实意地为集体利益做贡献，因为他们本身就是集体中的一员。而现在由于村庄集体经济的缺失，农民之间、农民与村干部之间都是独立的利益个体，缺乏紧密的利益链接。乡村干部中真心实意地想为集体做贡献而不谋取私利的人，少之又少。许多干部只是想方设法地从农民和村庄那里得到好处，而不是为农民群众的利益奉献自己，因为他们的任免都由上级决定，而不取决于农民的评判。现在的乡村基层干部很难真正代表农民利益，反而与农民利益出现分离和脱离的情况，农民组织化力量的增强，会给他们的工作带来种种阻力和不便，对农民组织起来的行为和活动，多采取不支持的态度，更没有从制度上、法律上形成对农民组织的扶持和帮助。

第三，我国农业生产的家庭分散经营方式和村庄集体经济的衰弱是农民组织化困境的社会经济根源。

农业生产经营方式与农民组织化程度具有直接关系。家庭承包经营后，由于大部分村庄集体经济和集体资产被分光卖净，事实上成为"有分无统"的家庭单层经营，集体层面统一经营缺失。大多与马克思、恩格斯指出的"小农"一样，每个农户都独立分散经营，进行着类似的个体生产活动，相互孤立、封闭，技术落后，信息闭塞。这种分散经营使得农村经济带有浓厚的自然经济色彩，与社会化大生产和市场经济的发展方向是背离的。在家庭承包责任制的经济模式下，分散的农户之间联系松散，长期处于分散化和原子化状态，普遍缺少公共精神和集体意识，内部凝聚力不强，相互之间缺乏协作。在个体小农经济高度分散的条件下，农民组织起来缺少相应的经济基础，对组织的作用和功能认识不够，缺乏要求形成组织并依靠组织力量实现共同富裕的共识和动力。

第四，农民组织化成本高昂，弱势小农无法独自承担，这是农民组织难以发展的重要制约因素。

任何组织都会有组织和管理成本。农民组织不能凭空产生，需要资源支持，需要稳定的利益目标诱导。在组织起来给农民带来的收益大于成本的情况下，农民组织才有可能得到发育。反之，如果组织起来高成本、低效益，组织就难以持续存在和发展。农民组织起来带来的效益是否大于其组织、运营和发展的成本，是农民组织能否普及、壮大的关键。农民组织的成立和运营会产生各种费用，这势必增加农民的非农投入，最终导致农业生产的成本上升。如果不能获得更高的效益弥补成本损失，组织化对农民就会失去吸引力。

农民自身的分散性和原子化，以及农民文化素质较低，对组织的认同度较低，增加了其组织起来的内在成本。由于组织农民风险大而且无法精确评估，个人又无法控制，在组织成员很难认同、组织成本高昂、管理难度大的情况下，很多人就选择"搭便车"。在这样的情况下，农民组织要建立完善的内部管理机制、分工协作机制、规范有效的运作机制，其组建、管理和运营成本是很大的，仅仅依靠农民自发组织起来，几乎是不可能的①。

第五，"搭便车""偷懒""随大流"的从众心理，是农民组织化困境的心理根源。

正如美国马里兰大学的曼瑟·奥尔森（Mancur Olson）教授提出，群体采取集体行动并不容易实现②。人都有自利心，在群体活动中都想着让其他人多干点，自己少干点。如果行动难达成，或者行动失败，反正又不是自己一个人吃亏，"天塌下来大家伙扛着"。因此，在达成集体行动的过程中，许多人都有"偷懒"心理。在这种情况下，那些不太顾及个人私利，愿意为多数人的利益做出更多贡献、付出更多精力的人，也就容易成为这个群体中的"领头人"，或者称为"激进分子"。集体人数越多，越难以达成一致行动，组织起来的成本越高。人数越多的群体里，"搭便车"的行为也越难被发现。一旦集体行动成功，分享行动利益的人却越多，这被称为"集体行动困境"。历史上，相互联系和利益链接松散的个体农民，又是中国人数最多的弱势群体。那些人数较少，又掌控较多社会资源的人最容易联合起来，成为社会的统治阶级。一家一户分散经营的小农生产、生活、娱乐等被隔离开来，很难再看到大家在一起的集体活动，相互缺乏信任和了解，增强了农民的从众心理和"搭便车"的机会主义心理。

第六，缺乏具有奉献精神的精英人才是农民组织化缺乏人才支撑的重要因素。

在对 JDC 的调查中发现，大多数青壮年劳动力外出务工经商，与村庄的联系趋于弱化，希望通过努力能够过上"城里人"的生活。农村中文化素质较高、有技术专长、有较广泛社会关系、有经营管理头脑的"精英人才""能人"，大多想着自己发家致富，以脱离农村、融入城市为目标，愿意留守农村的青壮年劳力很少，村庄中有知识、有思想的"精英人才"，多数已经离开村庄生活。即使留在农村的乡村能人，也是忙于自己赚钱，对村庄集体事务的关心很少，大多不愿牺牲自己的利益为集体办事，不愿在农村谋求发展，充当村民共同富裕的领头人。农村孩子在考上大学之后首要的目标是离开农村进入城市工作，乡村很少有适合的工作机会。一方面，村庄精英外流，得不

---

① 冯道杰. 农民组织维权困境分析 [J]. 中共青岛市委党校学报，2009（2）：58-63.

② 曼瑟·奥尔森. 集体行动的逻辑 [M]. 陈郁，郭宇峰，李崇新，译. 上海：上海人民出版社，1995：2-7.

到补充；另一方面，即使留在村庄中的少数精英也并未成为村庄治理积极的组织者和参与者。

对人民公社化运动的负面宣传，以及农业集体化时期"共产"的历史教训，使得作为小私有者的农民害怕再走"回头路"，一部分农民害怕合作会触及自己的私有财产。另外，农村是一个熟人社会，各种血缘关系、宗法关系、邻里亲情关系等错综复杂，许多规则规章都在现实中很难得以贯彻落实，这些都会使简单的管理变得异常复杂，大大增加了组织管理运营成本。

第四章
基于不同农业经营方式的乡村发展力与发展模式

在家庭承包经营基础上，我国广大农村普遍呈现出个体私营经济主导的小农社会状态。个体农民在城市化、工业化、市场化、信息化的环境里，缺乏足够的资金、技术、信息、社会关系等资源，被限定在产业链条的低端，陷入"温饱而难富裕"的陷阱。现实迫切需要把马克思主义城乡融合思想、小农社会改造思想等与当前乡村小农社会现实结合起来，破解个体经营方式与社会化大生产和大市场的内在矛盾，探索提升农民组织化知识化程度与水平的途径与模式，对实现不同路径下推进乡村社会良性发展模式进行深度探讨。

一、当前我国主要农业经营方式分析

深化农村集体产权制度改革，壮大集体经济，必须明晰产权内容。不同的农业经营模式，是由不同的产权制度①、农业生产组织形式、经营方式所构成的。我国农村实行的是土地集体所有制，各地农业最主要的区别是经营方式不同，由此，形成了不同的农业经营体系和乡村发展模式。

（一）不同农村集体经济实现形式有效性的衡量标准分析

不同的农业生产组织形式、经营方式、经营模式等的实践，本质上是农村集体经济有效实现形式的探索。而哪种形式更有效，则主要看能否实现三个目标：集体所有土地的收益最大化、获益的公平性以及获益人数最大化。说到底，就是公平与效率的关系问题。无论何种集体经济的实现形式，都不能脱离集体经济本质规定性，否则，这种实现形式不仅与集体产权本质相矛盾，而且也会导致集体经济的异变和衰弱，会"把集体经济改弱了、改小了、

---

① 主要是指以土地等农业生产资料的所有权、占有权、经营权、支配权、处置权、收益权为主要内容所构成的财产权利束。

改垮了","把农民的财产权利改虚了、改少了、改没了"①。主要包括：①集体所有权，土地作为最为核心的农业生产资料，其最终所有权必须集体共有，而不能私有；②多数人受益，实现多数人利益最大化；③有效保护和提高集体经济成员的政治、经济、文化、社会、生态等权利；④不断增强而不是弱化农村集体经济自身发展实力、动力和活力。

农村集体经济实现形式有效性主要从两个层面来衡量：一是量的规定性；二是质的规定性。具体包括效率与公平两个维度，从"产业兴旺、生态宜居、乡风文明、治理有效、生活富裕"五个方面全面具体地描述和衡量不同农业经营方式对推进乡村振兴的影响，并进一步从政治民主化、农业发展、非农产业发展、发展竞争力、社会和谐度、社会文明度、家庭社区、道德素养、自然人文生态等不同方面加以细化（见表4-1）。

表4-1 衡量集体经济实现形式有效性的指标分析

内容	内涵	指标
产业兴旺	乡村产业的发展效益好、产业结构优化、产业发展优质高效高产、产业发展竞争力强。包括乡村三次产业的发展，以及农业产业内部三次产业的发展	①经济总产值，主要是经济增长总量；②各次产业发展情况；③人均产值，主要是单个人创造的价值量；④收益率，即成本与收益之比，主要是监督管理成本的高低，以及收益大小；等等。 农业产业发展主要体现：①单产，单位面积的农产品产量；②有机营养，即生产的农产品对人的健康是无毒无害，是营养丰富的；③生态影响，对周边自然环境没有污染和损害，而是养护和改善；④农业生产条件的改善；⑤先进农业技术和农业生产工具的研发与应用；⑥农田水利建设情况；等等。 非农产业发展主要体现：①产业结构，主要指能够形成一二三产业相互促进，良性循环；②产业链条的拓展和延伸，是否能够改变单一种养业，提升劳动产品的附加值，发展二三产业；③产业循环和支撑情况；等等。 发展竞争力主要体现：①市场竞争力，主要指市场信息获取及其分析能力，市场中的谈判地位，在市场中是否被动波动，是否有话语权和定价权；②产业拓展能力，主要是拓展延伸产业链条的能力，从空间、时间等多维度深度研发、细分产业发展的能力；③自我发展能力和抗风险能力，主要是能否在环境恶劣情况下延续生存发展的能力；④先进技术、先进农业机械、农业生产工具的研发、推广、应用能力；等等

---

① 中共中央 国务院关于稳步推进农村集体产权制度改革的意见[N]. 人民日报，2016-12-29（01）.

续表

内容	内涵	指标
生态宜居	乡村社区良好的自然生态、人文生态，以及居民生产生活的环境和条件等	①生态环境保护，是指把山水林田湖草沙作为一个生命共同体，与人的发展融为一体，包括耕地草原、森林、河流、湖泊、湿地等统一保护，体现在人均绿化面积、植被覆盖率、荒漠化程度、气候变化、物种保护、水和空气的质量等。②自然资源保护，是指把山水林田湖草沙以及地下矿藏等作为资源坚持保护优先，可持续开发利用，防止土壤沙漠化、水污染、空气污染、草原退化，以及对森林、地下矿藏等的滥砍滥采等。③人文生态保护，主要指优秀传统文化的传承、文物古迹的保护、人文景观的养护和建造、社会风气的净化等。④农产品质量与安全，主要指生产有机、绿色、健康的农产品，形成从田间到餐桌的可追溯、可监管的食品安全网。⑤人的发展，主要是指人的德智体美劳等全面发展，主要体现在包括人均寿命、身体健康状态、受教育程度、知识文化水平、社会道德风尚等。⑥生产生活的环境和条件，主要指基础设施建设情况，包括交通、通信、水电等；社区环境情况，包括卫生、绿化、硬化等；生产生活便利度，包括医疗、卫生、体育等事业发展；等等
乡风文明	长期生活中积淀形成的良好道德风尚、社会风气、生活习性和个体的文化修养，是乡村社会文明程度的体现	①思想道德水平，主要表现在社会公德、职业道德、家庭美德、个人品德等；②社会主义核心价值观和共产主义理想信念；③社区成员的精神信仰；④精神文化生活，主要指人们精神生活充实度；⑤教育文化状况，主要指受教育程度，以及终身学习情况，包括技能教育、职业培训、知识文化教育、思想教育等方面的情况；⑥娱乐休闲；⑦文化习俗的传承与发展；等等
治理有效	乡村社区发展、社会秩序、社区民主管理、社会公共事业等方面呈现出的良好状态	良好的社会治理和社区治理，集中体现在民主政治、社区发展能力、社会和谐度等方面。 民主政治主要体现：①对社区干部的满意度和支持率；②村民对集体事务的关心度和参与度；③社区集体组织建设；④社区干部的任免及其素质；⑤社区成员的影响力，主要是社区成员能否比较充分地参与到社区发展中来，意见建议和利益诉求是否有反映渠道；⑥干群关系；⑦党组织建设；⑧对党和政府的支持度；⑨社区成员有渠道、平台、组织和能力对基层干部进行全方位监督；等等。 社区发展能力主要体现：①社区基础建设，主要是水、电、交通、通信、信息等基础设施建设情况；②社区公共事业的发展，主要是社区成员的教育、医疗、养老、社会保障、社区福利、娱乐休闲等公益事业发展情况；③社区生产生活条件；④社区生态环境保护与发展；⑤人的发展，主要是社区成员德智体美劳等方面的发展；⑥人口和人才流动；等等。 社会和谐度主要体现：①人际关系，主要指人与人之间是自私冷漠，还是互帮互助；②社会事务和矛盾情况及其化解能力；③贫富分化；④犯罪率；⑤人与人之间的关联度；⑥打架、骂街等不文明行为的发生情况；⑦社区成员的安全感、归属感和幸福指数；⑧社区成员内部的关系；⑨与社区外部成员之间的关系；等等
生活富裕	乡村居民和社区的物质文化生活丰富、充实	家庭生活：①家庭成员关系；②家庭收入；③家庭物质生活；④家庭精神文化生活；⑤遇到特殊的家庭困难和外来风险是否有组织、有渠道、有能力解决与克服；⑥生活幸福指数；等等。 社区生活：①人均可支配收入；②信息化发展指数；③养老、医疗等民生保障；④社区基础建设和公共设施；等等

衡量集体经济有效实现形式的标准还可以细化出很多方面，这里仅仅列出一些主要的有效性指标。但无论何种实现形式，都不能偏离集体经济的本质属性，不能异化变质，而是从农业生产经营方式和组织形式等方面进行多样化探索，持续增强集体经济的实力和活力，有效提高成员收益，实现共同富裕。在家庭联产承包责任制的基础上我国家庭经营、雇工经营、企业经营、合作经营、集体经营等多种经营方式并存发展。在不同农业经营方式的基础上又形成了多样化的农业经营实体，主要有三大类：以家庭个体劳动为基础的家庭承包农户、专业大户、家庭农场；以资本雇佣劳动为基础的家庭雇工农场、资本雇工农场或者私营农业企业；以集体劳动或合作经营为基础的集体农场、集体企业、合作企业和各类合作社等。这种并存发展的态势将持续很长一段时间。

（二）家庭经营与资本雇工经营的有效性分析

千百年来，家庭经营农业顽强生存发展，与农业本身的特性和家庭经营的独特优势有关，与中国独有的土地制度和人多地少的国情有关。农业，特别是种植业由于农作物的生物特性、农业生产经营的复杂性等，难以对农业雇佣劳动力进行有效监督。同时，由于生命性、季节性以及对自然环境的依赖等，耕作努力程度与耕作回报的关系具有不确定性，农业生产在空间上和时间上进行逻辑化组合和集中的难度极大。家庭经营使得农业劳动者与劳动对象建立了紧密的经济利益关系，顺应农业生产的自身发展规律，监督成本低、效率高，自由度大，具有自己独特的优势。因此，家庭经营虽然存在缺陷和不足，却将会长期存在。

家庭联产承包责任制实施以来，作为土地集体所有制基础上如何实现生产更好更快发展的一种探索，从集体共有统一经营，变成了家庭按份实际占有家庭经营，赋予了农民对承包土地的占有权、自主经营权和劳动力的自由支配权，使得农民的劳动直接跟自己的利益挂钩，解决了激励约束以及监督问题，能够有效调动个体劳动的责任心和积极性，短时间内解决了我国农民的温饱问题。

与传统的个体小农经济相比，土地均分承包，分散经营，都是小块土地的家庭经营，都具有分散性、封闭性以及脆弱性等特征，本质上都属于小农经济范畴。由于个体农民的资金、技术、信息等力量薄弱，视野狭隘，分散脆弱，抗风险能力差，市场竞争力低，在市场中处于弱势地位，缺乏进入非农产业和拓展农业产业链条的能力，仅仅依靠小块承包土地很难过上真正富裕的生活，与社会化大生产之间、与大市场之间的矛盾难以解决，因此，在日益市场化、工业化、城镇化的外部环境中，农民家庭既面临更多机会，也面对更多的压力和风险，全国大多数农民陷入了"温饱而难富裕"的陷阱①。

所不同的是，家庭联产承包经营的土地所有权归集体共有，在此基础上实现了"耕者有其田"。联产承包可以发挥集体层面统一经营的优势，以弥补个体经营的不足，这是其最大的"新意"。同时，在我国人多地少，养老、医疗等社会保障水平不够高的情况下，土地集体所有基础上相对公平分配的小块土地能够为大多数人提供基本生存保障，均分承包的公平性、集体所有的平等性，都限制了因家庭经营能力的不同导致社会分化的速度和程度。这说明，家庭承包经营模式在短期内不可能彻底改变，更不能"一刀切"地剥夺侵吞农民小块承包耕地，反而是相当长时期内我国农村社会稳定的基础。

自20世纪80年代末以来，伴随着进城务工经商人数的增加，农户之间自发进行的土地流转一直存在。随着农村人口向非农产业和城镇的转移，越来越多的农民无力耕种，或不再需要耕种承包土地，土地以流转等方式向少数种田大户、种田能手，或者其他农户集中，便形成了私人家庭农场。私人家庭农场主要进行种养业专业化生产，这部分经营者大多具有较高的经营管理水平，示范作用较强，经营规模与家庭成员的劳动生产能力和经营管理能力相适应，收入水平也相对较高，土地产出率、劳动生产率和资源利用率也达到了较高水平。②

相对于普通家庭承包农户，专业大户、家庭农场等经营规模大，建立在农村富余劳动力转移和双方自愿信任流转基础上的土地集中，是在工业化、城市化进程中出现的家庭承包经营的升级版，主要以家庭成员劳动为主，基本不存在雇工剥削，监督管理成本低，有较大的经营自主权，在发挥农业家庭经营优势的同时，也可获得一定的规模收益，有较高的技术水平，有利于采用先进的农业机械、农业技术等，提升农业现代化水平。家庭农场规模适度的标准，由于各个地区的实际情况、生产条件、农作物品种等不同，尚未有一个统一的衡量指标。

---

① 冯道杰. 集体化村庄可持续发展的路径探讨[J]. 马克思主义研究，2014（9）.
② 农业部农村经济体制与经营管理司. 农业部关于促进家庭农场发展的指导意见[EB/OL]. （2014-02-24）[2014-02-26]. http://www.moa.gov.cn/sjzz/jgs/cfc/zcfg/bmgz/201505/t20150507_4583485.htm.

但是，在社会保障能力不够的情况下，"一刀切"地发展规模农场并不符合中国国情。2012年，平均每个家庭农场有劳动力6.01人，其中家庭成员4.33人，长期雇工1.68人。家庭农场平均经营规模200.2亩，是全国承包农户平均经营耕地面积7.5亩的近27倍①，即一个200亩的家庭农场，要流转27户农民家庭的土地。一个270户的村庄，大约有10户家庭就可以耕种全村土地了，剩余的260户农民如何安置？占村庄人口80%以上的失地农民的生活保障问题如何解决？正如2014年习近平总书记在全国深化改革领导小组第五次会议上指出，推进农业现代化绝不能忽视"经营自家承包耕地的普通农民仍占大多数的基本农情"②。

随着家庭农场规模的扩大，单纯依靠家庭成员已不能够胜任和完成劳动任务，需要雇佣其他劳动力，逐渐形成以雇工劳动为主的家庭雇工农场。家庭农场与家庭雇工农场最主要的区别在于是否以家庭成员为主要劳动力。多数家庭农场以家庭成员为主要劳动力，家庭雇工农场则更多的是雇佣工人劳动。其所有权属于集体，承包权属于原来的农户，农场支付原有农户一定的流转费用。单纯就雇工经营方式来说，雇工农场与西方资本主义农场没有实质区别，其不同在于土地所有制。

相较于家庭成员作为主要劳动力的家庭农场和承包农户，家庭雇工农场、资本农场、农业雇工企业等规模较大，依靠雇工劳动为主，虽然能够实现生产的规模化、组织化、专业化，但却割断了农业劳动者与劳动对象之间的利益联结，雇工的劳动积极性和责任心并不高，监管难度大，成本高，且难以计量。同时，还要支付土地流转费用、雇工工资、农场监督管理费用等，单纯从事种养业的比较效益并不高。事实上，土地流转给私人或私人资本后，原承包农户也就失去了土地的占有权、经营权和支配权，会出现失地农民"进城无路，在家无业"的现象，导致大量农民失去基本社会保障③，也容易导致出现"非粮化""非农化"等问题，甚至会危及国家的粮食安全和农产品安全。②

---

① 农业部新闻办公室. 中国家庭农场数量井喷式爆发［EB/OL］., 2016-04-13［2016-04-20］. http://www.moa.gov.cn/sjzz/jgs/chinafamilyfarm/fzdt/sfnc/.

② 习近平主持召开中央全面深化改革领导小组第五次会议强调 严把改革方案质量关督察关 确保改革改有所进改有所成［N］. 人民日报，2014-09-30（09）.

③④ 农业部经管司、经管总站研究组. 构建新型农业经营体系，稳步推进适度规模经营［J］. 毛泽东邓小平理论研究，2013（06）：38-45.

（三）集体经营与合作经营的有效性分析

分散的个体小农在生产生活中存在着大量的一家一户"办不好、不好办和办起来不合算"的共同事务，需要农民之间的联合与合作，也需要有与之配套、为之服务的基层组织体系和社会化服务体系。在大部分农村承包经营的同时，我国有些地区的农民仍然坚持集体共同所有、统一经营的经营方式，由代表集体成员共同利益的社区组织统筹安排生产经营。一些地区的农民借鉴和发展了传统人民公社体制下集体经营管理经验，引入了市场机制和现代激励约束机制，引入了股份制、合作制、股份合作制、公司制等的一些做法，进一步密切集体收益与个体利益的关联程度，增加了利益激励成分，增强了集体组织持续发展的内在动力。

集体经营通过联合与合作，提升了农民组织化程度，能够实现集体内的资源优化配置和集约规模效应，农民的生产经营活动不再是一盘散沙状态，克服个体农民技术、资金、信息等方面的弱势，拓展和延伸产业链条，发展非农产业，扩大农民获得更多财产的渠道和择利机会，在农业生产资料购置、农业机械和生产工具的使用、规模耕作、推广应用先进技术等方面，能够降低成本，提高效率，提升市场谈判地位，实现多元主体利益一体化、联结紧密化，形成协作生产力。在集体经营基础上发展的集体共有的集体经济具有更强的社会保障功能和社区发展功能，依托集体化、组织化的力量，提升农民改造社区生存发展环境和条件的能力[①]，进行大型公共建设和基础建设，有利于形成集体主义观念，实现集体成员内部平等和共同受益，有效保护农民的整体利益和发展权利。当前，在江苏华西村，河南南街村、刘庄村，以及河北晋州周家庄乡等地农村都有集体所有、集体统一经营的实践，并取得了较好的发展成果。

农民在解决生产生活困难的过程中，出于共同的利益需要和目的，相互联合与合作，组建各类合作社和集体经济组织，进行合作经营和集体经营，在实践中也呈现出多样化发展的态势。"合作"是指人们为达到某个共同的目的，或者基于某种利益关系等联合起来，采取共同的行动或协作。合作社是劳动者在某些环节和领域的合作与联合而形成的组织，包括生产合作、供销合作、农产品加工合作、运销合作、信用合作、信息技术合作、服务合作等。

---

① 冯道杰，王成利. 完善集体层面统一经营与新型农业经营体系的构建［J］. 河北经贸大学学报，2015（4）：176-183.

在此基础上，农民之间的合作与联合逐步从种养环节向深加工环节，从农业生产向非农生产及从经济领域向社会生活、文化娱乐、政治参与、生态环保等领域扩展延伸。

合作经济既可以建立在生产资料公有制基础上，也可以建立在生产资料私有制基础上，在不改变现有生产关系和财产关系的基础上进行组织制度创新。合作经营，主要是指农业劳动者横向一体化合作，在此基础上进一步与其他经济主体合作，或者引入其他经营管理方式，又形成"农户+农民合作组织+公司"的纵向一体化合作，以及作为混合经济模式的合作农场[1]。

集体企业与合作社不仅是企业，更是群众性的社会组织，必须确立和保持社员在合作社中的主人地位、管理权和监督权。马克思、恩格斯都把合作制看作对小农经济改造的主要方式，是在资本雇佣劳动制度中产生的对资本雇佣劳动制的否定或过渡形式，是积极地扬弃。资本主义制度下的"合作工厂"是由资本主义生产方式转化为联合的生产方式的过渡形式之一，"工人自己的合作工厂，是在旧形式内对旧形式打开的第一个缺口，……资本和劳动之间的对立在这种工厂内已经被扬弃"，"资本主义的股份企业，也和合作工厂一样，应当被看作是由资本主义生产方式转化为联合的生产方式的过渡形式，只不过在前者那里，对立是消极地扬弃的，而在后者那里，对立是积极地扬弃的"[2]。恩格斯在《法德农民问题》中系统阐述了通过合作社逐步引导农民走向社会主义的问题，指出，"我们对于小农的任务，首先是把他们的私人生产和私人占有变为合作社的生产和占有，不是采用暴力，而是通过示范和为此提供社会帮助"[3]。

合作制与股份制都有利于实现资本和资产的社会化运作，有利于资源集聚，形成规模效应，提升农民的组织化协作化水平。二者的最大区别在于人与资本的关系不同，人与资本所占的地位和所起的作用不同。股份制是资本控制劳动，合作制是劳动控制资本。股份制公司的本质特征是建立在企业利润基础上的资本联合，目的是追求利润最大化，"资本量"的多寡直接决定盈余分配情况。在合作社内部，起决定作用的不是成员在合作社中的"股金"，而是"交易"，其主要功能是为社员提供所需的服务。合作社与其他经济主体

---

[1] 程恩富. 程恩富选集[M]. 北京：中国社会科学出版社，2010：395-396.
[2] 马克思. 资本论：第3卷[M]. 中共中央马克思恩格斯列宁斯大林著作编译局，译. 北京：人民出版社，2004：497-498.
[3] 马克思，恩格斯. 马克思恩格斯选集：第4卷[M]. 编北京：人民出版社，1996：507.

的交易以盈利为目的，但与内部社员的交易不以营利为目的。合作社的盈余，除了一部分留作公共积累外，大部分要根据社员与合作社发生的交易额的多少进行分配，实行按股分红与按交易额分红相结合，以按交易额分红为主，是合作社分配制度的基本特征。

把股份制与合作制相结合形成农村社区股份合作社，按照股东来源、股东成分、股权设置、折股量化等，将农村集体经营性资产以股份或者份额形式量化到本集体成员，作为其参加集体收益分配的基本依据，强化了集体资产经营权，明确了集体经济组织主体，集体成员与集体按股分享集体资产的实际所有权和收益权，落实了土地承包经营权，从"人人有份但不知多少份"的集体所有，变成"人人有股且知道多少股"的共同占有，"确权不分产"，使得集体组织成员成为实实在在的集体经济股东，进一步密切了集体成员与集体经济的关联度，完善了传统集体产权制度、集体分配制度和集体经济组织制度。

从家庭承包经营，到合作经营，再到集体统一经营，随着公有化的规模与程度扩大，民主经营管理的难度也加大，需要加强基层党组织建设，完善内部管理运营体制机制，真正实现集体经济的"民有、民管、民享"[①]。

（四）主要农业经营方式有效性的比较

家庭农场模式、资本雇工经营模式，与集体经营、合作经营都能实现规模效益，弥补个体家庭经营的不足，有比较便利的条件和能力拓展农业产业链条，推进集约化、社会化、专业化、组织化生产。现实中既有私营农业企业经营效益好的案例，也有集体企业发展好的案例。至于二者哪个效率更高，并不取决于生产资料的所有制，而是取决于经营管理水平，以及相关的激励约束机制等。

家庭雇工经营、资本雇工经营，与集体经营、合作经营都需要解决监督、激励问题，支付较高管理运营成本。雇工经营模式基本割断了劳动者与生产资料的紧密联系，激励约束解决不好，会出现雇工破坏工具、毁坏庄稼、责任心不强、消极怠工、偷懒、罢工等问题。监督问题解决不好，会出现农场主拖欠克扣工人工资、耕地非农化经营、恶意开发、权钱勾结、偷税漏税等问题，为追求利益最大化，片面追求产量和数量而过量使用化肥农药，出现假冒伪劣、坑蒙拐骗等。同样，在集体经营模式中，民主管理和激励监督问

---

① 冯道杰. 当前我国基于不同产权的主要农业经营方式分析［J］. 东岳论丛，2018，39（7）：114-124，192.

题解决不好，会出现部分管理人员，特别是领导干部化公为私、以权谋私等情况，易于滋生集权、腐败等问题。同时，也会出现成员"吃大锅饭"、"搭便车"、偷懒等机会主义行为。合作经营能够形成劳动者之间的合作与联合，但结合紧密程度差距较大，运营和管理成本较高，激励机制难以形成。

集体经营、合作经营模式相对于家庭农场经营、资本雇工经营模式而言，最主要的区别在于，是否依靠雇工劳动，也就是说劳动者的地位不同，劳动者与生产资料的关系不同。集体经济组织、合作经济组织成员既是所有者，又是劳动者，他们之间并不是剥削与被剥削的雇佣关系，而是平等协作、联合与合作的关系。相比而言，集体经营、合作经营并没有隔断劳动者与生产资料所有权、占有权以及使用权、支配权的联系，更容易实现劳动成果的多数人共享，激发他们的主人翁意识。就公平性而言，集体经营、合作经营模式一般高于私人资本经营和家庭农场经营模式，具有更高的社会效益。集体经营、合作经营的劳动成果和经营收益可以为大多数人共享分享，而私人公司化经营和家庭经营的收益主要被少数人据为己有。集体经济、合作经济承担着更多的社区责任和社会责任，而资本雇工经营的逐利性更强，不愿意承担过多的社区和社会责任。现实中，资本更容易和权力结合起来，使得资源和财富向少数人集中。因此，许多地方喜欢通过招商引资引入资本。这既是拓展农业产业链条、降低村民创业难度的一种方式，同时，也容易使得少数掌握公权力的人与外来资本结成联盟，形成"精英俘获"。

家庭承包经营能够激励和普惠多数人，单纯经营种养业经济收益较好，但是个体农民的力量微弱，发展非农产业，以及实现农业现代化的能力较差，难以适应社会化发展趋势。雇工经营发展非农产业和短期内推动农业现代化的能力较强，但是发展成果很难普惠多数农民群众，资本主导农业生产有可能威胁国家的粮食安全和农产品安全，容易导致少数人对大多数劳动者的剥削和对自然生态的掠夺。相对于家庭经营、雇工经营，集体经营、合作经营不仅可以适应规模化、组织化、专业化、集约化等农业现代化的需要，拓展和延伸产业链条，实现经济效益，而且，可以实现大多数农民共享发展成果，改善社区基础建设和生态环境，实现经济、社会、政治、生态、文化效益并重，更符合"通过合作与联合实现共同发展"的精神。《中华人民共和国宪法》规定，农村中的生产、供销、信用、消费等各种形式的合作经济，是社会主义劳动群众集体所有制经济。……国家保护城乡集体经济组织的合法的权利和利益，鼓励、指导和帮助集体经济的发展。主要农业经营方式的有效

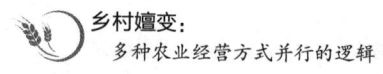

性比较简表见表4-2。

表4-2 主要农业经营方式的有效性比较简表

	比较项目	家庭经营	雇工经营	合作经营	集体经营
产业兴旺	农业发展	较好	一般	较好	较好
	非农产业发展	较差	较好	较好	较好
	发展竞争力	较差	较好	较好	较好
治理有效	社区发展能力	较差	一般	较好	良好
	社会和谐度	一般	较差	较好	良好
	民主政治	较差	一般	较好	较好
乡风文明	社会主义核心价值观	一般	较差	较好	良好
	精神文化生活	较差	一般	较好	较好
	思想道德水平	较差	较差	较好	较好
	优秀文化传承	一般	一般	较好	较好
生态宜居	自然资源	一般	较差	较好	较好
	生态环境	一般	较差	较好	较好
	人文景观	较差	较差	较好	较好
	农产品质量与食品安全	较差	一般	较好	较好
	生产生活环境与条件	较差	一般	较好	良好
生活富裕	家庭生活	一般	一般	较好	良好
	社区生活	较差	一般	较好	良好

生产资料的所有权归根结底分为私有和公有两种。在以生产资料私有制为主体的剥削社会里，生产资料的所有者凭借对生产资料的占有权无偿剥夺劳动者的全部或部分劳动成果，成为社会的富有阶层和统治者。大多数劳动者是社会物质财富和精神财富的主要创造者和生产者，财富却被少数拥有生产资料的人占有和剥夺，劳动者通过劳动创造的财富则进一步变成了压榨和剥削自己的资本和工具，大多数劳动者挣扎在生存线上，沦为被剥削被压迫的贫穷的中下层。剥夺者在对广大劳动者进行经济剥削、政治统治的同时，还对他们进行思想上的奴化和欺骗，这就形成了长达几千年的剥削社会制度。

农村集体经济是新中国进行农业社会主义改造，实现了生产资料公有化的结果，它实现了人们在土地等主要生产资料面前的平等，是农民当家作主、防止两极分化、实现共同富裕的物质保证，是社会主义制度在农村的经济基础，是中国共产党在农村执政和进行宏观调控的物质基础。从《宪法》到历年的中央文件，一以贯之地强调农村集体经济、合作经济的发展，但是，现实中由于受新自由主义思潮的影响和部分媒体的片面宣传，在私有化、市场化大潮冲击下，许多地区出现了片面强调"分"而忽略"统"，片面强调"私"而忽略"公"的现象，农村集体经济组织主体日渐消失或者虚置，没有把发展集体经济、合作经济落到实处。2018年2月中共中央、国务院发布的《关于实施乡村振兴战略的意见》指出，坚持农村集体产权制度改革正确方向，发挥村党组织对集体经济组织的领导核心作用，防止内部少数人控制和外部资本侵占集体资产。

私有产权基础上资本雇佣劳动的道路和模式，虽然也能推动农业现代化和非农产业的发展，但不利于解决农民共同富裕、基础建设和公共事业发展问题。彻底扭转"三农"困局，解决小生产与社会化大生产的矛盾，实现农村经济社会全面协调可持续发展的根本出路，不是私有化、市场化基础上推动资源财富向少数人集中，而是应当落实邓小平同志的"两个飞跃"思想和中央政策精神，在土地集体所有基础上，加强基层党组织建设，组建新型农村集体经济组织、合作经济组织，完善集体层面统一经营和民主管理机制，依靠农民组织化、合作化、集体化的力量，拓展和延伸农业产业链条，发展新型集体经济、合作经济。

一定的生产方式决定着一定的社会关系和社会治理结构。分散的个体经营基础，必然导致农民低组织化状态的社会组织结构。私有产权基础促使资源和财富向少数人集中，必然导致社会的分化和各种矛盾层出不穷，导致各种社会乱象、自然乱象层出不穷。集体经济和合作经济基础上的生产方式，更能促进人们之间的平等合作与联合，提高农民的组织化程度，形成良性的社会治理秩序。

二、小农生产方式的改造与不同类型农业经营体系的选择

在个体农民分散、贫困、弱势，乡村劳动力等资源要素持续流出的状态下，不可能真正实现乡村全面振兴。作为农民人口大国，改造小农，提升农民的组织化合作化知识化水平和程度，是解决农民弱势难题、实现城乡融合发展的关键。在家庭承包经营的基础上，我国农业多种经营方式和经营体系的演化趋势主要有三种：一是广大承包农户继续以耕种小块承包土地为基础，

以家庭劳动为主要经营单位，以个体生产经营方式为主，从事以种养业为基础的生产活动；二是以资本雇佣劳动为基础的家庭雇工农场、资本农场或者农业企业等；三是以集体经营或合作经营为基础的各类集体经济组织和合作组织等。从生产资料所有制的本质和生产中人与人之间的关系来看，我国农业主要形成了两种不同类型经营体系的选择和分化：亲资本化农业经营体系和亲劳动化农业经营体系。

（一）亲资本化农业经营体系和亲劳动化农业经营体系

亲资本化农业经营体系是以雇工劳动为主要形式，以资本的力量改造家庭经营方式和小农村庄状态，推动农业现代化和适度规模经营的各类经营主体、各种经营方式、经营制度等组成的农业经营体系。家庭雇工农场、资本雇工农场、农业企业等，是亲资本化农业经营体系的主要经营主体构成，资本雇佣劳动经营是亲资本化农业经营体系的主要经营方式，生产资料私有制是其主要的物质基础。

亲劳动化农业经营体系是以家庭经营、集体经营、合作经营为主要经营方式，依靠劳动者自身联合与合作形成的组织化的力量，克服生产生活中的困难，推进农业现代化和农业适度规模经营，并在此基础上进一步拓展和延伸产业链条，推进农村工业化、城镇化和信息化的农业经营体系。亲劳动化农业经营体系的主要经营主体有家庭农户、家庭农场、各类合作社、各类集体农场和集体企业等，主要经营方式有家庭经营、合作经营、集体经营等，是建立在土地集体所有制和生产资料公有制基础上、以劳动者为主要服务对象的农业经营体系（见表4-3）。

表4-3 亲资本化农业经营体系与亲劳动化农业经营体系比较

比较项目	亲资本化农业经营体系	亲劳动化农业经营体系
主要经营主体	家庭雇工农场、资本雇工农场、农业企业等	承包农户、专业大户、家庭农场、各类集体经济组织和农民合作社等
主要经营方式	雇工经营	家庭经营、集体经营、合作经营
经济发展模式	依靠资本的力量推进农业规模经营和农村工业化、城镇化、农业现代化	稳定和完善双层经营体制，依靠农民组织化的力量推进农村城镇化、工业化、农业现代化和城乡一体化
社会效益	资源和财富日益向少数人集中，富者越富，强者越强，加剧贫富分化，各种社会矛盾层出不穷，乡村公共事业、基础建设等滞缓	惠及大多数农民群众，推进乡村公共事业和基础建设，利于解决农民生产生活中的困难，促进共同富裕、社会和谐和新农村建设

续表

比较项目	亲资本化农业经营体系	亲劳动化农业经营体系
生态效益	资本逐利的本性会危及食品安全、粮食安全等，导致对农村土地、环境等的过度掠夺和开发	农民依托集体力量，会更好地建设自己的家园，实现人与自然的可持续发展
政治影响	精英政治，富人治村	农民自治，党群互动

构建亲资本化农业经营体系，主要途径有两条：一是扶持村庄社区内部有能力、有意愿的专业大户、家庭农场等继续扩大规模，发展成为家庭雇工农场和私营农业企业等；二是支持资本下乡，大面积"流转"农民承包土地，雇佣工人劳动，发展资本农场和农业企业等（见图4-1）。

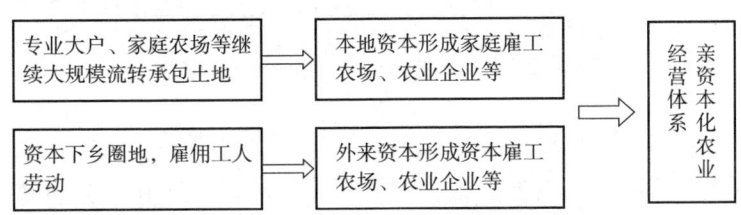

图 4-1　构建亲资本化农业经营体系示意图

构建亲劳动化农业经营体系，主要途径有三条：一是在逐步流转农户土地的基础上，扶持以家庭成员为主要劳动力、规模适度的专业大户、家庭农场，并在此基础上建立示范家庭农场和高标准农田；二是加强基层组织建设，完善集体层面统一经营，解决承包农户"办不好、办不了、办起来不划算"的事情，为广大承包农户、专业大户、家庭农场等提供优质的社会化服务，并在此基础上进一步发展农村集体企业和合作企业等；三是组建和加强农村集体经济组织和农民合作组织等，依靠农民组织化、合作化、集体化的力量发展集体经济、合作经济，并在此基础上引导发展股份合作社、农工商联合体等经营综合体和联合体，提升农村内生发展动力和能力（见图4-2）。

当前，中国呈现出亲资本化农业经营体系和亲劳动化农业经营体系并存发展的态势。土地集体所有基础上的家庭承包经营能够实现耕者有其田，保持国家的农产品安全和社会的相对稳定状态，农民家庭成员之间老人务农、年轻人务工经商的分工，能够维持农村比较体面的生活，满足我国工业化、城市化对农产品供给、剩余劳动力需求，以及农业剩余资源的需求等。留守在农村的老人、妇女则以占世界7%的耕地养活着全世界20%的人口，使中国的粮食自给率达到95%，农产品价格长期低廉，而得到的政府补贴却极少，

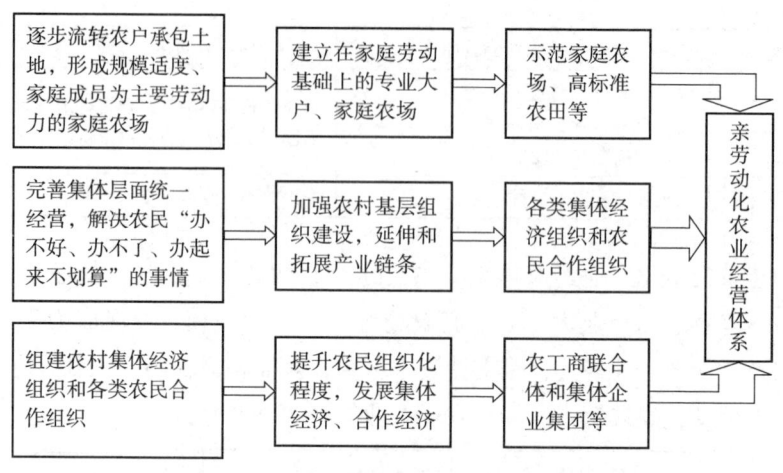

图 4-2 构建亲劳动化农业经营体系示意图

甚至他们还为国家工业化和城市化提供了大量的资本积累。

我国大多数农民仍然需要依托农业和农村获得生活和生存的基本保障。正是依靠承包的小块土地，农民有饭吃，有房住，进城失败后还可以返乡，他们心中不慌，成为中国现代化的支持者，农村可以保障无法进城的大量农业剩余劳动力的基本生活和生存，因此成为中国实现现代化，顺利走出"中等收入陷阱"的大后方、稳定器和蓄水池。这也是世界上像中国这样的发展中人口大国，在快速工业化、城市化进程中没有出现大规模城市贫民窟和无地流民的秘密所在[1]。当前在"新增农业补贴主要向新型农业经营主体倾斜"的号召下，地方政府纷纷大力支持、扶持，甚至帮助资本下乡圈地，流转土地面积越大，财政补贴越多，支持土地和资源等向少数人和企业流转集中。在国家政策扶持下，家庭雇工农场将大量涌现，资本雇佣劳动的资本农场、农业企业也将不断增加。在家庭经营基础上，通过私有化、市场化运作，使得土地等资源和财富进一步向少数人集中和流转，然后，通过适度扩大土地规模和资源配置集中度，吸引资本、劳动力等回流农村，改变资源要素不断流出农村的情况。但是，工商业资本与广大农民是利益博弈关系，资本下乡与农民争利，会挤占农民的获利空间，加剧与当地农民群众之间的矛盾，甚至会引发社会动荡，阻滞中国现代化进程，会使得农村丧失现代化稳定器和

---

[1] 冯道杰，程恩富. 不同农业经营体系的构建与分散型村庄的未来 [J]. 中州学刊，2015 (1): 47-53.

蓄水池的作用。亲资本化农业经营体系的构建和推进，一定要考虑农民的承受力、城市对农村人口的吸纳能力和非农产业的发展水平[①]。

小规模家庭经营发展空间小，生产效率低，不具有让农民真正富裕起来的基本条件。为了进一步发展农村经济，需要把农民组织起来，创办多种形式的农民合作经济组织和集体经济组织。集体经济组织、合作经济组织是劳动者的资本联合与劳动联合，组织成员既是劳动者，又是所有者。内部成员之间不是雇佣关系，而是平等的合作关系，领导人和组织成员一起按照劳动的数量和贡献共同参与集体经济组织经营总收益的分配，少数人并不能凭借生产资料所有权无偿占有他人的劳动成果。集体企业相对于私营企业的优势，最主要的是建立在资源共有的基础上利益共享，而不是大多数利益被少数人据为己有。发展集体经济、合作经济，更加有利于社会公平和共同富裕，推动农村基础建设和公共事业的发展。

（二）基于不同农业经营体系的乡村发展前景展望

乡村小农社会改造是异常艰巨的历史任务，不仅需要依靠外力推动和带动，更需要内生动力和组织化力量，其路径不同，乡村未来发展态势也不同。我国农村亲资本化农业经营体系和亲劳动化农业经营体系的构建，将会对小农乡村社会的未来发展产生重大而不同的影响。

在亲资本化经营体系和亲劳动化经营体系的不同选择和影响下，以家庭经营为基础的小农村庄社会发展面临着三种不同的演化态势：一是扶持土地和资源等继续向少数人和企业流转，在资本雇佣劳动的基础上发展家庭雇工农场、资本雇工农场、农业企业等，依靠资本的力量改造乡村社会。二是在土地集体所有的基础上维持耕者有其田的家庭经营现状，在工业化、城市化进程中个体家庭经营发生分化，逐步实现农村剩余劳动力的转移和农业适度规模经营，培育以专业大户、家庭农场等为核心力量的新中农，成为推动未来村庄发展的中坚力量。三是加强农村集体组织和合作组织建设，完善集体层面统一经营，发展合作经济、集体经济，走农民共同富裕的集体化、合作化道路，依靠农民组织化的力量推进农村工业化、城镇化和农业现代化，实现工业文明与农业文明融合共生，城乡一体化、和谐发展。

---

① 冯道杰，程恩富. 不同农业经营体系的构建与分散型村庄的未来[J]. 中州学刊，2015（1）：47-53.

小农村庄社会的第一种未来发展态势，实际上是在农村构建和推进亲资本化农业经营体系的结果，其实质是扶持少数家庭农场和资本下乡流转农民土地，形成家庭雇工农场、资本农场和农业企业，依靠资本的力量改造乡村小农社会状态。走雇佣劳动基础上资本改造的道路，其前提是农业劳动力大规模向非农产业和城镇转移，非农产业和城镇的发展能够充分吸纳农村剩余劳动力。这是由中国人多地少和社会主义的国情所偏向的，是一个漫长而痛苦的过程。

我国的家庭雇工农场、资本雇工农场、农业企业等虽然是建立在土地集体所有基础上，逐步流转农户承包土地而形成，但是，却保留了雇佣剥削方式和大部分生产资料的私有制。在农村快速推进亲资本化农业经营模式，会挤占农民的生存空间，导致许多农民失掉赖以生存的土地，进城农民工失败后也无法返回农村，导致资本与当地农民群众的矛盾激化，也会导致无法返乡的农民工沦为城市流民以及城市贫民窟的出现。同时，资本逐利的本性还会导致其对自然环境和生态的过度掠夺和榨取，这些势必会导致各种社会乱象、自然乱象层出不穷。

构建家庭经营与现代大生产的有机链接，应该从最广大农民群众的利益出发，处理好资本大规模下乡与维护农民权益的关系，为依靠劳动谋生和发展的承包农户、专业大户、家庭农场等提供完善的社会化服务和公共服务，完善农村基础设施，发展公共事业，加强社区基层组织建设，引导家庭承包农户、专业大户、家庭农场等发展专业合作社、股份制合作社，大力发展集体经济与合作经济。

随着农村剩余劳动力的转移和非农产业的发展，逐步流转规模适度的土地，发展专业大户、家庭农场等，培育村庄内部的新中农阶层，使之成为农业发展和新农村建设的中坚力量。规模农户更加关注村庄基础建设和农田水利建设，在生产资料购进、农产品运销、市场信息等方面具有合作与联合的需求。在这样的基础上，加强农村集体组织和农民合作组织建设，将农民组织起来，解决生产生活中的困难，逐步完善和发挥集体层面统一经营作用，引导农民发展土地股份合作社、社区综合合作社、集体企业和合作企业等，发展合作经济、集体经济，进而增强农村发展的内生动力和能力，使得分散型村庄走上农民自治、社区美化、党群一体、共同富裕、城乡一体的新道路。

小农村庄社会的第二种、第三种发展态势，实际上是在完善统分结合的双层经营体制的基础上，从广大农民群众和承包农户自身利益出发，构建亲劳动化农业经营体系的结果，是在工业化、城市化进程中对分散型村庄自我演化进行引导和规范的结果，是坚持和完善双层经营体制，在家庭承包经营的基础上完善集体层面统一经营的结果，有利于维护广大承包农户的权益和利益，增强农村的内生发展动力和能力。

当然，在劳动者联合与合作，提升农民组织化程度与水平的基础上，构建亲劳动化农业经营体系，必须解决谁来组织农民，如何组织农民，组织起来给农民和农村带来什么样的利益和效益等问题，需要党中央自上而下地重视和实施，也需要基层党组织带领人民群众自下而上地探索和实践。

三、基于不同农业经营方式的乡村社区发展力分析

千百年来，无论如何沧桑巨变，都难以改变乡村社区在乡村发展中的基础功能和作用。乡村社区发展力决定着乡村振兴的前景、进度和状态，由乡村社区内部发展因素与内在发展能力共同构筑而成，这些发展因素和能力紧密联结、交互作用、相辅相成，综合形成了推动乡村社区的发展能力。

（一）乡村社区发展力的要素解构及其内部联系

乡村社区发展力主要是乡村干部和人民群众运用乡村基层自治制度管理乡村各方面事务，解决生产生活难题，有效解决民生问题的能力，是乡村基层自治制度和理论转化为治理效能的能力。从主体维度来看，治理主体包括"关键少数"与主体多数。"关键少数"，主要是指领导干部；主体多数，主要是指人民群众。领导干部的治理能力与人民群众的综合素质是相辅相成、相互依托的。具体到乡村社区，主要是指乡村基层干部与社区农民群众。基层党组织是乡村发展与善治的领导核心。乡村社区发展能力最主要的体现是社区党组织带领社区人民群众推动经济社会发展的能力，即乡村社区发展力。

乡村社区主要是指从事以农业生产为主的居民集中和集聚，进行生产生活的比较固定的空间场域，是组成乡村的主要聚落形式和基本社区单位。千百年来，无论如何沧桑巨变，都难以改变乡村社区在乡村发展中的基础功能和作用。乡村社区发展水平是由社区发展因素决定的，主要包括内部因素与外部因素。推动乡村社区发展的外部因素主要是指来自乡村社区之外，改变

和影响乡村社区发展的因素，包括社会变革、政府力量、自然灾害、外部暴力、外来文化，以及外部资本力量的进入等。推动乡村社区发展的内部因素包括构成乡村社区发展的人的因素、物的因素、制度文化因素、自然因素等，主要由人、制度、文化、风俗习惯、生态环境、地理位置、自然资源等构成。

乡村社区发展与善治是由多种综合因素组合而成的，包括内在因素与外在因素，反映和体现了行政力量、自治力量、自我力量、群体力量、自然力量、物质力量、精神文化力量等不同要素与因素之间复杂演化的进程，国家、社会、市场与乡村社区内部因素的融合、渗透和重组，进而呈现出乡村社区发展的内在张力与外在拉力。

事物是普遍联系、相互作用的。就每一事物而言，是由事物内部因素与相对于事物自身的外部因素共同塑造影响而成的。内因是根据，外因是条件，外因通过内因起作用。内因反映事物的内在矛盾，外因反映事物的外部矛盾，二者在一定条件下可以相互转化。乡村社区发展的外部拉力与内生发展力、内生因素与外在因素是相互作用、相互影响的，体现了内因与外因的关系。外部拉力，主要是乡村社区之外的因素对社区发展的拉动力、带动力、引领力、驱动力；内生动力，主要是乡村社区内部的因素对社区发展的驱动力、推动力、生长力。

任何一个区域、组织、个人都需要在与外界环境和外部因素进行能量、信息、物质等的交换与流动的开放体系中得以持续发展，民生导向型乡村基层自治绝不是与世隔绝、自我封闭的"世外桃源"。市场经济环境中的乡村发展必定更多地受到外部因素的影响，特别是在城市化、工业化进程中，农业成为相对弱质产业，个体家庭承包农户很难单纯依靠种养业获得较高收入，大量农村青壮年劳动力纷纷外出务工经商，乡村劳动力、资金、土地等资源要素持续流出，引发了空心村、空巢老人、留守妇女、留守儿童、土地撂荒，以及乡村公共事业发展困难等一系列问题。

在这样的情况下，为了保持农业农村的稳定发展，党中央相继采取了取消农业税费、建设社会主义新农村、以城带乡、以工补农、城乡统筹、城乡融合、乡村振兴、新乡村建设等一系列支农惠农政策措施，对于解决"三农"问题，发挥了重要作用。政策下乡、家电下乡、汽车下乡、法律下乡、资本下乡、科技下乡、文化下乡等外部因素对乡村发展的扶持、拉动、带动作用，在对于激发乡村发展活力动力能力发挥重大作用的同时，并未能使农业农村面貌发生全局性、根本性变化，仅仅依靠外力的拉动、带动作用根治"三农"

问题难度加大。

中央大力支农惠农在对推动农业农村发展发挥重要影响的同时并未起到"四两拨千斤"的作用，仅仅依靠以城带乡、以工补农的外力拉动根治"三农"问题难度加大，乡村发展并不排斥外来现代化要素的注入与外力援助，但更重要的是要依靠乡村人民群众自身的能力解决民生问题。外部拉力与内生动力相结合，以输血增强造血功能，治理体系、治理能力、治理效能相统一。

唯物辩证法认为，事物的内部矛盾，即事物的内因是事物发展的根本原因。外部因素是影响乡村社区发展的外部条件，内部因素与内在能力是推动乡村社区发展的根本动力，乡村社区发展的内部因素与内在能力共同形成了乡村社区发展力。乡村社区发展力，就是由于乡村社区内部发展因素和内在发展能力不同而形成的乡村社区全面、协调、持续、和谐发展的水平、状态、能力、动力与活力。

乡村社区内部的人与自然资源等要素的聚合配置，形成社区内部发展要素。面对乡村资源要素持续流出，内生发展动力、活力、能力不足的现实，如何着重持续增强以人民为主体的乡村内生发展力，以党建引领持续提升农民组织化、知识化程度与水平，大力发展新型农村集体经济合作经济，打破行业、空间、体制等限制，进行资源要素集聚整合，不断增强拓展延伸产业链供应链价值链创新链的能力，不断增强治理体系转化为治理效能的能力，这是乡村社区发展需要解决的关键问题和重难点问题。

乡村社区内生性治理和服务能力主要是指乡村社区治理和服务体系转化为治理和服务效能的能力，是乡村社区干部群众运用和执行乡村社区治理和服务的相关制度体制管理乡村各方面事务，依靠自身力量实现自我组织、自我发展、自我治理、自我服务、自我教育、自我革新的能力等。乡村社区内生性治理和服务能力的形成和发展需要有相应的制度体制支持和经济文化支撑，法治、德治、自治相结合，经济、政治、文化、社会、生态相统一。乡村社区内生性自我发展、自我治理、自我服务的能力和水平，决定着乡村振兴和乡村治理的前景、进度和状态，也决定着城乡融合发展进程。

由乡村社区内部发展因素与内在发展能力共同构筑而成的乡村社区内生性发展力是由多种综合因素组合而成的。人与自然构成了乡村社区发展最基本的要素，在人与自然、人与人的交互作用中产生了乡村社区经济、政治、文化、生态发展的不同状态和能力。人的要素是推动乡村社区发展最主要的、最活跃的、最革命的因素，乡村社区的经济、政治、文化、生态环境等都是由以社区农民为主体的人来推动的、来进行的，人的因素渗透于其他各种因素之中，对乡村社区发展起着决定性作用[①]。乡村社区成员根据不同的思想理念，依托乡村社区资源，改造乡村社区自然和社会，进行生产生活的各种行为与活动，从而形成了不同的乡村社区发展景象。

影响乡村社区发展程度和状态的人的因素，主要是指社区成员推动乡村社区发展的能力因素，最主要的体现是乡村社区成员，特别是社区农民的组织化知识化程度和水平。农民组织化主要是指农民合作、协作、联合的程度与水平，乡村社区农民是以个体的力量、能力和状态，还是以群体协作的状态进行生产经营活动，参与社区事务，是呈现出自私自利、一盘散沙状态，还是互帮互助、合作联合形成集体合力和群体合力，关系到能否形成凝聚力、团结力、合作力。农民知识化主要是指农民的知识文化程度与水平，包括受教育状况、知识技能状况、思想观念、价值理念等。农民知识化表明社区农民推动经济社会发展的知识文化素质和能力水平，是主体样态的主要表征；农民组织化表明社区农民是以什么样的社会方式推动经济社会发展，是个体分散的，还是以团队群体的方式。农民组织化知识化程度与水平越高，认识世界、改造世界的群体能力越强。由此，在乡村社区发展中，农民组织化知识化程度和水平是推动乡村社区发展的各种要素中最具有决定性作用的人的要素；以农民组织化、农民知识化为主要内容的乡村社区发展组织力和乡村社区发展文化力，就成为影响乡村社区发展的两大最主要的发展因素和发展能力。

乡村社区发展组织力，主要强调社区发展中人的组织因素，特别是社区居民呈现出来的组织化状态，是组织化的人，还是松散的个体。"组织力"是指乡村社区农民因合作与协作而产生的群体合力，包括农民的组织化程度和水平，是推动乡村社区发展的能力和动力，即作用力、影响力、推动力等。乡村社区发展文化力，主要强调社区发展中人的思想层面、知识层面、价值观层面和精神层面的因素，主要指因农民的知识技能水平不同和思想文化观念不同而形成的乡村社区发展能力和发展动力、社区居民的受教育程度、知识文化程度、科学技术水平，以及管理运营能力和水平等。

---

① 郑有贵. 构建内生发展能力强的农村社区集体行动理论——基于发达村与空心村社区集体积累和统筹机制的探讨 [J]. 马克思主义研究，2017（12）：63-69.

依托不同的组织化知识化程度与水平,形成了不同的社区发展组织力、文化力,在乡村社区人与人、人与物的交互作用、动态演进中,进而又形成了乡村社区发展经济力、政治力、生态力。乡村社区发展经济力,主要强调社区发展中物的因素,这个"物"是相对于人与自然而言,是人为的物,是人化物,是介于人与自然之间的物,不是纯粹的自然物,也不是纯粹的自然人,但它们又是人生存发展所必需的"人造物"。乡村社区发展经济力,主要指农民根据一定的发展思想和理念,依托乡村社区资源,通过物质要素的聚合与变动,进行生产和再生产、创造财富和价值的能力和动力,是乡村社区居民获取生存发展物质资料的能力和水平①。

乡村社区发展政治力,主要是指乡村社区公共事务、公共事业的管理和治理能力,因公共事务、公共事业、公共服务的差别所形成的不同内在发展能力,主要强调社区发展中人与人、人与社会的关系问题,主要体现为通过社区规章制度等,处理和规制群体、集体、团体与个体之间的关系,以及社区居民内外部人际关系的能力和水平,集中体现在乡村社区发展服务力上,主要是公共组织和成员服务乡村社区居民和社区公共事务的能力和水平。

乡村社区发展生态力,主要是指因乡村社区发展的自然资源支撑和生态环境条件不同而形成的发展能力和发展动力,体现为因乡村社区的生态环境、自然资源等差别而形成的发展因素和发展能力,主要强调社区发展中自然生态因素,是非人为的天然的客观存在,却对社区成员推动乡村社区发展产生不同的影响力、推动力和支撑力。

综上可知,从人的要素出发,由乡村社区内部发展因素与内在发展能力共同构筑而成的乡村社区发展力是由多种综合因素组合而成的,人的因素是推动乡村社区发展最主要、最活跃、最革命的因素,主要体现为农民的组织化、知识化程度和水平。社区内部人的要素推动乡村社区发展所呈现出的能力、动力和活力,主要体现为乡村社区发展组织力、政治力、文化力;乡村社区物质要素的聚合与变动,以及资源的不同配置方式和状态,构成了乡村社区不同的产业发展态势、经济成分构成、经济发展能力等。由此形成了"乡村社区发展经济力"和"乡村社区发展生态力"。如图4-3所示。

---

① 程恩富,张杨. 坚持社会主义农村土地集体所有的大方向——评析土地私有化的四个错误观点[J]. 中国农村经济,2020(02):134-144.

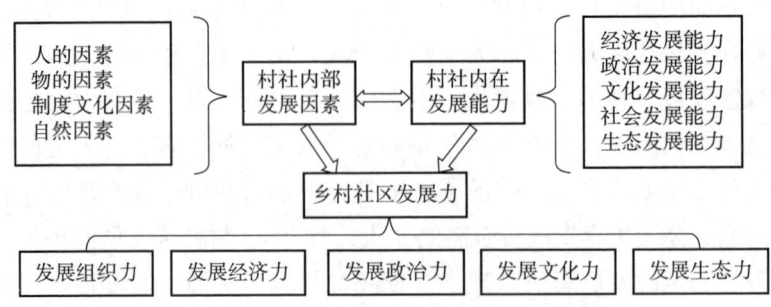

图 4-3　乡村社区内部发展因素与内在发展能力解构图示

以内生发展力为主体的乡村自治能力体系，是由多种因素综合演化而成的复杂系统，涵盖了组织力、经济力、政治力、文化力、生态力等多种要素，如图 4-3 所示。马克思指出，在劳动对象、劳动范围、生产工具、劳动者等生产力诸要素中，劳动者是最活跃最革命的因素，对生产力的发展起着决定性的作用。"最强大的一种生产力是革命阶级本身。"[①] 农民是农村社会生产生活的主体，在农村经济社会发展中起着主导作用，任何取代农民，依赖外界力量建设新农村的思想，都是不切实际、违背规律的。因此，我国"三农"问题的核心问题是农民问题。

从大的方面看，乡村社区发展主要表现在经济、政治、文化、社会、生态等方面，但是，乡村社区发展的所有这些表现，都是乡村社区成员，主要是社区农民所创造和推动的。乡村社区农民推动乡村社区发展能力的大小主要取决于其组织化和知识化程度与水平。农民的组织化知识化程度和水平不同，推动乡村社区发展的动力和能力不同，乡村社区发展就会呈现出不同的状态和景象。因此，在所有推动乡村社区发展的因素中，体现农民组织化知识化程度和水平的乡村社区发展组织力和发展文化力起着关键性作用。现实实践中，我国许多乡村社区所处地理位置并不优越，拥有资源并不丰富，甚至自然条件非常恶劣，可正是依靠农民组织起来，集中集体智慧，依靠集体协作与合作的力量，建设家园，发展成为远近闻名的富裕村[②]。当然，如果自然条件不好，哪怕其他外在条件较好的乡村社区，村民一盘散沙，乡村社区

---

① 马克思，恩格斯. 马克思恩格斯选集：第 1 卷 [M]. 中共中央马克思恩格斯列宁斯大林著作编译局，编. 北京：人民出版社，2012：274.

② 侯亚辉，罗玉辉. 中国农村土地坚持集体所有制的必然性与必要性 [J]. 海派经济学，2017，15（02）：76-87.

人、财、物等持续流出，也难以形成推动乡村社区发展的动力和能力，进而导致乡村社区发展萧条衰败，最终消失或被合并。

乡村社区发展组织力、经济力、政治力、文化力、生态力等这些发展因素的解构，包含从乡村社区人的因素出发，形成的人与人、人与社会、人与自然的关系，进而形成不同的乡村社区发展能力和态势。这些因素的解构，反映和体现了在行政力量、自治力量、自我力量、群体力量、自然力量、物质力量、精神文化力量等不同要素与因素之间复杂演化的进程中，国家、社会、市场与乡村社区内部因素的融合、渗透和重组，进而呈现出乡村社区发展的内在张力与外在拉力。

"随着新生产力的获得，人们改变自己的生产方式，随着生产方式即谋生的方式的改变，人们也就会改变自己的一切社会关系。"① 在乡村社区发展的所有因素中，经济因素是决定性因素，乡村社区发展经济力对乡村社区发展起着决定性作用。不同知识文化水平和不同发展理念的农民，以不同的组织化程度和方式，依托乡村社区资源，改造乡村社区，发展乡村社区，形成了乡村社区物质要素的聚合变动，形成了不同的资源配置方式和状态，进而形成了不同的生产经营方式、经济成分、产业结构等，为乡村社区成员的发展和乡村社区的发展提供物质基础。

乡村社区发展文化力、政治力属于上层建筑范畴，起着领导性和指导性的作用。乡村社区发展文化力、政治力反映着乡村社区发展组织力和经济力，由乡村社区发展组织力和经济力所决定；同时又对乡村社区发展组织力和经济力起着反作用，主导和制约着乡村社区发展组织力和经济力，为乡村社区发展提供精神动力、智力支撑和思想文化基础。

生态资源是乡村社区赖以存在和发展的前提和基础，发展生态力对乡村社区发展发挥着基础性作用。没有乡村社区发展生态力作基础和支撑，乡村社区的一切发展都会归于零。能否保护好、利用好乡村社区生态环境和自然资源，关系到能否实现乡村社区经济与社会、人与自然持续和谐健康发展。

在人与自然、人与人的交互作用中形成了乡村社区经济、政治、文化、社会、生态发展的不同状态和能力，产生了乡村社区发展组织力、发展经济力、发展政治力、发展文化力和发展生态力。这些发展因素和能力不是截然

---

① 马克思，恩格斯. 马克思恩格斯选集：第1卷 [M]. 中共中央马克思恩格斯列宁斯大林著作编译局，编北京：人民出版社，2012：222.

分开、独立运行的,更不是单独作用于乡村社区发展的,它们是紧密联结、交互作用、相辅相成、缺一不可的有机统一体,共同推动乡村社区发展(见图4-4)。

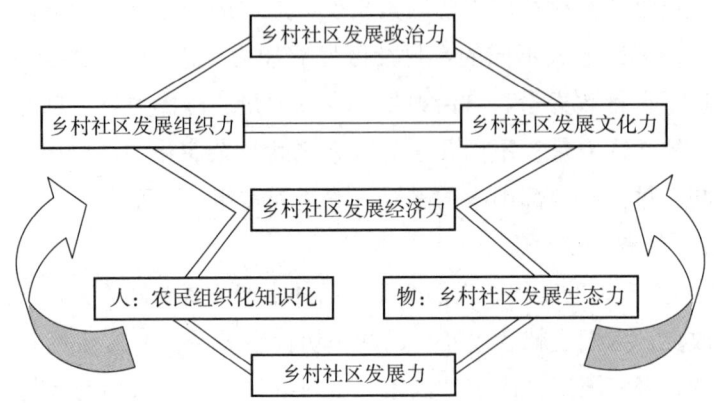

图4-4 乡村社区发展力构成要素内部联系图示

(二)乡村社区发展力的衡量标准与实现机制

乡村社区是村民生产生活、繁衍生息的固定场所,人与人之间具有更多的守望相助,具有更多的邻里亲情和故土乡情。作为乡村振兴的基础单位,乡村社区发展力决定着乡村经济社会的发展状况,决定着乡村振兴战略的具体实施情况。分析和解构乡村社区发展的内在因素、内驱动力、发展能力,进而揭示乡村社区发展的内在规律与内部联系,以更好地认识和驾驭规律,推动乡村社区经济社会的发展进步。依据前述要素结构分析,本部分分别从乡村社区发展组织力、乡村社区发展文化力、乡村社区发展经济力、乡村社区发展政治力、乡村社区发展生态力五个方面提出衡量乡村社区发展力的指标类别和衡量标准。

(1)乡村社区发展组织力,主要体现为乡村社区农民组织起来对乡村社区发展所形成的作用力、影响力、推动力。这里的"组织",是指以乡村社区农民为主的社区居民出于共同目的、共同利益、相同诉求而相互协作、合作形成群体或集体。衡量乡村社区发展组织力的大小强弱,主要是乡村社区农民在发展经济、文化、政治,以及处理社会事务、公共事务、建设家园的过程中的组织能力和水平,包括凝聚力、团结力和协作力等方面。

一盘散沙的个体农民组织起来,形成集体协作的合力,需要物质基础和经济支撑,并更大更好地获取经济收益,增强乡村社区经济实力。农民组织起来，能够获取比分散个体进行经济活动更多的经济利益，才有价值，才可以不断持续。乡村社区农民能否组织起来，首先看是否有需求和能够获取更多的收益，是否具有共同经济利益，由此，在组织起来、团结起来发展经济过程中形成合作经济和集体经济。乡村社区集体经济、合作经济的发达程度和发展状况，决定着乡村社区农民的组织化程度和水平。否则，没有经济利益作支撑，乡村社区共同体必定会不断离散、弱化。当前，乡村社区发展经济组织力主要体现在土地集体所有基础上的集体经济与合作经济水平、乡村社区的利益分配和利益激励机制、农民的组织化收益等。

农民之间的利益分配和利益联结，是乡村社区农民能否持续组织起来的核心纽带。乡村社区利益共同体的形成机制，主要是指建立在农村土地集体所有制基础上的利益联结机制，包括社区利益形成与持续发展机制、利益分配机制、利益联结机制等。社区利益形成机制主要是社区农民创造财富，形成共同利益持续增加和增值机制。社区居民形成共同利益的来源多种多样，包括土地租金收入、土地流转费用、社区工商企业利润、农地非农使用的增值收益，等等。社区利益分配机制主要是指社区利益在成员之间的分配和再分配机制。分配和再分配是否公平合理，关系到公平与效率、个体与集体、个人与组织等方方面面的关系，关系到组织的激励约束和成员积极性创造性的发挥，关系到组织的盛衰兴亡。社区利益联结机制，是指社区成员之间在集体土地、共同利益、公共事务、公共事业、业余爱好和娱乐等方面，特别是利益形成与分配方面的联系与合作机制①。

乡村社区农民组织起来能够从事个体农民难以做到的经济活动，取得更大的经济收益，为乡村社区发展提供更加雄厚的经济支持②。提高农民的组织化程度，提升农民集体协作与合作的能力和水平，可以优化资源配置，在一定程度上改善农民在技术、信息、资金、社会关系，以及人财物等方面的相对弱势，突破传统的种养生产领域，拓展和延伸产业链条，形成规模集聚效应与效益，优化产业结构，推进从小农业到大农业的产业升级，增强产业发展能力和市场竞争力，从而实现物质要素集聚和增值，创造更多财富。社区物质财富创造和增值能力的经济衡量指标很多，在乡村社区经济力中再做叙述。

---

① 刘长明，周明珠. 共同富裕思想探源 [J]. 当代经济研究，2020（05）：37-47.
② 程恩富，张杨. 论新时代社会主义农业发展的若干问题——以马克思主义及其中国化理论为指引 [J]. 内蒙古社会科学（汉文版），2019（05）：15-22.

农民组织起来不仅需要经济支撑和物质基础，还需要思想引领、精神动力、智力支持、文化支撑。具体主要包括乡村社区成员是否具有共同的发展理念和价值观念，是否有先进的组织文化、组织发展愿景和目标，是否有科学合理的管理方式、管理制度、管理文化，组织成员的知识文化水平等。组织由人财物、机构设置、岗位职责、规章制度、组织文化、运营管理等要素构成，需要一定的组织管理成本和组织运营能力。乡村社区发展的组织运营能力和水平主要是农民组织起来的运营管理水平，包括计划、规划、管理、协调、组织、控制、监督、激励等方面的能力和水平。农民组织起来推动乡村社区发展在运营管理方面的体现，主要包括农民组织是否有科学合理的发展战略、方案和举措，是否有较好的人际关系与合作，是否有科学合理的分配机制和激励约束机制，是否有经营运作、持续创造财富的能力，是否有良好运转的组织管理和规章制度，尤其是需要有好的领导班子和团队，是否有高水平的组织领导，是否有自我更新、自我纠错机制，是否有良性循环再生机制，是否有核心领导层的良性交替培育机制等。乡村社区领导干部的选拔、任免、监督、履职等情况，成员参与乡村社区事务和表达利益诉求的渠道平台等方面的体制机制，关系到社区成员组织起来的治理状况和可持续健康发展。

（2）乡村社区发展文化力，主要体现为乡村社区农民的知识化程度与水平，主要包括农民的受教育程度、知识技能状况、精神文化生活、发展理念、价值观念、精神信仰、道德水平、娱乐休闲、风俗习惯、风土人情、民间工艺等方面，是乡村社区社会文明程度的主要标志，是村民推动乡村社区发展的文化内核和精神力量。

乡村社区文化是乡村社区居民长期生产生活积淀形成的观念形态的内容，在促进人的全面发展中具有独特的作用。先进的乡村社区文化可以开阔农民的视野和眼界，提升农民知识技能、文化素养，丰富人们的精神世界，满足人民群众的文化需要。乡村社区文化对于提升社区居民的知识文化程度和水平，提升劳动者素质和技能，具有不可替代的作用和重大影响，为乡村社区发展提供精神动力、思想指导、理念指引、智力支撑，对乡村社区发展具有更为持久的影响力。

乡村社区文化作为乡村社区经济社会发展水平的积淀和反映，具有较强的持久性、延续性、乡土性和区域性等，源自乡村社会的发展传承，源自生产生活的社会实践，主要受制于生产力水平、生产生活方式、生产关系、社会关系，也更多地受到区域文化传承、地理条件、自然环境的影响。一方水土一方人，几乎每个乡村社区都有自己不同的"风水"和"村情"。中国农村地域广阔，风俗习惯、风土人情等千差万别。

乡村社区文化是农业文明、乡村文明的缩影和具体展现，更多地传承了中国传统文化，是中华文明的根，具有自身独特的属性和发展特质。乡村社区文化传统和价值理念得到乡村社区大多数社区居民的普遍认同和接受，甚至会世代传承，对乡村社区发展形成持久的推动力。乡村社区作为熟人社会和半熟人社会，道德舆论对于人们行为具有更大的约束力和影响力。乡村社区发展文化力不仅具有很强的经济价值，而且具有很强的社会价值、政治价值，是增强社区居民凝聚力、团结力，促进乡村社区社会和谐发展不可或缺的因素。乡村社区文化的形成取决于多数居民的普遍接受、认同和遵循，进而才会形成社会风气和传统。

乡村社区发展文化力的差别，主要体现在农民知识化程度和水平的差异、社区成员受教育程度的差异、道德水平的差异、思想观念的差异、乡村社区精神文化生活和价值观念方面的差异、文化娱乐方面的差异、体育卫生事业方面的差异、婚丧嫁娶等社会事务的习俗，以及民风民俗等方面的差异，是否有良好的教育文化事业、丰富充实的文化娱乐生活、公共卫生体育事业等。

（3）乡村社区发展经济力，主要体现为乡村社区经济持续健康发展的能力、动力和活力。乡村社区作为特定区域农民生产生活的社会共同体，生产方式、经营方式、生产资料所有制形式等不同，农民组织化知识化程度和水平不同，经营管理能力和水平不同，乡村社区经济发展力就不同，实现乡村社区资源的集聚和优化配置，拓展和延伸产业链条，发展农产品深加工以及非农产业，推进规模经营、产业结构优化升级、提升经济发展竞争力的能力也就不同[①]。一般情况下，乡村社区的产业结构以涉农产业为主，或者以涉农产业为起点拓展延伸而形成。比较发达的乡村社区呈现出产业融合发展的态势，人口、资源、产业等聚集度高，农业现代化程度高、产业融合度高，社区成员利益联结更加紧密。

衡量乡村社区发展经济力的指标，主要包括财富创造能力、价值增值能力、持续发展能力、创新发展能力、社区居民生活水平等，涵盖生产、交换、

---

① 冯道杰，程恩富. 从"塘约经验"看乡村振兴战略的内生实施路径[J]. 中国社会科学院研究生院学报，2018（01）：22-32.

分配、消费、储运等各个环节，包括生产方式、生产关系、生产工具、产业融合度及其现代化水平等。财富创造能力，主要是指乡村社区成员生产和创造工农业产品的能力，主要包括农林牧副渔业、农产品深加工和非农产业产品的产出数量、质量。价值增值能力，主要是指乡村社区创造和生产产品带来的经济价值及其增值情况。持续发展能力，主要是指乡村社区经济发展是否全面、协调、健康、可持续，能够做到经济与社会、人与人、人与自然的和谐发展、科学发展。创新发展能力，主要指乡村社区经济发展创新能力，是否有前景和生命力，是否能不断创新。衡量社区居民生活水平的指标很多，主要包括收入情况、购买力、消费能力、收支情况、幸福指数等。

（4）乡村社区发展政治力，主要是乡村社区农民管理和治理公共事务和公共秩序的能力，包括规章制度、法律法规、村规民约、风俗习惯、文化观念、价值理念、伦理道德等因素，更侧重制度因素。乡村社区发展政治力大小的衡量主要看乡村社区农民掌握公共权力、发展公共事业、稳定社会秩序、治理公共事务、提供公共服务的能力和水平，集中体现在乡村社区公共权力运行能力、公共服务能力和社区治理能力三个方面。

乡村社区公共权力运行能力的衡量主要表现为：①能否建立代表和反映大多数农民群众利益的乡村社区公共权力体系；②乡村社区公共权力的产生、运作、监督、更替，包括决策、执行等是否能够有广大农民群众的真正参与，真正反映大多数农民群众的利益诉求；③乡村社区公共权力是否能够增加农民掌控的社会资源；④乡村社区公共权力能否增强农民掌控乡村社区社会资源的能力，提升农民组织化知识化程度和水平；⑤乡村社区公共权力加强基础建设，发展公共事业的能力；⑥乡村社区公共权力增加农民收入和社区福利，提升农民生活幸福指数和满意度的能力；⑦乡村社区公共权力为社区农民生产生活和社区发展提供服务的能力和水平；⑧乡村社区公共权力协调和化解分歧与矛盾，推进社会良性治理的能力；⑨公共权力自我纠错、自我再生的能力；等等。

乡村社区公共服务能力是乡村社区发展政治力与发展服务力的集中体现，主要是乡村社区公共权力服务社区成员的生产生活、服务社区社会发展的能力，集中表现在人的发展、社会发展、社区发展三个方面。

人的发展主要体现在：①人均寿命，包括婴幼儿死亡率、老年人口比例等。②社区成员的身体健康状态，主要指疾病和保健等情况。③教育水平，主要指受教育程度，以及终身学习情况；技能教育、职业培训、文化教育、思想教育等方面的情况;等等。

社会发展主要体现在:①居住条件与环境;②衣食住行条件和水平;③社区建筑;④人文景观;⑤社区成员的安全感、归属感;⑥生活幸福指数;等等。

社区发展主要体现在:①社区基础建设,主要是水、电、交通、通信、信息等基础设施建设情况;②社区公共事业的发展,主要是社区成员的教育、医疗、养老、社会保障、社区福利、娱乐休闲等公益事业发展情况;③人口和人才流动;④邻里乡情;等等。

乡村社区治理能力是乡村社区发展政治力的重要体现指标,就是遵循一定的规律和规则,对乡村社区社会秩序和公共事务进行处理。其手段和方法,既包括强制、行政、经济、法律、道德等,也包括协调、控制、协商、谈判、教育、讨论、说服等。乡村社区治理的好坏,主要体现在家庭生活、政治生活和社会生活三个方面。

家庭生活方面主要体现在:①家庭成员关系;②家庭收入;③家庭物质生活;④家庭精神文化生活;⑤遇到特殊的家庭困难和外来风险是否有组织、有渠道、有能力解决与克服;等等。

政治生活方面主要体现在:①对社区干部的满意度和支持率;②村民对集体事务的关心度和参与率;③社区集体公共组织的设置;④社区干部的任免;⑤社区成员对公共事务的影响力,主要是社区成员能否比较充分地参与到社区发展中来,意见建议和利益诉求能否有反映渠道;⑥干群关系;⑦党组织建设;⑧成员对党和政府的支持度;等等。

社会生活方面,主要是指社会和谐度,体现在:①人际关系,主要指人与人之间是自私冷漠,还是互帮互助;②社会事务和矛盾情况及其化解能力;③贫富分化;④犯罪率;⑤人与人之间的关联度高低;⑥打架、骂街等不文明行为的发生情况;⑦社会道德水平;等等。

(5)乡村社区发展生态力,主要是乡村社区发展中因自然资源支撑和生态环境条件不同而形成的发展能力和发展动力,集中表现为保护和利用自然资源和生态环境的能力和水平。生态是指生物之间、生物与周围环境之间的相互联系、相互作用。这里的"环境"指的是自然环境,是指与乡村社区发展相关的自然现象。

乡村社区发展的自然资源主要是指与乡村社区发展相关的、未经加工的自然物质,主要包括有形的生物资源、农业资源、森林资源、国土资源、矿产资源、海洋资源、气象资源、水资源等，还包括无形的光资源、热资源等。乡村社区发展的生态环境，是指与乡村社区发展相关的、影响社区成员生产生活的各种自然力量和条件，主要是指环境条件、地理位置和地形地貌等，包括气流、区域位置、气候、温度、降水、山地、沼泽、河流、湖泊，以及村容村貌等。我们把种养业的产品也作为一种自然物质，列为乡村社区发展的资源基础。

生态环境和自然资源是乡村社区发展的物质基础和自然基础，与乡村社区成员的生产生活息息相关。乡村社区发展生态力关系到乡村社区发展的可持续性，关系到乡村社区成员、城市居民的生产生活环境，甚至整个国家和民族的生态安全和农产品安全。农业生产和乡村社区发展对自然环境具有很强的依赖性，乡村社区生态环境的破坏有可能造成乡村社区发展不可挽回的损失，导致乡村社区发展的中断。同时，农业生产本身具有净化空气、水源等自然环境保护的作用，与城市工业的发展形成优势互补。乡村社区发展生态力的衡量指标，主要包括土地、水源、大气、矿藏等社区成员赖以生存发展的自然资源的保护利用情况，所生产的农副产品的安全情况，以及社区生态环境的保护美化情况等。

四、基于不同农业经营方式的乡村发展模式

（一）集体经营基础上乡村发展模式研究

农村集体经济是农民按照特定区域与产业组织起来，在生产资料共同所有的基础上采取合作经营、统一经营、股份合作经营等多种方式，以按劳分配为主体，多种分配方式结合，成员利益共享的公有制经济。新型农村集体经济在一定程度上实现了生产资料社会化占有，是中国农村公有制经济主体地位的重要组成部分，为社区发展、基础建设和社会事业提供物质支撑，是中国共产党在农村长期执政，实现人民当家作主和共同富裕的物质基础。我国要建设真正的社会主义新农村，必须以马克思主义及其中国化理论为指导，以中国共产党红色管理思想和智慧为主要原则和依据，坚持"公有制经济基础+人民民主+社会主义价值观教育"的主体制度框架和社会发展趋向。

1. 发展集体经济基础上村企一体化的乡村发展模式

改革开放以来，多数村庄以家庭个体分散经营为主要组织形式，集体层

面统一经营缺失或者虚置，个体私营经济逐渐占据主导地位，成为分散化程度较高的"分散型村庄"。然而，正如在集体化时期也有单干和包产到户的个案一样，以江苏华西村、河南南街村及刘庄村等为代表的一些村庄根据本地实际，在群众支持下，继续坚持集体经营，较好地保留和运用了人民公社体制下的丰富遗产和有利条件，依靠集体协作与合作的力量，较早地发展第二、第三产业和现代农业，大力发展村庄集体经济与合作经济，大力发展乡村公共事业，建设美丽家园，提升社区福利，走上了共同富裕道路，形成了典型的"集体化村庄"。

华西村、南街村、刘庄村等集体化村庄集体经济发展起步较早，公有化程度较高，发展水平与实力也相对更高。这些村庄大多由有奉献精神的社区领袖发挥着社区农民组织者、领导者的作用，他们具有集体主义和无私奉献精神，有较强的经营管理能力，顺应短缺经济环境下市场化改革浪潮，组织社区农民整合资源、艰苦创业，协同推进农村工业化、城镇化和农业现代化，依托集体经济发展乡村社会事业，加强基础建设，提升社区福利，在村企一体化的基础上改造小农社会，使农村面貌发生了翻天覆地的变化。

这些村庄的农民在村庄精英的带领下，不断适应市场环境，引入合作制、股份制、公司制等因素，努力探索新形势下农民组织化和社区集体组织发展的新机制，降低社区治理成本，增加社区集体积累，提高人民生活水平，不断探索适合社区实际的新型社区治理机制和管理体制。南街村在高度公有化和广泛实行供给制，保证村民广泛福利的基础上，创造了"外圆内方"的独特管理方式。华西村在市场化改革大背景下，坚持以集体经营、集体经济为主的同时，采用了许多灵活变通的措施，进行组织内部的若干制度创新与管理创新，更重视个人的激励机制，更重视从管理者、技术人员、职工个人利益出发来关心企业和村集体的发展。

村庄企业化就是通过企业形式将农户有机地联系起来，主要形式包括吸纳农民组建股份合作制企业，在农业产业化中吸纳农民参与农工商综合体以及发展乡镇企业等，把农户纳入自己的生产经营链条中来。不同于私营和个体经济组织，这些集体化村庄的集体企业带有更多的社区属性，在资源共有的基础上较多地承担了社区责任和社会责任，为社区福利和公共事业建设提供了支持，村民的幸福指数和安全感、归属感较强，以共同利益为基础形成强烈的社区内聚力、向心力，村庄社会与集体企业融为一体。

这样的村企一体化的集体化乡村发展模式也存在风险和有待完善之处，

主要集中在以下几个方面:

社区领袖和领导群体的激励约束问题。集体经济组织利润分配制度不完善,村干部作为集体组织负责人无法从发展集体经济中得到工资和奖金之外更多的物质激励,而信仰、精神和道德动力具有较大的不确定性、不稳定性。同时,村干部处于国家行政体系末端,缺乏自上而下的有效监管和考评约束,分散的个体村民没有组织载体和能力监督乡村干部,因此,在"上无约束,下无监督"的情况下,村干部对集体资产的处置经营具有较大的自由裁量权,容易引发集体资产流失与损失,产生众多"微腐败"等问题。这些作为社区领袖与领导群体的乡村干部掌控着大量的社区资源管理支配权和公共权力,只有在集体经济发展、民主政治建设、集体主义文化精神同步协调的情况下,特别是着力提升农民监督制衡的组织化力量与水平时,才有可能阻滞权力滥用与蜕化变质。否则,会导致通过"改制"等各种手段瓜分集体财产,集体经济异化为"干部经济""家族经济"等,甚至中断集体化村庄的发展进程。比如,天津大邱庄原党支部书记禹作敏,因为独断专行、滥用私刑等被判刑,致使大邱庄集体化发展进程中断。

集体经济发展质量与效益问题。集体化村庄能够可持续发展的关键因素,是村民加入村集体经济组织获得的收益大于离开村集体经济组织获得的收益。集体化村庄农民之间的协作是一种有组织的群体劳动,把分散的个体农民组成一个有凝聚力的团体,保持集体组织的良性运转,既需要集体企业在激烈竞争中持续发展壮大,也需要持续提升内部治理与运营能力和水平,特别是集体企业同时承担着更多的社区责任、社会责任、政治责任、生态责任,一旦集体经济发展质量与效益出现较大变化,难以给组织成员带来更多收益的时候,就会出现集体组织解体的风险。在市场竞争与产业竞争中,集体经济发展效益存在较大的风险与不确定性,而社区发展的费用和居民的生活保障却是长期的,集体化村庄的集体企业承担着更多的社区责任和社会责任,这就意味着集体企业不能垮台,也不能由个别人享有大部分集体企业的发展成果。在一旦从集体获取的收益下降,而离开集体能够获得更大利益的情况下,部分成员特别是有影响力的核心成员一旦离开集体组织,会给集体化村庄可持续发展带来冲击。

市场化大环境与发展走向问题。市场化大潮和一部分出于私利或者意识形态偏见的政治经济势力的影响,是影响集体化村庄能否持续发展的外界环境和重要外部因素。在市场化、私有化环境影响下,人的私心和自利性不断增强。一些人打着"改革改制"的旗号，打着向发达国家学习的旗号，通过所谓的"私有产权改革""私有股份制改革"等，谋取私利，以权谋私，化公为私，把集体资产贱卖、侵吞。更有甚者，一些集体经济发展较好的村庄，集体资产被某些资本财团和势力看中，蓄意通过一些手段把带领村庄发展起来的老支书赶下台，甚至以"涉黑涉恶"等名义会同地方势力，把巨额集体资产化为私有。

不断提升内部治理与运营体制机制问题。在集体经济、合作经济发展过程中需要不断探索公有制的有效实现形式，提升民主管理水平，防止滋生集权、腐败、资产流失等问题，要健全公司治理结构，斩断权钱交易的联系纽带，减少权力市场化的途径。股份制、合作制、股份合作制等都是公有制有效的实现形式，不断深化集体经济、合作经济产权改革，融合股份制和合作制等多种方式，完善激励监督机制。然而，作为农民出身的乡村带头人的能力、精力、实力是有限的，能否持续完善内部治理与运营体制机制，面临着巨大考验。特别是大多数村庄分地到户后农民的自利性越来越强，缺乏具有奉献精神的社区带头人，缺乏相应的民主监督制约机制和激励约束机制，在这些村庄重新组织农民发展集体经济难度非常大。因此，村企一体化的集体化发展模式并未得到大范围推广和效仿。

2. 完善集体层面统一经营基础上乡村发展模式

我国家庭联产承包责任制在现实执行过程中偏重强调家庭经营层次，强调个体经济和私营经济的发展，而忽视了集体统一经营层面和集体经济的发展。"统分结合"的双层经营机制实际上成为一种"有分无统""私多公少"的"农民个体经营"，许多农村社区集体经济组织形同虚设，服务功能和调控功能衰退，集体"名存实亡"，成为所谓的"空壳村"。[①]

据课题组在鲁西南农村的调查，大多数村庄集体收入渠道缺乏，虽然土地名义上还属于集体所有，实际上除了已经承包给农民的之外，村集体几乎没有什么公产，很多已经成为"空壳村"，甚至负债累累。集体化时代的集体资产和公共设施，无论是生产性还是生活性的，或分或卖，或被破坏，有的被干部或私人据为己有，有的基础设施无人管理，年久失修。原来的一些村办集体企业和社队企业由于权属不明，成为干部腐败、干群矛盾尖锐的原因，大多陷入困境。如 WKS、GW 村的窑厂曾经承包给个人，持续了一段时间，

---

① 王晓毅. 小岗村的悖论 [J]. 读书, 2004 (6): 91-94.

但也因为矛盾复杂，争来争去，效益日益下滑，再加上私人砖瓦厂之间的竞争，这两个窑厂也都已经被废弃。有的缺乏资源、资金、技术、人才等，不适合在农村发展，没有市场竞争力，亏损倒闭，如王庄村东北角曾有过的小钢铁厂也已经关闭，杂草丛生。

虽然农民承包集体的土地，实现了"耕者有其田"，但是，这种土地均分承包、分散经营、细碎耕作的小规模家庭经营与社会化大生产、大市场的矛盾日益显现。在家庭经营制度下，农业生产经营的小农经济特征明显，农业投资不足，基础建设滞后，农民增收困难，农业可持续发展能力受到影响；个体农民社会参与能力缺乏，农村社会事业进步缓慢。大量的劳动力滞留在狭小的土地上，造成农业生产的狭小化、细碎化、分散化，先进科技装备难以推广应用，农业比较效益低，农民增收难，社会参与能力不足，参与机会受到排挤。

温铁军教授认为，大规模推进农村乡镇企业集体资产的私有化改制，导致村社集体在其土地和资产的所有权实际上丧失的条件下，已经不可能再替代政府承担农村公共品的职能了。这样，按道理就应该由推进这种私有化改革的政府完全承担农村公共品的责任，实现彻底的城乡一体化，给农民以与市民同等的国民待遇。日本、韩国等小农经济国家就是如此，政府通过长期赋予大多数农民参与组成的综合性农协以"超国民待遇"，来维护农村稳定和农业的可持续发展。把与小农村社经济基础不可能适应的庞大上层建筑造成的过重成本，从以往迫使农民承担、引发对立矛盾，改为政府主动承担、弱化社会冲突。①

随着农村市场化进程的推进，农民生产生活的商品化和货币化程度大大提高，大量小农为买而卖，缺乏组织依托的个体农民，在市场信息、交易谈判中处于博弈弱势地位，在弱肉强食的市场竞争中承受着市场带来的竞争压力、利益流失等，"买难""卖难"交替出现。农村社会化服务体系不健全，产前、产中、产后服务滞后或缺失，产加销相互脱节，农业产业链高利润环节的利益流失严重，种养业比较效益低，农民很难分享到应得的发展利益，增收困难。

家庭联产承包经营实行的初衷是集体层面统一经营与家庭层面个体经营相结合，把集体优势与个体优势相结合，发挥二者的长处。相对于小农经济

---

① 温铁军. "三农"问题与制度变迁 [M]. 北京：中国经济出版社，2009：88，340-341.

而言，其最大新意在于在土地集体所有制基础上集体层面"统"的功能的存在；缺失了土地集体所有制，缺失了集体层面统一经营，农村重新回归个体小农状态，这绝非改革初衷。但是，现实实践中，农村土地集体所有基础上的承包经营变成了单一的家庭经营，致使集体层面统一经营缺失，乡村社区集体经济弱化。农业分散的家庭经营难以适应市场化、社会化、现代化发展要求，农田水利基本建设，农产品的运销和加工等许多环节仅仅依靠家庭是搞不了、搞不好的，或搞起来不经济，必须充分发挥集体组织在这些方面的作用，化解小生产与社会化大生产和外部大市场的矛盾，使农业取得规模效益。①

以山东寿光三元朱村、山东临沂代村等为代表的一部分集体化村庄充分发挥集体组织统一经营的功能与作用，基层党组织成为乡村社会发展的领导核心与战斗堡垒，完善统分结合双层经营的基本体制，不断增强村集体经济实力，为村民提供良好的服务，实现了集体与个体同步发展、家庭与社区共同文明。（参见案例18：总书记点赞的山东代村）

在集体层次上，集体经济组织代表社区农民管理集体资产，对集体资产进行统一经营，通过兴办企业，为农民提供生产服务、社会化服务等，和农户发生经济联系，在加强和完善村集体"统"的功能和作用的过程中，密切村民与乡村组织之间、农民群众之间，以及农民群众与涉农企业等其他单位和部门的联系，增进了农民群众之间的沟通与交流，增进了农民对国家政权的了解和理解，推进农民对乡村公共事务的关注度和参与度。社区集体组织能够最广泛地代表农民利益，在为农民生产经营和农村经济社会发展方面所发挥的作用远远大于农民专业合作社，它是为社区几乎所有成员服务，而不是仅仅局限于小部分专业农户。乡村社区集体经济实力对村集体提供"统"的服务和经营起着决定性作用。社区集体经济实力、社会化服务能力和乡村良性治理相辅相成、相互促进。

与直接发展集体经济基础上的集体化村庄不同的是，这类乡村社区依托主导产业或者区位优势等，发挥集体组织的主导作用，为农民家庭增加收入提供基础设施、产业引导、就业保障、社会服务，以及技术、资金、信息、市场等条件支持，解决农民"致富无门、增收无路"等问题。同时，社区集

---

① 冯道杰，王成利．完善集体层面统一经营与新型农业经营体系的构建［J］．河北经贸大学学报，2015（5）：99-104.

体组织发展自己的集体企业，集体企业收入主要用于社区集体事务、社区福利、公共事业、兜底保障等。这种发展模式的优点是社区集体与家庭个体共同努力，优势互补，相互依托，而且，并不需要像单一发展集体经济的乡村社区承担过多的民生责任和社区责任，而是提供相对较多的服务和保障。

3. 党支部领办农民合作社基础上村社共建模式

个体农户因资金、技术、信息、社会关系等方面的竞争弱势，在市场化背景下陷入博弈困境而沦为弱势群体；科层制政府体系面对千家万户的分散小农，治理成本高昂，由此，市场和政府面对"三农"问题呈现出"双失灵"困局。在这种情况下，农民合作社作为弱势群体的合作组织，集经济、社会、文化等功能于一体，是弱势群体联合形成有竞争力的市场主体和政府帮手的主要组织载体，能有效弥补市场机制和政府机制的缺陷。进入新世纪新时代，在市场经济竞争和产业竞争日趋激烈、农村资源要素持续流出的情况下，贵州毕节、山东烟台等许多农村通过党支部领办农民合作社的方式发展起来，依靠社区农民自身力量解决生产生活难题，实现了外部现代化要素注入与持续增强乡村内生发展力相互结合。本书把这种模式称为"党支部领办农民合作社基础上村社共建"模式。

贵州省塘约村 2014 年一场大洪灾后通过新的集体化合作化，经过短短两三年的时间，不仅实现了全部脱贫，由贫困村转变为小康村，而且基本实现了"产业兴旺、生态宜居、乡风文明、治理有效、生活富裕"，为现阶段实施乡村振兴战略、实现邓小平的农业"第二个飞跃"思想，提供了成功的典型范例。

贵州省塘约村是典型的山区传统农业村，辖 10 个自然村、11 个村民组，921 户 3393 人，耕地面积 4860 亩，人均约 1.43 亩。2014 年以前是国家级二类贫困村，土地撂荒率达 30% 以上。2014 年，一场百年不遇的洪灾让塘约人从贫困、灾害中奋起。穷则思变。塘约村在上级党委政府的大力支持下，依托村党组织、村委会、合作社"三套马车"共同发力，通过"村社一体、合股联营"等经营模式和管理模式，重新把农民组织起来，集体抱团发展。2016 年底，全村农民人均纯收入就由不足 4000 元提升到 10030 元，村集体经济从不足 4 万元增加到 202.45 万元，贫困户由 138 户 600 人减少到 25 户 92 人，走出了一条新时期深化农村改革、壮大集体经济、共同实现全面小康的崭新道路。① 塘约村短期内集体脱贫奔小康的发展之路引起社会的强烈反响，中国作家

---

① 贵州省委政研室联合调研组. "塘约经验"调研报告 [N]. 贵州日报, 2017-05-18 (05).

协会的王宏甲多次深入塘约村调研，出版了报告文学《塘约道路》。

塘约村在经济社会发展过程中注重突出党建引领作用，推行"党支部管全村、村民管党员"，建立党员积分管理制度，实行三级考评，完善村委会自身监督、监督委员会监督、村民小组监督"三方"监督制度。正是有了以村支部书记左文学为代表的甘于奉献、勇于担当，有能力、有头脑的带头人，有了"舍小家为大家"的共产党人，塘约村集体经济、合作经济才发展起来，才实现了集体脱贫，走上了共同富裕的发展道路。党员帮村民排忧解难，向党组织反映社情民意。村民对党组织的决策意图也能够及时了解，农民群众与党组织的联系越来越密切，心向一处用，劲往一处使，党员与村民打成一片。

集体经济带头人，是集体经济发展的领导者、组织者和掌舵者，能够较好地处理各类矛盾，具有较强的经营管理能力，在人民群众中具有很高的威望和威信。能否持续培育具有奉献精神、集体主义精神的核心领袖和领导班子，对集体经济的持续发展，提升集体经济组织的内部管理能力和水平起着关键性作用。持续培育和塑造能够带领农民实现共同富裕的领导梯队和领导团队，在坚持以公有制为主体的基础上弘扬集体主义文化传统，不断强化党的宗旨意识和社会主义信念。

塘约村在党组织领导下，通过各种形式把农民组织起来，大力发展集体经济、合作经济，形成了村庄发展的合力和内生动力。为了密切村党组织与农民群众的联系，塘约村设置了"村民组委员会"，相当于过去的村民小组，每15户农民可选举自己的组长，架起了与村党组织等沟通协调的桥梁。塘约村把党小组设在村民组上，负责落实党的方针政策，落实村党组织交代的任务。每个村民组既有党小组又有组委会，二者互相监督、互相支持，把党组织和人民群众紧密联系起来，从而充分发挥党组织和党员的作用。

塘约村以党支部为引领，在土地集体所有基础上成立了"合股联营、村社一体"的社区综合性农民合作社——"金土地合作社"。村支"两委"与合作社两块牌子、一套人马，鼓励农民以土地经营权入股、资金入股等方式联合起来，制定股权管理制度，建立股东个人档案，发放股权证书，入社土地由村集体统一经营。全村实行资金统一核算、土地统一规划、村干部统一使用、财务村务统一核算、农产品统一销售、美丽乡村统一建设、红白喜事统一操办"七统一"，更好配置全村资源，提高发展效率。① 塘约村综合性合

---

① 贵州省委政研室联合调研组."塘约经验"调研报告［N］.贵州日报，2017-05-18（05）.

作社等集体经济组织突破了专业合作社、"公司+农户"等发展模式的局限性，把全村的劳动力组织起来进行优化配置，推动了农村生产生活由分散式向集中规模化方式转变，村民从单打独斗的个体小生产转变为连片开发、机械化耕作、规模化经营的现代化大生产，增强了抵御自然和市场等各类风险的能力，提升了农民的市场谈判地位，降低了农业生产成本，增加了农业经营效益，形成村集体、合作社、农户强弱联合共同富裕的发展格局，使得村民与村庄构成利益共同体。

在上级党组织的引领下，塘约大胆开展农村集体产权制度改革，通过"确权、赋权、易权"，实现"资源变资产、资金变股金、农民变股东"，盘活各种资源，顺应市场经济发展要求，解决村庄发展所需资金和产权界定等问题，巩固了农村资源集体所有权，维护了农民土地承包权，放活了土地经营权。① 所谓"确权"，就是指"七权同确"，对村民的农村土地经营承包权、林权、集体土地所有权、集体建设用地使用权、房屋所有权、小型水利工程产权和农村集体财产权七项农村产权进行确权登记，明确村民是集体财产和村庄社会的主人，明晰了每户农民和集体资产的权益。②

所谓"赋权"，就是赋予农村产权更多的权能。塘约村落实安顺市平坝区相继出台的《平坝区"三权"促"三变"改革试点工作实施方案》《平坝区开展农村产权"确权登记颁证"试点工作方案》《平坝区森林资源资产抵押贷款管理办法》《平坝区金融机构精准扶贫金融服务实施方案》《平坝区"特惠贷"风险补偿金实施细则》等一系列配套文件，健全土地储备、产权评估、利益共享、风险保障、金融支撑等配套措施。③

所谓"易权"，就是把各项产权权能用于市场交易，盘活资产。为打通易权"梗阻"，塘约村引进金融机构入驻，建立村级金融担保基金，每年从村集体的利润分红中抽出20%作为村级金融担保基金，完善农信社、合作社、农户各方利益联结机制与风险共担机制，创新"金土地贷""房惠通""特惠贷"等信贷产品，引导农村经济组织、公司、专业大户、农户等产权主体通过各类产权抵押担保贷款，让合作社、村集体及农户抱团发展。④

塘约经验是让分散的资源聚集化、集体的资产市场化，再造双层经营"统"的功能，推进农民由"分"到更高层次的"合"，壮大了乡村集体经

---

① 王宏甲. 塘约道路［M］. 北京：人民出版社，2017：63-64.
②③④ 笔者2017年5月在塘约村实地调研。

济，增加了农民收入，增强了基层党组织的凝聚力和战斗力，是完善统分结合双层经营制度的成功尝试，是邓小平农村"第二个飞跃"思想的一个实践方向，走出了一条农村贫困地区依靠农民自身力量短时期内实现脱贫奔小康的改革新路。①

习近平总书记指出："要把好乡村振兴战略的政治方向，坚持农村土地集体所有制性质，发展新型集体经济，走共同富裕道路。"② "乡村振兴不是坐享其成，等不来，也送不来，要靠广大农民奋斗。村党支部要成为帮助农民致富、维护农村稳定、推进乡村振兴的坚强战斗堡垒。"③ "要充分发挥好乡村党组织的作用，把乡村党组织建设好，把领导班子建设强，弱的村要靠好的党支部带领打开局面，富的村要靠好的党支部带领再上一层楼。"④ 2018年11月，中组部、财政部、农业农村部三部委联合印发了《关于坚持和加强农村基层党组织领导扶持壮大村级集体经济的通知》（中组发〔2018〕18号）指出："充分发挥农村基层党组织的政治功能、组织优势，把党员、群众组织起来，有效利用各类资源资产资金，因地制宜发展壮大村级集体经济，建立健全符合市场经济发展要求的运行机制，确保集体资产保值增值，确保农民受益。"

山东烟台市委组织部响应党中央的号召，大力强化基层党建，以"好人+能人"的标准设置了"两委"成员候选人正面清单和"十五个不得""十五个不宜"的负面清单，储备了一批有情怀有担当、能干事不出事的党支部书记⑤。党支部领办合作社通过经济手段和利益联结，重建集体与群众的经济利益共同体，将党支部的政治优势、组织优势同合作社的经济优势以及群众的能动性相结合，由村级集体经济组织或者由村党支部成员（原则上由党支部书记）代表村集体注册成立农民专业合作社，村集体和群众以集体土地、资金、劳动力等入股，重新把分散的农民组织起来，集体与群众形成新的利益共同体⑥，整合社区资源，依托特色产业，因地制宜地发展规模经营、集约经

---

① 贵州省委政研室联合调研组．"塘约经验"调研报告［N］．贵州日报，2017-05-18（05）．
② 习近平．习近平谈治国理政：第三卷［M］．北京：外文出版社，2020：261．
③ 中共中央党史和文献研究院．习近平关于"三农"工作论述摘编［M］．北京：中央文献出版社，2019：193．
④ 中共中央党史和文献研究院．习近平关于"三农"工作论述摘编［M］．北京：中央文献出版社，2019：194．
⑤ 于涛．推行村党支部领办合作社促进乡村全面振兴［J］．农村工作通讯，2020（22）：14-15．
⑥ 于涛．新时代农业合作化道路必定越走越宽广：烟台"党支部领办合作社"的探索和体会［J］．经济导刊，2020（11）：26-31．

营、专业经营，多业态多功能开发发展，拓展延伸产业链供应链价值链创新链。截至 2021 年，烟台市已经有 3045 个村党支部领办合作社，占村庄总数的 47.3%，吸收入社群众 43 万人，带动集体增收 3.91 亿元、群众增收 5.01 亿元。[①]（参见案例 19：大山里的伊甸园）

山东有很多农村党组织带领本地农民组建合作社、发展集体经济的成功案例。山东济南长清区万德街道 MT 村地处泰山西北麓，三面环山，有着得天独厚的自然资源与地理位置，非常适合种植茶叶。由于村民个体种植茶叶规模小、销路不畅，与入驻村庄的公司合作，只能充当打工仔，绝大多数收益归公司。村"两委"调查发现，问题出在村内缺少加工环节，需要延长产业链，建立村民自己的茶厂。村党支部动员"两委"成员和村民以土地或资金入股，成立将军山茶叶合作社，逐渐完善产业链，形成济南本地茶叶品牌——马套将军山茶。以茶产业为平台，以农耕文化为纽带，串联起周边村庄，组建党建联合体和利益共同体，通过"党支部领办合作社+资金股东+房屋股民"方式整合资源，"文农旅商"有机结合，成立了将军山旅游合作社，打造独具田园特色的乡村民宿，开辟了农耕文化体验区，打造集观光、研学、培训、休闲、养生、度假等功能为一体的美丽乡村示范线路——齐鲁 8 号风情路。还通过"党支部领办合作社+电商平台"等模式，同时线上销售泰山板栗等农副产品以及旅游纪念品。

（二）家庭经营基础上乡村发展模式新探索

中国人多地少的基本国情决定了全国范围的适度规模经营短期内实现难度很大，土地集体所有基础上的家庭承包经营保证了农民之间的基本公平和机会平等，为社区农民群众提供了底线民生保障和生存保障，保持了农村社会的长期稳定和谐，并且以老人、妇女为主要劳动力的农业农村支撑了中国农产品供应与粮食安全，成为中国现代化的蓄水池、稳定器、安全阀。我国农村地域辽阔，情况复杂，绝大多数地区家庭经营依然是农业生产最主要的生产经营方式。关于在家庭经营基础上如何增加农民收入和社区集体经济实力，解决社区民生困难与问题，现实中也涌现出许多值得借鉴总结的实践模式。

1. 新型经营主体与乡村发展交互促进模式

许多不愿种地、无力种地的农民把土地流转给愿意种地的经营主体，还

---

① 江宇. 烟台纪事：党支部领办合作社之路 [M]. 北京：人民日报出版社，2021：1.

有一部分农民为了克服农业弱质、农户弱势等问题，实现小农户与大市场、大生产的有效衔接，成立了多种形式的农民合作社，从而在农村出现了多样化适度规模经营与合作经营、家庭经营并存的局面。顺应这种趋势，在确保农民土地承包权的基础上国家出台了土地流转的相关政策，特别是实行了"三权"分置改革。在此基础上形成了与过去家庭经营农户不同的新型农业经营主体，主要有家庭农场、农民专业合作社、涉农企业等，为了有一个良好的生产生活环境，这些经营主体也承担了部分社区责任与社会责任，形成了多样化适度规模经营与乡村社区发展交互促进的局面。

农村人口减少是工业化城市化进程的一般规律。伴随着农村劳动力外出务工经商，早在20世纪80—90年代就已经出现农民把承包土地流转给亲邻耕种的现象，大多数村民为了给自己留条退路，把土地流转给自己信得过的亲邻，保留土地承包权，转让经营权，以便自己回老家时随时能要回土地。有的是象征性地得到点农产品，有的是给点钱，有的血缘关系比较近的，就让亲邻"白种"，无须给什么回报。甚至有的承包户找不到合适的人耕种，就荒废了承包土地。随着外出务工经商人数的增加，越来越多的农村人口流入城市，已经无力耕种，或者不愿耕种承包土地，一些种植大户等经营主体流转承包耕地，形成新型经营主体。

为了规范土地流转，适应农业农村土地承包经营中出现的新情况新问题，2004年，国务院颁布《关于深化改革严格土地管理的决定》，明确了关于"农民集体所有建设用地使用权可以依法流转"的规定；2005年，农业部发布了《农村土地承包经营权流转管理办法》。2014年，中共中央办公厅、国务院办公厅印发《关于引导农村土地经营权有序流转发展农业适度规模经营的意见》，鼓励发展土地流转和适度规模经营，要求五年内完成承包经营权确权工作。2021年，农业农村部又颁发了《农村土地经营权流转管理办法》，强调土地流转应"坚持农村土地农民集体所有、农户家庭承包经营的基本制度，保持农村土地承包关系稳定并长久不变，遵循依法、自愿、有偿原则"，土地经营权流转不得损害农村集体经济组织和利害关系人的合法权益，不得破坏农业综合生产能力和农业生态环境，不得改变承包土地的所有权性质及其农业用途，确保农地农用，优先用于粮食生产，防止耕地"非农化""非粮化"，要把握好流转、集中、规模经营的度，流转规模应当与城镇化进程和农村劳动力转移规模相适应，与农业科技进步和生产手段改进程度相适应，与农业社会化服务水平提高相适应。

为了解决谁种地、如何种等问题，党的十八大以来，党中央强调发展家庭农场、农民合作社等新型农业经营主体。大多数家庭农场主懂技术善经营，愿意立足农业农村获得体面生活，有着较为先进的经营理念、较为雄厚的资金实力，能够推动先进科技在生产中的推广应用，同时，通过组建农民专业合作社、组建股份合作制企业等方式实现大户之间的强强联合，并且通过契约合同等方式带动小农户，也增加部分小农户的收入，进而成长为农村经济社会发展的中坚力量，成长为"新农人"，推动我国农业农村现代化进程。

农业税费的减免激发了部分农民，特别是种田能手、种植大户的种田积极性，家庭特殊情况等原因无法外出务工经商的农民，也希望通过流转土地适度规模经营能够从种养业获得不比外出务工经商低的收入水平。他们有着改善农业农村生产生活条件与环境的强烈要求，希望在农村能够得到不错的子女教育、养老、医疗、基础设施等公共服务条件。通过加强党性教育、知识文化培训等，可以使其成为愿意带领村民共同富裕、推动乡村振兴的带头人。

家庭农场依然属于家庭经营范畴，仅仅依靠家庭成员的力量，缺乏资金、技术、信息等，在市场中力量和信息不对称，谈判地位低，无法适应社会化大生产和市场经济发展的要求，难以获取农业产业链延伸的效益，依然内含着小农个体经营与社会化大生产、小农户与大市场的矛盾①。解决矛盾的关键，是家庭农场需要通过联合与合作提升组织化知识化程度与水平，不断增强拓展延伸产业链供应链价值链创新链的能力。许多家庭农场主更愿意组建农民专业合作社，实现同类生产经营领域的联合与合作，把自己的产业做强做优做大。

2. 农业产业化经营与乡村发展交互促进模式

我国农业产业链条短，加工增值能力差，农户缺乏市场开拓能力，传统的小生产难以适应大市场的需要，在这种背景下，迫切需要外部力量打破小农生产方式的局限性，解决农户和大市场、现代农业的对接衔接问题。在市场化、社会化的经济环境中，单个农民的眼界、信息、知识、技术，以及经济实力等都十分有限，利用组织的力量，通过产业联合、互助合作等方式扩展个体理性的有限性，提升单个农民的协作力、集体力，是一种合理且必然

---

① 冯道杰，程恩富. 不同农业经营体系的构建与分散型村庄的未来[J]. 中州学刊，2015（1）：47-53.

的选择,"公司+农民""合作社+农民""公司+基地+农民"等不同形式的农业产业化组织模式应运而生。

随着市场取向改革的深化和分工更加专业化、细化,农业产业化经营能够在保持家庭承包经营的基础上,把农户、龙头企业等各利益主体有效联结起来,相互依存,优势互补,有利于扩展社会化服务,延伸和拓展产业链条,开拓市场,提高整体经济效益和社会效益。作为初级产品生产者的农民可以避免由于信息不通、渠道不畅等原因导致的市场风险;龙头企业则获得可靠、稳定的原料来源,并降低与单个农户的交易成本;社区集体也可以增加收入。农业产业化实质是通过不同形式,实现产前、产中、产后不同环节的多元利益主体在共同利益的基础上的联合,使农户作为现代产业环节中的平等一员,把农民与市场连接起来,带动农民参与社会化大生产的分工与协作,获得平均利润,提高营运效率和经济效益,使农业劳动者分享市场利润、产业利润,其关键是完善各类市场主体同农民的利益联结和分配机制,在农业产业化的发展中维护和发展农民的利益。[①]

我国传统农民组织一般都是在血缘、地缘基础上形成的,而农民产业化组织模式是在业缘的基础上,通过各种形式的联系与合作,在产业发展经营过程中,以产业为纽带组织起来的。农业产业一体化经营的形式,使农民组织起来进入市场,发挥组织协同和产业协同效应,与产供销企业联合形成一体化经营,与其他多元主体联合起来,形成利益共同体,生成聚合规模经济。龙头企业作为组织者、营运中心、市场开拓者、服务中心和信息中心等发挥着中枢作用,带动农户经营与市场相连接,把系统内的非市场安排与系统外的市场机制相结合,通过产销合同、加工运销等将农户及其产品集聚增效,由生产型组织向多元主体联合的新型产业组织转变。农业产业化将龙头企业发展成为统一经营层次的主体组织,对调整农业产业结构、扩大农村社会化服务、完善双层经营体制具有重要作用。

早在1993年初,山东潍坊率先提出了"确立主导产业、实行区域布局、依靠龙头带动、发展规模经营"的农业发展战略。随后,山东各地在发展"高产优质高效"农业,促进小规模农户与社会化大市场接轨,探寻农业自我积累、自我调节、自我发展有效途径过程中,从实践和理论上做了许多有益

[①] 张晓山,等.联结农户与市场:中国农民中介组织探究[M].北京:中国社会科学出版社,2002:24.

的探索。

农业生产分散弱势,农民组织化程度低,对突如其来的市场变化捉摸不透,无法抵御市场风险,"买难""卖难"时有发生,生产大起大落,农民损失惨重。农业比较效益低,农副产品与生产资料价格反差大,后续产业利益分配不合理,市场法规不配套、不完善,市场主体经济运行随意性大,加上信息手段落后,商品交换方式陈旧,市场交易费用大,中间环节盘剥严重,造成农民、农业经济利益大量流失,市场需求和价格波动不断出现。[①]

在市场经济驱使下,一些新的生产、加工、运销组合方式在潍坊应运而生,蓬勃兴起。诸城市以对外贸易企业为"龙头",将外贸、加工、养鸡等结合起来,形成贸工农一体化经营,带动了畜牧业、加工业和出口贸易的发展。寿光市以市场为纽带,发挥蔬菜种植面积大的优势,组建了大型蔬菜批发市场,带动蔬菜瓜果经济的更快发展。有的县市在农业经营中实施了股份制、合作制和股份合作制,组建了新的联合体,还有的发展一乡一业、一村一品的区域经济。这些组合方式是农业产业一体化经营的雏形,是解决小农户与大市场、大生产矛盾的有效途径。

潍坊市的做法得到山东省委、省政府的肯定,迅速在山东各地推广。农业产业化经营在改革农村生产关系和农村经济运行机制等方面具有的巨大推动作用,是农业和农村发展中极具活力的新增长点。产业一体化经营把农村第一、第二、第三产业有机结合起来,使农村三大产业拧在一起闯市场,给农村经济社会发展注入新的活力,促进了农业增产、农民增收和农村综合实力的发展壮大。在实施产业一体化经营的过程中,山东各地结合实际因地制宜地培植了一批典型,创出了各具特色的发展模式。

(1) 主导产业带动型。

主要通过政府的宏观调控,利用市场竞争手段,以多种经营起步,从发展一村一品、一乡一业入手,利用当地资源,发展拳头产品,建立生产基地,逐步形成区域性主导产业,进行规模化、专业化生产。菏泽定陶利用当地资源优势,建立了养殖基地,依托畜产品发展加工业,建立肉类、骨类、皮毛类加工企业群体,实行生产、加工、销售一体化经营,形成皮、毛、骨、肉综合利用,初加工、深加工相配套的加工体系。德州市把养殖业列为全市农

---

① 张晓山,等. 联结农户与市场:中国农民中介组织探究 [M]. 北京:中国社会科学出版社,2002:24.

村发展多种经营的主导产业,形成了"龙头带小区,小区连农户"的畜牧生产格局,全市农村大牲畜、肉牛、蛋鸡存栏量迅速增加,成为山东省新崛起的畜牧业强市。

(2)"龙头"企业带动型。

这种模式以实力较强的农产品加工企业为龙头,围绕一项产业或产品,实行产、加、销一体化经营,形成松散或紧密型的利益共同体,带动当地农村经济的发展。例如,诸城市对外贸易公司、诸城市西老庄的得利斯集团公司、兖州市①新兖镇的绿宝食品有限公司,都属于这一类。这种模式的关键,是要有一个好的龙头企业,在一个地区有重点地扶持一个或几个真正起龙头作用的企业,通过龙头带动与主导产业相关的行业的发展,把农民分散的生产与大市场有效地联结在一起。这种模式的主要特点一般是由企业与生产农户通过合同(契约)方式连接起来。现实中由于有些农民有时为眼前利益所动,违反合同而给企业带来损失;企业也时常为追逐利润最大化,对农产品压级压价,由此也带来一些经济纠纷。

(3)专业市场牵动型。

这种模式是引导农业步入产业一体化经营的松散形式,即围绕当地主导产业,从建立专业市场入手,开拓流通渠道,运用市场的导向作用,带动优势产业扩大生产规模,形成大规模的专业化生产。这一模式的典型是寿光蔬菜批发市场,从抓流通入手,依靠市场力量的推动,引导分散的小农户向新型生产方式转变。

寿光以蔬菜批发市场为龙头,引导带动当地的蔬菜生产专业化、规模化经营。流通渠道的打通,解除了农民卖菜难的后顾之忧。同时,市场对当地蔬菜的种植提出了更高要求,寿光蔬菜种植的质和量都得到提高。寿光蔬菜生产方式的革命不仅进一步带来了市场的扩大,也带动了当地相关蔬菜加工工业、服务业等第二、第三产业的发展,增加了劳动力就业,增加了农民收入,促进了城镇化进程。

(4)科技推动型。

这种模式是依靠科技对农业生产各个环节进行全面"武装",产生新的生产力,形成集约化的专业生产经营和产加销一体化经营。山东胶州市在种植、养殖基础产业上大力推广了脱毒栽培、管式拱棚、无公害蔬菜等十大农业高

---

① 2013年11月,撤销兖州市,设立济宁市兖州区。

新技术；莱芜市细胞组培中心，走"以中心为科技龙头，下连基地带农户"的路子，在全市建立良种繁育基地1333公顷，进行8个作物脱毒育苗，中心实际成为带动全市科技进步的龙头；临朐县果品公司运用生物技术成功地培育出脱毒果树苗木，在全县建立起1.33万公顷果树苗木生产基地，形成以科技为先导的农工贸一体化生产经营体制。①

(5) 契约组织模式。

契约组织模式，是龙头企业利用合同形式把公司加工、销售与农户有机地连接起来，农户通过与公司签订合同，通过契约、合同的方式使企业与农户形成利益联结，并进一步成为一个利益有机体。

产业一体化经营作为市场农业的新型经营方式，必然突破原有的计划经济管理体制和利益分配机制，形成一种全新的运行机制。山东各地在农业产业一体化实践中对利益分配机制、管理体制和宏观调控机制等运行机制进行了积极探索。按照大农业格局进行协调和改革，以农业生产结构的转变为动力，促进农民的合作与联合，提升农民组织化程度，建立农民与各市场主体紧密的利益联结机制，促进了农民与政府部门、企业和市场的联系，加强了农业社会化服务，对农村基层民主建设和乡村良性治理具有重大推动作用。小农作为生产者能否得到平均利润，是检验农业产业化成功与否的根本原则之一。在产业化经营中，农民只有以组织化的方式参与农业产业链的延伸，利益才能得到保障。

3. 乡村资本化再造与承担社区责任交互促进模式

资本是推进乡村振兴和农业农村现代化不可或缺的生产要素，资本逐利本性与资本要素集聚作用是一枚硬币的两面，要正确对待和发挥其在社会主义市场经济中的功能与作用，特别是在农村资本要素短缺的情况下，吸引资本等各类生产要素下乡，推动资源要素在工农城乡之间的自由流动、平等交换，这是城乡融合发展的必然要求。一些涉农企业或组织为了获取更多利润、原材料来源等，联合地方政府、社区组织，通过流转、租赁、托管等方式直接发展大规模资本雇工农场，地方政府招商引资搞活地方经济增加税收，获得发展政绩。涉农工商企业通过统一提供技术指导、生产资料、产品收购等社会化服务，使得农村成为生产基地或原材料来源地，在不触及家庭农户土地承包经营权的基础上，通过"企业+社区组织+农户"等方式，签订契约订

---

① 许毅，等. 三农问题研究 [M]. 北京：经济科学出版社，2006：111-120.

单和收购合同，也把部分利润作为一定的社区福利分享给相关农户或社区建设。①

资本雇工农场能够依托企业的资金、技术、市场等优势推动提升生产的规模化、组织化、专业化，私人资本获得经营利润，雇工获得劳动工资，原承包农户获得流转费用，推动农业农村现代化进程，但却割断了农业劳动者与劳动对象之间的利益联结，同时还要支付土地流转费用、雇工工资、农场监督管理费用等，单纯从事种养业的效益并不高，容易导致出现"非粮化""非农化"等问题，甚至会危及国家的粮食安全和农产品安全。② 这种方式也会出现企业嵌入社区难，与社区组织、农户打交道交易成本高，违约风险大等问题。

资本雇工农场的形成路径不同，在乡村社会治理中具有不同的表现与功效。私人公司化经营模式的形成路径主要有两种：一是由本地农户承包或流转较大规模的土地而形成；二是由外来资本下乡大面积流转和租赁农村土地而形成。在内生于社区的本地资本雇工农场基础上发展起来的本土涉农企业，相比外来资本更加熟悉和了解社区风土人情，融入社区的成本较低，与社区组织、农户之间有着更多的信任度和认知，有着更多的社区责任感，可以进一步与外来资本或组织合作，做强做优做大特色产业和优势产业。有些本土企业成为社区发展的"领头雁"，从利润中拿出一部分发展社区公共事业和基础建设，也更容易获得本地农民的支持和政府各类优惠政策的扶持。（参见案例20：得利斯集团的得利斯村；案例21：工业化带动城市化的山东烟台南山）

涉农企业资本属性不同会带来不同的社会治理效应与状态。资本作为生产要素的社会属性也是有区别的，国有资本、集体资本在一定程度上实现了生产资料社会化占有，是中国公有制经济主体地位的重要组成部分，是中国共产党执政的重要物质基础，是人民当家作主和实现共同富裕的物质基础，其逐利本性更多地受国家战略、党的方针政策、社会责任等的制约。从调研情况来看，通过与供销社或社办企业、信用社、国有企业、国有农场等国有资本主导的经营主体合作与联合，在乡村社区集体组织带领下推动农业农村

---

① 冯道杰，徐光平. 当前我国基于不同产权的主要农业经营方式分析［J］. 东岳论丛，2018（7）：114-124.

② 农业部经管司、经管总站研究组. 构建新型农业经营体系，稳步推进适度规模经营［J］. 毛泽东邓小平理论研究，2013（06）：38-45.

现代化，可以更大程度、更大范围地普惠于农民和乡村社区。

非公资本是我国社会主义市场经济的重要组成部分，是搞活乡村经济、推动更多生产要素下乡的重要场域，但也具有更强的逐利性和一定的剥削性。非公资本主导的雇工农场、农业企业等与普通农户是各自独立的利益主体，相互之间是一种利益博弈关系，分散的普通农户在博弈中处于弱势谈判地位，决定了其很难依靠非公资本带动大多数农民实现共同富裕。在中国宏观经济环境没有发生质的提升的情况下，发展大规模资本雇工农场，所能吸纳的劳动力数量有限，会造成大量失地农民，一旦这些农民失业后却又无法返乡获得生存保障，甚至危及社会稳定。调查表明，更多的农民宁愿要较低的，甚至不要土地流转费用，也愿意保留随时收回承包土地的权利，真正愿意把土地长期流转给大资本的人并不多。

根据课题组的调研，以及焦长权、周飞舟发表在《中国社会科学》上的文章，在资本下乡与政府合作对村庄"再造"的进程中，形成村企一体化的治理结构，公司逐渐替代了乡村基层组织成为社会治理的基础，公司联合地方政府共同经营村庄，村庄日益依附公司，大多数农民"被上楼"，承包土地"被流转"，就像一棵苗木被移栽到"社区"集中居住，与公司的联系集中体现在土地流转费用和少量的就业机会。公司流转了村庄土地后能够安排本地劳动力就业人数极少，很多承诺的社区福利也难以兑现，除极个别人，一般劳动力被安排到绿化、保洁等月薪很低的岗位。许多村民成为名副其实的"失地农民"，不得不选择外出谋生，再想返回家乡要回承包土地耕种难度非常大，与村庄的联系逐渐断裂[①]。失地农民一旦出现变故，无法找到合适的工作，就只能依靠土地流转费用，或者政府的救济等勉强维持生存。

公司依托地方政府的支持，通过社区组织和村干部，把农民集中到楼上居住，流转农民土地，大多进行乡村旅游、会议酒店、经济作物种植、规模化饲养、苗木栽培等规模化经营运作。因为种粮食的比较收益较低，用于主粮作物种植的耕地面积缩小，非农化问题也普遍存在。此外，还通过国家城乡之间土地"增减挂钩"政策，以乡村建设用地入市获取巨额的土地增值收益。公司一旦掌控了乡村土地等众多资源，就可以通过种种途径获取国家支农惠农的各类扶持资金。比如，通过设立农民合作社等方式与承包农户签订

---

① 焦长权，周飞舟. "资本下乡"与村庄的再造［J］. 中国社会科学，2016（1）：100-116，205-206.

合同，获取国家种粮补贴、农机购置补贴等各类补贴款，流转掉土地的农民几乎不再可能得到国家补贴。就连"农民上楼"，公司也可以通过申请农村危房拆迁补助金获得国家补贴[①]。

由于农业的生物性、季节性，以及农村基础设施滞后，农民人数众多等因素，对资本而言，再造乡村是成本高、收效慢、周期长的投资，一般的小资本难以承受成本压力、投资损失压力、政策风险、市场风险、自然风险等。外来资本若不具备一定实力和背景，想实现乡村再造与重塑，嵌入乡土社会难度非常大。资本下乡不是替代农民成为乡村的新主人，资本取代农民成为乡村振兴主体的"乡村再造"，会导致乡村振兴中农民整体性集体缺位，乡村不再是农民的乡村[②]。

推进农业农村现代化，既要积极利用、合理发挥资本作为生产要素的重要作用，特别是通过资本要素进一步集聚人才、技术、市场等生产要素从城市流入农村，扭转乡村资源要素持续单向流出的局面，又要加强对资本下乡和资本主导的各类涉农企业的规范引导、监督控制，防止野蛮生长，注重国家的农产品安全，以及生态安全、政治安全、社会稳定。正确处理和对待乡村振兴中资本下乡问题，还要处理好公有资本与非公资本的关系，坚持与以公有制为主体、多种所有制共同发展的基本经济制度相一致，发挥公有资本及其主导的企业、组织的主体作用，同时，积极引导、规范非公资本的经济活动，通过资本下乡、发展本地民营企业与承担民生责任、社区责任交互促进，为家庭经营农户提供农业生产资料、技术指导、产品收购等服务，带动更多农民增加收入。（参见案例22：资本加注下政产学研企共同打造"乡村振兴样板"——沂河源田园综合体）

在乡村资本化改造中，在资本主导下，处理好资本利益主体与广大农户的关系是关键。在工业化城市化市场化大潮中一盘散沙的个体农户力量微弱，无力抗衡工商资本与地方政府联合对乡村改造的冲动和能量。中国社会主义制度属性与中国共产党的宗旨又决定了资本和地方政府都会慎重考虑农民的诉求，在资本追逐利润、政府追求政绩、权力与资本联合改造乡村的进程中，打着"扶贫""振兴"等旗号，适度向农民让利，在保证土地流转费用的情

---

① 焦长权，周飞舟．"资本下乡"与村庄的再造［J］．中国社会科学，2016（1）：100-116+205-206．

② 谢小芹．资本下乡背景下的乡村振兴研究：基于"多利农庄"田园综合体建设的田野调研［J］．山西农业大学学报（社会科学版），2021，20（3）：1-8．

况下，还能给农民发放一定的福利金或者分红款。同时，企业和地方政府利用国家财政转移支付资金，加上吸纳部分企业捐助，改善乡村基础建设，发展社会公益事业，带动部分农民增收，承担部分民生责任和社会责任，相比于家庭个体经济，仍然会推动农业农村现代化进程，使乡村社会面貌发生较大变化。（参见案例23：乡村版迪士尼：黄鹿泉村）

从本质上来说，资本主导的村企一体化模式是工商业资本、金融资本在利益诱导下向农业部门的渗透，也是市场经济条件下现代生产要素、生产方式向农业领域渗透的结果。农民利用土地、资本、技术等入股，通过股份合作等方式将农民纳入股份合作制企业，将农业生产过程直接作为一个环节纳入企业生产经营循环体系中，对村庄进行公司化管理、企业化经营，实现内部利益一致性，优化资源配置，进而增强小农与各种利益主体相抗衡的力量，农民成为企业不拿工资的工人，把现代生产方式和生产要素带进传统农业领域和乡村社会，推动了农业结构调整和乡村社会现代化转型。

（三）合作经营基础上的乡村发展模式

新型农村合作经济是农村劳动群众通过多种形式自愿联合经营、联合承担经济责任和风险的经济形式，合作经济组织对社员提供供销、信用、生产等服务，对外则获取一定利润。没有相应的经济基础支撑，单纯的政治改革和上层建筑建设是苍白无力的。乡村治理中出现的种种问题，其重要根源之一是家庭经营基础上集体层面统一经营缺失，农村集体经济弱化，一盘散沙的广大个体农民沦为弱势群体。为改变在市场竞争、社会事务等领域的弱势地位，许多地区农民群众自发组织起来，联合与合作，成立各种形式的农民合作社，提高农民组织化程度和水平，增强了产业发展能力，提升了市场谈判地位，巩固了主体地位与作用。

1. 多种形式合作化经营与乡村发展交互促进模式

农民合作经济组织主要指以农民为主要成员，由农民相互联合与合作形成，在资金、购销、技术等环节开展互助合作的经济组织，是农民自我服务、自我发展和自我保护的一种经济组织形式。改革开放以来，为了克服家庭个体小规模经营与大市场和社会化生产之间的矛盾，我国农村合作经济的发展突破了"政社合一"的发展模式，出现了多种形式的合作经济组织。这些组织的发展大多是建立在家庭承包基础上，不改变现有的生产关系，不触及农民的财产关系。当前，农村合作经济组织在实践中主要表现为四种类型：协会型、专业合作社型、社区合作社型和股份合作社型。专业合作社和股份制合作社更倾向于经济合作，社区合作社与协会型农民合作组织更倾向于社会化服务。

农民协会是以农民为主体，按照自愿参与、互惠合作等方式进行互助活动的合作组织，是介于政府、市场、农民之间的民间性社团组织。协会型农民合作组织主要分为农民专业协会、行业协会、社会事务性农民协会、维权性农民协会和文化性农民协会等，分别侧重经济、政治、文化和社会事务等不同领域。农民专业协会是以技术能手为核心，把分散于农村的"土专家"组织起来，通过开展技术培训、科普宣传和技术示范、现场参观等多种形式，提高农民科技知识水平。农民行业协会是农民自愿组成，为会员提供产前、产中、产后服务，提高整个产业的整体效益，是一种服务行业的自愿性、中介性、行业性、非营利性社会团体。社会事务性的农民协会是为了在一定范围内围绕某项社会事务而开展社会性服务组成的协会性组织，比如老年人协会、红白理事会等。农民维权性协会主要是部分农民为维护自己在某些方面的权益不受侵害而组成的合作组织。文化性农民协会是围绕农民文化娱乐事务等由农民自愿组合而成的合作组织，比如农村妇女舞蹈协会等。（参见案例24：山东省宁津县引导农民协会和合作组织发展）

从各地实践来看，农民协会涉及农民生产生活的各个领域，提高了农民的组织化程度，对解决个体农民在生产生活中的困难，一定程度上缓解个体小生产与大市场的矛盾、与社会化大生产的矛盾等，对于改变农民在经济社会发展中的弱势地位，增强农民的主体地位，推进农村经济社会持续健康发展，实现乡村社会良性治理，具有重要作用。（参见案例25：山东省诸城市后官庄绿宝蔬菜协会）

农民专业合作社是一种劳动者的联合，将分散、弱小的农民组织起来，对外实行营利性经营，对内开展非营利性的自我服务或自我保护，是市场竞争中弱势群体的联合自助组织。农民专业合作社是在政府主导型组织缺位、农村社会化服务体系落后的背景下，在政府、市场、公司的夹缝中形成发展的，它既不像企业以盈利为目的，也不像政府部门提供无偿服务。农民专业合作社社员多是达到一定生产规模和商品量的专业农户，普通农户难以承担创建农民合作组织的成本，也缺乏合作的内在动力。实践中多数专业合作社由涉农企业牵头或涉农部门牵头组建，或由种养大户、能人等牵头，在各自专业化生产的基础上走向联合，组建合作社。① 农民专业合作社可以分为销售型、加工型、技术服务型、综合型、采购型等基本类型，具有多方面的功能。②

农民专业合作社提高了农民的组织化程度和市场谈判地位，推动了农业产业化经营的发展，推动了农业科技成果转化和应用，有助于从事专业生产的农户降低经济风险和不确定性，获得规模效益，降低交易成本，克服单家独户农民在生产生活中的困难等。

在专业合作社的基础上，有些地方把股份制与合作制结合起来，以承包土地、资金、劳动等入股，组建了股份合作社，在以按劳分配为主的同时，兼顾按股分红。这样的合作社具有更大的灵活性，与更多的市场主体联合与合作，有助于调动资金、技术等各方面的积极性。

以山西永济市蒲州和韩阳两个镇的农民设立的蒲韩乡村社区综合性农民合作组织为代表，有些地方的农民突破了专业合作的限制，为农民的生产生活提供全方位的服务，包括农产品运销、农资购买和消费品购销、有机农业种植和技术推广、信用合作、手工艺品生产与销售，以及健康服务、老年服务、社区教育、垃圾处理、农耕文化等多种功能，在带领农民共同富裕，拓展延伸产业链条，推进乡村社会事业和城乡一体化发展，实现乡村社会良性治理等方面发挥着重要作用。合作社发展的关键是确立和保持社员的主人地位，保障社员的管理权和监督权，坚持农民自由联合、民主管理、自主决策，为社员服务，切实保障农民的合法权益。农民合作组织不仅沟通了农民与市场，帮助农民更多地分享产业链收益，而且，有助于促进交往，增强农民的民主意识、合作意识、法治意识，提高了农民组织化程度，推动了乡村善治。

山西省永济市蒲州和韩阳两个镇的农民设立的综合性社区农民合作组织，缘起于1998年在蒲州镇寨子村建立的"科技服务中心"，2000年又建立了"妇女文化活动中心"。在当地党政主要负责人的支持下，2004年经民政部门登记注册为社团，正式设立了"永济市蒲州镇农民协会"。2005年，又成立了7个农民专业合作社。2007年，永济市薄州镇农民协会更名为"永济市蒲州镇果品协会"，包括28个合作社。

---

① 傅晨. 中国农村合作经济：组织形式与制度变迁［M］. 北京：中国经济出版社，2006：177-178.

② 傅晨. 中国农村合作经济：组织形式与制度变迁［M］. 北京：中国经济出版社，2006：194-195.

合作社由当地寨子村的小学老师郑冰发起，在一些学者专家支持下，从技术培训、休闲娱乐、环境清洁等开始，逐步组织农村妇女提升生活品质，到统一购销生产生活资料、生态种养、生活服务、土壤改良、资金互助等，发展成为横跨蒲州、韩阳2个乡镇，24个行政村和19个自然村，拥有经济、社会、文化的综合性功能的农民合作社联合体，成为生产、消费、分配、交换紧密联系的有机体，拥有大宗农产品运销、有机农业种植和技术推广、农资购买和消费品购销、手工艺品生产与销售、信用合作，以及老年服务、健康服务、垃圾处理、社区教育、农耕文化等多种功能齐备的综合性的"三农"协会，做到了农民共富、利益共享、城乡合作、社区稳定有序。2008年，郑冰把协会称作"蒲韩乡村社区"。2012年，联合多个专业合作社成立了联合社，围绕小农户的生产生活服务，从生态种养逐步发展到农产品加工、文化产业，特别是在保留传统工艺、土特产品等方面，取得了不错的成绩。①

2. 农民专业合作社与乡村社区发展交互促进模式

《中华人民共和国农民专业合作社法》规定："农民专业合作社是在农村家庭承包经营基础上，同类农产品的生产经营者或者同类农业生产经营服务的提供者、利用者，自愿联合、民主管理的互助性经济组织。"农民专业合作社以其成员为主要服务对象，提供农业生产资料的购买，农产品的销售、加工、运输、贮藏以及与农业生产经营有关的技术、信息等服务。

农民专业合作社以产业发展和经营业务为纽带，同类生产经营者联合起来闯市场，解决一家一户办不了、不好办、办不好的事情，实现了技术、信息、市场等共享与合作，提升了市场谈判地位，增强了拓展延伸产业链供应链价值链的能力，形成规模效益和增值收益，有利于增加成员收入，推动社区发展。

农民专业合作社为扩大生产经营和服务的规模，发展产业化经营，提高市场竞争力，依法自愿设立或者加入农民专业合作社联合社。这种联合是建立在一定经营领域、资金、规模、技术等实力基础上的强强联合与共享互助，对于家庭农场的经济效益而言，合作成本更低，合作收益更大，不像带领很多普通农户发展集体经济、合作经济，组织运营成本高、难度大。农民专业合作社或者联合社对于增加社员收入、缓解贫富分化、发展社区公共事业等

---

① 杨团. 他们成功组织起来了：山西永济蒲韩乡村社区的综合农协实践［N］. 南风窗，2013-03-29（08）.

也会有一定效果，特别是以强带弱的合作，会增加部分农民收入，增强农民的合作意识和现代经营理念。

江苏省盐城市盐都区秦南镇农业综合服务专业合作社现有成员101名，包括38个专业大户、32个家庭农场、1家农业龙头企业和30名自愿加入的农户，拥有各类大型农业机械30多台（套），设施设备等固定资产近1000万元，核心服务区域涉及秦南镇15个村，服务面积达16000多亩。合作社重点围绕农机、植保、粮食烘干、种植业全程托管等开展社会化服务，积极打造"合作社+农户+家庭农场+企业"的"四位一体"运营模式，合作社统一组织农事生产、农资采购和农产品销售，节约交易费用，分享农产品加工和流通环节的增值收益，对内服务成员，对外面向更多农户提供优质社会化服务。通过合作与联合，家庭农场依托合作社，与其他生产类型相同或类似的家庭农场组成利益共同体，开展专业化生产。企业凭借资金、信息、技术优势开拓市场，农产品由农户及家庭农场负责生产，合作社负责验级，之后由企业加工和销售。合作社进一步联合与依托供销社、信用社、工商企业，以及有关政府部门与下设机构，提供农机作业服务、统防统治服务、全程托管服务、农资直供服务、产品统销服务、保险金融服务，帮助小农户、家庭农场等与大市场、大生产有效衔接。"四位一体"的运营模式使企业可以专心搞市场、家庭农场专心搞生产、合作社专心搞服务，小农户的微力量聚合成发展产业的大动能[①]。

山东莒县汇丰花生专业合作社采取现金和花生作价入股相结合的方式，按照每股5000元现金入股，最多5股，也可以用同等金额的花生作价入股，吸引周边702户花生种植户入社，开展统一采购生产资料、统一耕地播种、统一肥水管理、统一病虫害防控、统一技术指导、统一收购销售的"六统一"服务，提高花生产量和质量，提高农户市场谈判地位，每亩增收300元左右。与史丹利等多家大型生产资料生产厂家合作，依托本县供销社农资配送网点和为农服务中心，为成员提供农资农药直供、测土配肥、技术培训等服务，与本地40多家加工厂合作，合理布局初加工、深加工、精加工流程，与鲁花、银鹭等大型企业签订合同，建立稳定的合作关系，并积极拓展外贸出口

---

① 全国农民合作社典型案例（2021）——家庭农场组建农民合作社［EB/OL］.（2022-01-25）. http：//www.hzjjs.moa.gov.cn/nchzjj/202201/t20220125_6387585.htm.

业务，加强市场对接和合作。①

（四）土地托管基础上的乡村发展模式

托管，顾名思义，委托管理。土地托管，即农民把承包的土地委托给另外一个主体经营管理。从托管主体的角度来看，就是受承包农户之委托提供农业生产经营服务。现实实践中早已经突破了单纯围绕承包土地进行种养环节的托管服务，而涉及了农林牧副渔各个领域，产加销储运等产前产中产后各个环节，更准确地讲，可以称之为"农业托管服务"。

在种地难挣钱、不划算的大背景下，农村青壮年劳动力大规模外出务工经商，农业生产劳动力趋于老龄化、妇女化，且呈减少趋势，乡村资源要素持续单向流出。老一代农业劳动力渐渐老去，新生代农业劳动力缺乏，特别是"90后""00后"青壮年劳动力不愿也不会种地，出现了空心村、空巢老人、留守妇女、留守儿童、土地撂荒等现象，"谁种地""如何种"，以及如何在确保国家粮食安全、农产品安全、生态安全、社会安全的基础上全面推进乡村振兴等问题越来越被提上日程。供销社、农机合作社、涉农企业等为不愿种地无力种地的农民开展土地托管服务，在不改变土地所有权、农民承包权的前提下，实现农业规模化集约化机械化生产，较好地解决了"谁种地、怎么种"等问题，很快得到国家有关部门认可，在山东等地得到广泛推广实践。

1. "托管服务主体+集体+农户"基础上的乡村发展

不同于土地经营权完全让渡的土地流转，土地托管是土地经营权细分后的优化配置②，是小农户在保留集体土地承包权、承包土地剩余索取权的基础上通过合约的委托代理关系，把承包土地经营权部分或者全部委托给相关主体③，推动农业适度规模经营，以农业生产服务规模化的方式实现了小农户与现代农业有机衔接④，解决家庭细碎经营问题，提高小农户组织化程度，有效

---

① 全国农民合作社典型案例（2021）——农民合作社开展多种形式联合合作［EB/OL］.（2022-01-25）. http://www.hzjjs.moa.gov.cn/nchzjj/202201/t20220125_6387573.htm.
② 胡凌啸，武舜臣. 土地托管的内涵与实现：理论剖析与实践归纳［J］. 经济学家，2019（12）：68-77.
③ 王颜齐，史修艺. 土地托管的形成机制、存在问题及对策建议：基于黑龙江省的实践案例［J］. 中州学刊，2021（2）：34-40.
④ 何宇鹏，武舜臣. 连接就是赋能：小农户与现代农业衔接的实践与思考［J］. 中国农村经济，2019（6）：28-37.

化解了小农家庭经营的现代化矛盾①，解决了农业谁承包、谁种地、谁服务等问题，实现了农民得实惠、企业得利润、国家粮食得安全。

土地托管服务是在家庭经营条件下解决乡村劳动力流出，土地撂荒情况下谁种地、如何种等问题而出现的一种农业社会服务方式。然而，单个农户需求、素质、家庭状况等千差万别、参差不一，农户承包土地细碎分割，交错分布，要把土地连片成块，托管主体才能便于机械化耕作，便于先进农业技术装备的应用，降低耕作成本，否则，托管就失去了意义。土地托管服务主体面对碎片化的乡村社会和原子化的农民个体，要满足众多农户的个体需求，分别与每户农民签订土地托管协议，交易成本、谈判成本、诚信成本、违约成本等非常高，而且，要了解和熟悉作为签约对象的每户农民，难度非常大，甚至不可能。每户农民的家庭情况、社会关系、个体需求、个人品德品行、诚信状况、经营能力等千差万别，复杂多变。而托管主体没有权利调整不愿意进行土地托管农户的土地，如果夹杂在托管土地中间，托管协议就很难达成。

但是，土地托管服务主体直接与亿万个体小农打交道存在着签约、执行、生产、市场等多重风险与成本，实践中遭遇嵌入乡村社会难，土地规模连片难，交易成本高，面临着自然风险、市场风险、政策风险、诚信风险等，单纯从事种植环节利润微薄②，且大多数利益被托管主体拿走，家庭农户从中获得的利益非常有限，带动农民致富，改变乡村面貌的效果并不明显。

解决上述问题，只有在上级政府支持下，依托嵌入乡村社会内部的集体组织，调整土地实现规模连片，协调交易纠纷和矛盾。社区集体组织对每家农户比较熟悉和了解，且作为体制内的公共权力组织，具有较高的权威性和信任度。现实实践中，大多数土地托管服务主体也是通过集体组织与千家万户农民打交道，先把农户承包土地和服务需求分类集中，然后再同集体组织签订委托合同，形成了"农户+集体组织+土地托管服务主体"的托管服务模式。依据《中华人民共和国农村土地承包法》第三十四条规定，经发包方同意，承包方可以将全部或者部分的土地承包经营权转让给本集体经济组织的其他农户。在这一模式中，集体组织充当了土地托管主体与个体农户的中介

---

① 孙新华. 村社主导、农民组织化与农业服务规模化：基于土地托管和联耕联种实践的分析[J]. 南京农业大学学报（社会科学版），2017, 17（6）：131-140, 166.

② 韩庆龄. 小农户经营与农业社会化服务的衔接困境：以山东省M县土地托管为例[J]. 南京农业大学学报，2019（2）：20-28.

组织，托管主体需要在利润中分配给集体组织或者分配给集体组织负责人一部分，分配比例各地因情况不同而不同。如果说"土地托管服务主体+农户"是最原始的土地托管服务模式，"土地托管服务主体+集体组织+农户"则属于土地托管服务原始模式的改进版。

根据课题组在鲁西南的调研，土地托管主体从大面积耕作中通过降低耕作成本，增加产量，提高农产品市场谈判价格，从中获得一定的收益，而村集体和负责人也能够从中分得"好处"。托管服务主体与农户、村集体之间的分配机制大多采取"保底收益+盈余分红"的方式，种植小麦、玉米等粮食作物，一般土地全年保底收益800元/亩（相当于当地比较高的土地流转费用，小麦和玉米季结束后进行结算，每季保底400元/亩），扣除全部种植成本和保底收益后，盈余部分土地托管服务主体与村集体、农户之间再按照一定比例分红，一般都会优先照顾农户和村集体。但是，由于土地托管服务主体具有规模和组织优势，事实上，增收利润的盈余分配大多数由托管主体分得，即便农民、托管主体、村集体按照60：30：10的比例分配，按照每亩地节约成本增收30元计算，农民能够分得18元/亩，托管主体分得9元/亩，村集体分得3元/亩。同时，依托规模优势和产品质量优势，增强市场谈判地位，提升农产品价格，比如，小麦价格比市场均价高出0.1元/斤，按照每亩地800斤小麦计算，可以增收80元，其中，农户可以分得48元，托管主体可以分得24元，村集体可以分得8元。一户农民家庭5口人，人均承包1.5亩土地，共承包7.5亩，除保底收益之外，预计通过节约成本和市场溢价获得盈余分红增收共计：18×7.5+48×7.5=495（元）。加上每亩土地800元保底收益，全年承包土地托管收益为：800×7.5+495=6495（元）。托管服务主体经营5000亩地，收获小麦5000×800=4000000（斤），通过节约成本，提高市场溢价，按比例分成为：

5000×30×30%+5000×800×0.1×0.3=45000+120000=165000（元）。

村集体动员农户参加土地托管的数额越多，从中分得的收益也就越多。如果按照协调适度连片2000亩土地，该村集体按比例分成为：

2000×30×10%+2000×800×0.1×0.1=6000+16000=22000（元）。

在这种土地托管模式中，乡村集体组织作为中介，在土地托管服务主体与农户之间发挥资源整合与利益协调作用，其本质是，以土地托管服务主体取代家庭承包农户成为农业生产经营的主体力量，通过技术、设备、资金、规模、市场、信息等优势，赚取个体农户难以得到的规模收益，乡村集体组织从中获取中间人的协调和管理费用。从农户的维度来看，农民家庭自己耕种承包土地，每亩小麦、玉米扣除生产成本，不计算人工费，单季大约净剩余400~550元，农民辛辛苦苦劳作一年，每亩土地种植小麦、玉米等粮食作物的货币净收入大约在1000元。广大承包农户通过土地托管相对于自己直接经营承包土地，获取的收入增加非常有限，甚至还有所减少，其作用主要是从承包土地上进一步解放了劳动力，解除了农民"离土离乡"的后顾之忧，并不能扭转劳动力等资源要素持续流出乡村的局面，客观上反而加速了农民"离土离乡"的进程。

这种模式之所以难以改变乡村资源持续流出的失血局面，其根源在于土地托管服务主体与集体组织、家庭农户还都是彼此独立的利益主体和经营主体，未能形成紧密的利益共同体和发展共同体。农业托管服务主体，作为中介存在的集体组织，与农户之间是一种建立在契约之上的"利益交易"关系，是外生于乡村社区、外在于农民而存在的利益主体，与农民之间既存在共同利益交融，也存在不同利益纷争。当利益纷争大于利益交融的时候，双方就会发生利益冲突，很难仅仅依靠合同的约束力或者乡土关系等化解。在这种土地托管服务模式中，广大农户依然是分散独立的原子化、碎片化个体，依靠家庭力量独自谋生。由此看来，"农户+集体组织+土地托管服务主体"模式对农民家庭增收的作用是有限的，更难以扭转资源要素持续单向流出的"失血"局面，带动农民实现乡村全面振兴。

2. 党支部领办合作社基础上农业托管服务模式

家庭承包经营实现了劳动者与农村集体土地等生产资料的直接结合，以其激励约束成本低，适应农业生产生物性、季节性、复杂性、难监管、难量化等特点，易破产也易复制，具有顽强的生命力，对短时间内解决温饱问题发挥了重要作用，迄今依然是中国粮食安全和农产品供应的主要保障和主体力量，以老人妇女农业保障着十几亿人口的吃饭问题。

然而，一家一户的个体经营方式与大生产、大市场存在内在矛盾和不相容，大多数农民以家庭为单位分散经营、细碎耕作，不利于现代农业技术装备推广应用、产业融合发展、产业链供应链价值链拓展提升、公共事业发展、基础设施建设等。家庭联产承包责任制的初衷是以家庭层面分散经营为基础，集体层面统一经营为主导，建立统分结合的双层经营体制。但是，在现实实践中大多数农村地区形成了"有分无统""只分不统"的局面，集体层面统一经营层次缺失，乡村集体经济、合作经济趋于弱化，农田水利和基础设施建设，农产品运销加工等许多环节仅仅依靠家庭搞不了，搞不好，搞起来不经济，党组织因缺乏集体经济物质基础支撑而软弱涣散，个体小农因缺乏拓展延伸产业链供应链价值链创新链的能力而陷入"温饱却难富裕"的困境，农民之间缺乏共同的利益联结而呈一盘散沙，乡村因劳动力等资源要素持续流出而趋于凋敝并成为空壳，致使"种地不赚钱""丰产不丰收""温饱而难富裕"，以及空心村、空巢老人、"三留守"、土地撂荒、公共事业无人问津等问题层出不穷，在激烈的市场和产业竞争中，在城市化、工业化进程中，个体农民在乡村经济社会发展中的主体地位与作用日渐弱化和缺失，形成了农业弱质、农民弱势、乡村碎片化、农民原子化等难题。

农业弱质，核心是农业产业比较效益低的问题，实质上是指种养业初级产品环节的比较效益低，大多数普通承包农户被限定在初级产品种养环节增收困难。农业生产环节与过程复杂，劳动分工与监管难度大，对自然环境、气候条件、生命成长规律等依赖程度高、难掌控，投资大、风险高、周期长，以农户为单位的家庭分散经营，细碎耕作，规模小、资金少、技术薄弱，产业链条短，依然处于马克思所讲的农业发展三个历史阶段中的初级阶段，即传统农业耕作方式，滞后于资本主义大农业和社会主义大农业。

农民弱势，核心是农民组织化知识化程度和水平比较低，缺乏组织化状态的同质化个体农民生产生活在特定地域范围内，因血缘、地缘等聚集而又被切割成碎片化的群体，缺乏集体经济基础支撑的党组织软弱涣散，社会缺乏凝聚力组织力，农民依靠个体力量难以应对市场风险、自然风险、社会风险、政策风险等众多风险，在组织化的市场主体、社会主体面前处于劣势博弈地位，呈现出马克思所说自私自利、一盘散沙的"一袋马铃薯"状态，乡村社会日益碎片化，农民日益原子化，劳动力、资金、土地等资源要素持续流出，由此形成恶性循环，致使"三农"困局迟迟难以根本扭转。

破解农业弱质、农民弱势难题，解决乡村社会碎片化、农民原子化困境的根本路径在于，完善统分结合的双层经营体制，健全党组织领导下的乡村集体组织统一经营功能与作用，化解小生产与社会化大生产、外部大市场的矛盾，把亿万小农户重新组织起来，提升农民和农业生产的组织化程度与水平，联合有实力又乐于服务"三农"的农业托管服务主体，不断拓展延伸产业链供应链价值链创新链，让"小农民""小农业"转变成为"大农民""大农业"，"弱农民""弱农业"转变成为"强农民""强农业"。早在福建工作时，习近平（2002）就指出："'统'与'分'是相互关系的，不是相互排斥的。不能一说'分'，就排斥任何形式的'统'；一说'统'，又不分青红皂白地否定'分'。正是这种'统'与'分'的结合，构成了目前农村有中国特色的社会主义经营体制的基本形式。"①"家庭承包制包括家庭经营和集体统一经营两个层次。这两个层次，既有相互不可替代的作用和特点，又是一个相互不可分离的有机整体。忽视任何一个层次的作用，都不能充分发挥双层经营体制的整体效益。"②"加强集体经济力量，目的在于发挥集体经济组织'统'的职能。"③"什么是大农业呢？大农业是朝着多功能、开放式、综合性方向发展的立体农业。它区别于传统的、主要集中在耕地经营的、单一的、平面的小农业。小农业是满足自给的自然经济，大农业是面对市场的有计划的商品经济。"④

破解托管服务主体与千家万户的个体农民打交道的碎片化、原子化困境，完善乡村集体层面"统"的功能与作用，健全农村统分结合的双层经营制度，只能由内生于乡村社区、内在于农民的权威组织重新组织农民发展新型农村集体经济、合作经济，与农民形成利益共同体和发展共同体。因此，改变"三农"困局的社会基础和组织基础是在基层党组织领导下组建新型合作经济组织和集体经济组织，把分散的农民组织起来，形成集体合力和组织力量，改变农民与各类主体"打交道"的弱势博弈困境，克服乡村社会一盘散沙状态。在此基础上，与有意愿带领农民致富、推动乡村振兴的农业托管服务主体合作，形成紧密的利益联结机制，不断拓展延伸产业链供应链价值链创新链，推动农业农村多业态多功能开发发展，获取农产品加工储运等产业链各个环节的更高利润，破解农民弱势、农业弱质难题，进而形成农业托管服务模式"升级版"。这既是农民改变自身弱势，化解农民原子化、乡村碎片化困境的需要，也是农业托管服务主体降低交易成本，持续健康开展农业托管服务业务的需要。在这样的情况下，按照党中央推进乡村振兴的部署要求，山东各地涌现出在"党支部领办农民合作社"的基础上开展农业托管服务的实践探索。

习近平总书记指出："实施乡村振兴战略，各级党委和党组织必须加强领

---

① 习近平. 摆脱贫困 [M]. 福州：福建人民出版社，1992：182.
② 习近平. 摆脱贫困 [M]. 福州：福建人民出版社，1992：182-183.
③ 习近平. 摆脱贫困 [M]. 福州：福建人民出版社，1992：183.
④ 习近平. 摆脱贫困 [M]. 福州：福建人民出版社，1992：178.

导,汇聚起全党上下、社会各方的强大力量。要把好乡村振兴战略的政治方向,坚持农村土地集体所有制性质,发展新型集体经济,走共同富裕道路。"① 2018年11月,中组部、财政部、农业农村部三部委联合印发了《关于坚持和加强农村基层党组织领导扶持壮大村级集体经济的通知》(中组发〔2018〕18号),指出,"充分发挥农村基层党组织的政治功能、组织优势,把党员、群众组织起来,有效利用各类资源资产资金,因地制宜发展壮大村级集体经济"。

如果说"农业托管服务主体+农户"是最原始的农业托管服务模式,"农业托管服务主体+集体组织+农户"则属于农业托管服务原始模式的改进版,那么,"党支部领办合作社+农业托管服务主体"则属于农业托管服务模式的升级版。党支部领办农民合作社基础上开展农业托管服务,至少具有以下几个方面的优势和特色:

一是落实、巩固、加强了党在农村工作中的领导地位与作用,弥补了集体层面统一经营缺失的不足,带领和组织农民发展生产建设家园,为破解农民原子化、乡村碎片化和农民弱势困境,全面推进乡村振兴奠定组织基础和社会基础。

基层党组织是内生于乡村社区、与社区农民群众利益内在一致的体制内公共权力组织,在农村工作中居于领导核心地位,具有较高的权威性和信任度。党对农村工作的全面领导不是停留在文件里、口号里,而是落实在党组织领导农民发展生产建设家园的实践中。基层党组织能否组织农民、带领农民发展新型集体经济、合作经济,解决农民生产生活困难,关系到党在农村长期执政的经济基础和社会基础。如果缺乏集体经济、合作经济支撑,不能带领农民过上更美好的生活,党对农村工作的领导就会落空。② 党支部领办农民合作社是内生于乡村、内在于农民,能够最大限度覆盖和涵盖社区成员的合作经济组织。所谓内生于乡村社会、内在于农民,是指产生发展于乡村社会内部,且与大多数农民群众利益一致。内生于乡村,才能熟悉和了解社区农户;内在于农民,才能与大多数农民形成利益和发展共同体。作为合作社的发动者、组织者、领导者,党组织没有任何私利,而是代表广大农民利益,与农民联结成为"一家人",不是外在于农民的利益主体,不是"两家人""各顾各"。

---

① 习近平.习近平谈治国理政:第三卷[M].北京:外文出版社,2014:261.
② 胡乐明.中国式现代化是中国共产党领导的社会主义现代化[J].当代经济研究,2023(2):20-22.

在"党支部领办合作社"的基础上开展农业托管服务，与"农户+集体组织+农业托管服务主体"模式之间最大的区别在于，党支部通过合作社利益联结机制，与入社的农民共同组成一个利益共享、风险共担的合作经济组织，使得党组织与广大农民群众内在成为利益共同体、发展共同体。以党建为引领，打造信仰坚定、甘于奉献、善于经营的"好人+能人"的乡村社区领导群体，通过"党支部领办合作社"发挥集体层面统一经营作用，大力发展新型农村集体经济、合作经济，提升农民组织化程度与水平，增强乡村社会凝聚力、向心力、号召力、发展力，巩固和加强党对农业农村工作的全面领导，密切党群关系，增厚党在农村长期执政的社会基础、组织基础、经济基础。

二是破解了农业托管服务主体与单个农户打交道交易成本高、违约风险大、嵌入乡村难等问题，还为解决农民弱势、农业弱质难题，依托本地特色和优势发展生产，整合资源，借助于农业托管服务主体的资金、技术、设备、信息、市场等优势，进行产业融合，持续增强以农民为主体力量的乡村内生发展动力活力能力提供了实现路径、组织载体。

党组织在土地集体所有基础上，通过领办合作社与社区农民形成风险共担、利益共享、荣辱与共、内在相连的利益共同体和发展共同体，按照不同农户的托管服务需求分类，通过股份合作制等方式把分散的农户组织起来，整合社区资源，依托本地产业特色和资源禀赋，以整体组织化的方式与供销社、农民合作社、涉农企业等托管服务主体建立紧密稳定的利益联结机制，既解决了集体组织虚化虚置、集体层面统一经营缺失等问题，实现了农民再组织化、土地适度规模化，破解了乡村社会碎片化、农民原子化难题，又有效化解了农业托管服务主体与单个农户的交易困境，充分调动广大农民的积极性，为增强以农民为主体的乡村内生发展活力动力能力找到了实践载体、组织形式和实现路径。

三是通过党支部领办合作社，农民以组织化的方式与有实力又乐于服务"三农"的农业托管服务主体合作联合，在优势互补的基础上形成稳定的合作关系或者更为紧密的企业集团，现代化要素注入与乡村内生发展力增强有机统一，为城乡资源要素自由流动优化配置提供了实现路径、组织形式和有效载体，为进一步纵横联合和拓展延伸，更大范围、更大规模地推进城乡融合发展，构建新型工农城乡关系打开了空间、拓展了领域、畅通了渠道。

在土地集体所有和党支部领导的社会主义制度优势性之上，党支部通过领办农民合作社组织农民，与农业托管服务主体形成稳定紧密且互利共赢的合作关系，把托管服务主体的资金、技术、设备、人才、信息、市场等优势与乡土内生组织化优势，以及农村适度规模化的土地、劳动力等相结合，在合作中相对接、相承接，优势互补，既能够最大限度调动社区农民积极性主动性，发挥农民在乡村发展中的主体地位与作用，也能够调动各类市场主体、社会组织的积极性，依托供销社系统、国有农垦集团、涉农龙头企业等，以县城为中心枢纽和重要载体，以乡镇为中心支点，以乡村社区为基础，组建联合社、合作社联合体、企业集团或产业集群，形成各利益主体的联合与合作，突破地域、产业等限制，协同推进新型农村工业化、城镇化、信息化和农业现代化，在更大范围、更大规模上推进产业融合发展，推动农业农村多功能多业态多模式开发发展，拓展延伸产业链供应链价值链创新链，打通产加销储运等产前产中产后各个环节，贯通工农城乡，以"输血"增强"造血"能力，为实现现代化要素注入与内生发展力增强的有机统一提供了实现路径、有效载体和组织形式。

3. "党支部领办合作社+供销社系统或国有企业"的托管服务模式

从调研情况看，由于青壮年劳动力持续流出，"党支部领办合作社"后，仅依靠村集体组织和留守老人、妇女等自身力量经营发展起来的难度非常大，要么是"无心无力"，要么是"有心无力"，一般需要借助于有实力又乐于服务"三农"的农业托管服务主体。围绕党支部如何领办合作社，在党支部领办合作社的基础上"加谁""如何加""如何拓展延伸产业链供应链价值链创新链"等方面，山东等地进行了广泛探索，形成了一些好的实践模式，这里主要分析"党支部领办合作社+供销社系统或国有企业"模式。

习近平总书记指出："要发挥亿万农民的主体作用和首创精神，调动他们的积极性、主动性、创造性。"[①]《中华人民共和国乡村振兴促进法》第四条规定："坚持农民主体地位，充分尊重农民意愿，保障农民民主权利和其他合法权益，调动农民的积极性、主动性、创造性，维护农民根本利益。"根据课题组调查，国家大量的财政支农资金并没有起到激发农业农村内生发展动力活力能力的"四两拨千斤"作用，实际上，大量资金被少数私人联合有关部门和人员套取，而广大农民成为乡村振兴的"看客"，没能发挥其主体地位与作用。鉴于中国国情、社会制度和历史文化传统，新时代全面推进乡村振兴，

---

① 中共中央党史和文献研究院. 习近平关于"三农"工作论述摘编[M]. 北京：中央文献出版社，2019：24.

并不是加速"驱赶"农民"离土离乡",以其他经营主体代替农民建设农村,走资本雇佣劳动的西方农业农村现代化邪路。这也是乡村"振而难兴"的原因之一。[①]

新型农村集体经济是党在农村执政、人民当家作主的物质基础,在大规模基础建设、公共事业、生态环境,以及社区福利、社会保障等方面具有不可替代的作用和功能。[②] 党的二十大报告指出:"巩固和完善农村基本经营制度,发展新型农村集体经济。"[③] 2016 年 12 月 26 日颁发的《中共中央 国务院关于稳步推进农村集体产权制度改革的意见》指出,"坚持农民集体所有不动摇,不能把集体经济改弱了、改小了、改垮了"。习近平总书记强调:"关键是完善利益联结机制,不能富了老板、丢了老乡,……要让农民合理分享全产业链增值收益。"[④]

国有企业和国有资本是中国特色社会主义经济的"顶梁柱"[⑤]。供销社系统、国有农垦公司和龙头企业等农业托管服务主体,以服务国家战略和长远发展利益,推动农业农村现代化和乡村振兴为使命,承担着更多的国家责任、社会责任、生态责任、政治责任等,利润最大化并不是他们最主要的追求。在党支部领办农民合作社基础上以组织化的方式对接供销社系统、国有企业,既降低了托管服务主体与农户的交易成本,也为完善统分结合的双层经营体制,发展壮大农村集体经济、活跃民营经济提供了组织载体和实现路径。

习近平总书记多次对供销合作社工作作出重要批示,强调供销合作社是党领导下为农服务的综合性合作经济组织,"要坚持从'三农'工作大局出发,牢记为农服务根本宗旨,持续深化综合改革,完善体制机制,拓展服务领域,加快成为服务农民生产生活的综合平台,成为党和政府密切联系农民

---

① 陈健. 新发展阶段新型农村集体经济促进农民共同富裕研究 [J]. 马克思主义研究, 2022 (12):54-64.
② 于鸿君. 乡村振兴的战略选择 [J]. 北京大学学报(哲学社会科学版), 2022 (3):38-40.
③ 习近平. 高举中国特色社会主义伟大旗帜为全面建设社会主义现代化国家而团结奋斗:在中国共产党第二十次全国代表大会上的报告 [M]. 北京:人民出版社, 31.
④ 中共中央党史和文献研究院. 习近平关于"三农"工作论述摘编 [M]. 北京:中央文献出版社, 2019:100.
⑤ 程恩富. 社会主义市场经济论:纪念中国改革开放40周年 [M]. 北京:中国财政经济出版社, 2019:257-258.

群众的桥梁纽带，努力为推进乡村振兴贡献力量，开创我国供销合作事业新局面"①。2015年3月，中共中央、国务院发布了《关于深化供销合作社综合改革的决定》（中发〔2015〕11号），指出"把供销合作社系统打造成为与农民联结更紧密、为农服务功能更完备、市场化运行更高效的合作经济组织体系，成为服务农民生产生活的生力军和综合平台，成为党和政府密切联系农民群众的桥梁纽带"。山东供销社系统贯彻习近平总书记和党中央关于供销社改革的重要精神，在全国比较早地开展了农业托管服务大规模实践，山东省政府办公厅出台了《关于支持供销合作社深化土地托管服务增强为农服务能力的指导意见》（鲁政办字〔2021〕7号）②。

山东省供销社落实党中央"姓农、为农、务农"指示精神，不以营利为最大目标，让利于农民，开展大规模、全方位农业托管服务。山东供销社成立了现代农业发展服务集团公司，作为服务龙头，与地方供销社和基层社联合成立农业服务企业和为农服务中心，以股权投资的方式，成立一批省市县三级供销社共同出资的农业服务公司，依托供销社系统和农业龙头企业，引领社有企业跨区域横向联合、纵向合作，通过股权合作等方式整合资源，培育供销系统农业托管服务的骨干力量，打造为农服务"国家队"。

山东省供销社在各级党委政府和有关部门支持下，由乡镇党委政府和村"两委"引导农民自愿以土地经营权入股，村集体以溢出土地、基础设施等入股，组建土地股份合作社。供销社在当地成立农业托管服务公司，组建农业托管专业服务队伍，签订长期合同，以"全程托管+保底承诺"等方式为土地股份合作社开展托管服务，推行"三化五统十服务"③，进行机械化、智能化、规模化耕种收作业，采用无人机作业、精量播种、测土配方、智能配肥、粮食烘干等先进农业技术，节省耕作成本，提高生产效率和产出率，减少灾害霉变损失，构建供销社现代农业发展服务体系，打造为农服务

---

① 习近平对供销合作社工作作出重要指示强调　牢记为农服务根本宗旨　持续深化综合改革　努力为推进乡村振兴贡献力量　李克强对供销合作社工作作出批示 [J]. 中国合作经济, 2021（1）: 122.

② 山东省人民政府办公厅. 关于支持供销合作社深化土地托管服务增强为农服务能力的指导意见 [EB/OL]. (2021-02-05). http：//www.shandong.gov.cn/art/2021/2/5/art_ 107851_ 110578.html.

③ 企业化运营、规范化管理、标准化服务，统一运作方式、统一整合资源、统一农资供应、统一销售加工、统一融资保险，统筹推进种肥供应、深耕深松、机种机收、划片管理（田间管理）、统防统治、节水灌溉、秸秆利用、粮食烘干、产销对接、技术培训等服务。

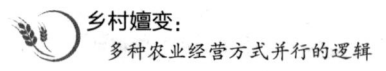

"供销品牌"①。

供销合作社上联政府、下联农民，可以有效解决政府失灵和市场失灵问题，在推进乡村振兴中具有不可替代的作用。② 山东省供销社联合地方党委政府和村"两委"，推广"党支部领办土地股份合作社+农业托管服务"模式，通过"党建带社建，村社共建"等方式，以基层党建为引领，带动农民组建土地股份合作社，联合村"两委"设立村级服务站点，把供销社服务优势和党的组织优势结合起来，把乡村产业发展与乡村建设结合起来，实现基层供销社与乡村社区共建共治共享，部分领导干部交叉任职，成为党和政府密切联系农民群众的桥梁纽带，降低农业托管服务交易成本与组织运营成本，提高农业托管服务的稳定性和效率质量，采取"保底收益+盈余分红"等分配机制，确保农民利益不受损，农民"离田不离地"，土地"小田变大田"，形成农业托管服务的"升级版"。

山东省供销社采取资本联合、项目合作等方式，组建山东供销资本投资（集团）公司，推动社有企业跨区域横向联合和跨层级纵向整合，深化供销社内部改革，上下联动、功能互补，优化服务流程。以供销供应链管理公司为龙头，组织所属商超企业开展联采分销，构建农村现代商贸流通服务体系，建设县级综合集配中心、乡镇综合服务站、村级综合服务社，组建日用消费品、农资等流通企业、县级配送中心、连锁经营网点等，提供生产资料购销、农产品销售、生活用品等便民服务，打造党领导下服务农民生产生活的生力军和综合平台③。随着农业托管业务的扩展，山东省供销社系统积极拓展服务领域，创新服务方式，服务对象由龙头企业、农民合作社、家庭农场、专业大户等适度规模经营主体向分散经营农户延伸，服务领域由大田粮食作物向山区、丘陵经济作物延伸，服务手段由机械化服务向全产业链科技进步提升，服务方式由提高农业生产水平向促进一二三产业融合发展提升。

山东济宁市供销社系统组建山东儒家圣地供销集团、山东圣地供销农业服务公司等服务龙头，通过股权合作，引领社有企业跨区域横向联合和跨层级纵向合作，整体提升供销系统农业托管服务能力。以县域为切入点，成立县级供销集团、农业服务联合体、合作社联盟，提供服务支撑。乡镇成立供

---

①③ 山东举行深化土地托管服务促进农业适度规模经营发布会[EB/OL]. 2021-07-07[2022-07-05]. http://www.shandong.gov.cn/art/2021/7/7/art_107871_115536.html.

② 赵意焕. 农村集体经济的历史传承与时代创新——兼论列宁关于合作社不等于集体经济的理论[J]. 政治经济学研究，2022（01）：66-77.

销为农服务中心、农民合作社联合社，平原一般以3~5公里为服务半径，辐射面积3万~5万亩，山区一般以6~10公里为服务半径，辐射面积6万~10万亩。在村级层面，积极探索"支部领办+土地入股+整建制托管+农业保险+保底分红"的托管模式，在嘉祥、泗水、汶上等县市组建土地股份合作社，农民以土地承包经营权折价入股，村集体以农田水电设施、办公场所使用权折价及溢出土地入股，供销社以现金出资、服务设施入股，入社农民除享受土地保底收益外，根据交易量（额）享受合作社二次分红；村集体获得稳定的股权收益和管理费用。以汶上、金乡为试点，组织实力强的涉农龙头企业、基层社，充分发挥村"两委"组织优势和供销社托管服务优势，整合社员土地进行机械化规模化智能化耕作，农资统采统购、病虫害统防统治等全方位农业托管服务。山东德州、枣庄、聊城、潍坊等地市供销社系统也主动对接全域农业托管服务，推广"土地股份合作+全程托管服务"模式，村党支部引导农民自愿以土地经营权入股组建土地股份合作社，整合土地成方连片，省市县三级供销社成立农业服务公司为整合后的土地提供全方位托管服务。

除了山东供销社系统大规模推进党支部领办合作社基础上的农业托管服务之外，全国很多地方也纷纷进行了相关实践探索。北大荒作为农业国企龙头之一，依托自身雄厚实力和经营网络，通过"国有农垦公司+地方党委政府+集体组织+农户"等模式，积极开展垦地合作，由地方党委政府和农村集体组织协调广大农户服务需求，统一采购供应农业生产资料，统一提供农业融资保险、收储物流、销售加工、技术指导，推广应用智能化大型农机装备，打造数字农业智慧服务平台，向地方"平移"先进的生产模式、作业方式、生产标准，从散户种植向规模化、专业化、集约化、智能化种植转变，建构新型农业生产体系、经营体系，把个体小农户纳入集供产销、储加运于一体的现代化经营体系[①]，立足东北，向河北、山东、河南、浙江、湖南、江西、湖北、安徽等省份推广，大大节约了耕作成本，提高了生产效率和农产品品质，担负起保障国家粮食安全、推动乡村振兴的重大历史和社会责任。

农村改革"发源地"安徽小岗村也把村内最贫瘠、落差8米的陡坡旱地委托给北大荒集团，改造成为亩产千斤以上的水稻良田，建设成为生产机械

---

① 黑龙江：垦地合作种出好粮食［EB/OL］．2022-07-11［2022-09-15］．http：//xczx.cctv.com/2022/07/11/ARTIwR0rFgjgwlcl7YT8x6dH220711.shtml.

化、信息化、智能化的七星农场①。北大荒集团推动小岗村农业发展转型升级，建成了集特色农产品展厅、物联网管理服务大厅、农机大院、仓储中心、烘干中心、育秧工厂等功能区于一体的安徽农垦小岗生态农业服务中心②（王军、张元强，2018）。小岗村在党组织领导下成立了集体资产股份合作社，开展资源变资产、资金变股金、农民变股东"三变改革"，给村民发放股权证，"家家包地"变成"人人持股"，确权不确地，集体保留土地调整权，不愿意耕种的土地交给合作社整合，包括溢出土地、集体荒地等托管给现代企业集团耕作③。

4. "党支部领办合作社+村庄片区化发展+托管服务主体"

根据当前我国农村发展主要模式的不同，推进城乡一体化的具体路径也应该有所区别。从推动在地新型农村工业化、城镇化的路径来看，主要有两种具体路径：一是以集体经济实力较强的集体化中心村为核心，实现村庄主动、独立完成的工业化、城镇化、现代化，推进集体化村庄的就地转化与提升，实现工业文明与农业文明的交融共进、一体化发展。以集体化村庄为中心，逐渐联合与合并周边村社，形成较大规模的新型城镇和社区，比如，江苏华西村、山东西王村等都已经实现了"乡村都市化"。二是以"空心村"的合并与重新整合为途径，推进农村社区化整合与片区化开发发展，在党支部领办合作社基础上，依托有实力又有意愿带领农民增收致富的农业托管服务主体，形成更大规模、更大范围的合作社联合体或产业集团，提升乡村公共服务水平，提升农村合作化、组织化水平，在推动农村剩余劳动力转移的同时，改造广大普通分散型村庄（见图5-2）。

随着越来越多的农民涌入城镇定居，农村空心化、农民老龄化等问题日趋严重。在这样的情况下，山东潍坊诸城市以县域为切入点，根据规模适度、地域相邻、方便服务的原则，以大约包括5个村庄，服务1000~2000户人口，方圆2公里的规模，选取其中一个基础条件较好的村庄为中心，建立网格化社区，设立社区服务中心，涵盖教育、医疗、文化、娱乐、交通、水电、通信等生产生活各个方面，推进资源要素的流动与集聚，推行"多村一社区"

---

① 小岗村"拜师"北大荒 [EB/OL]. 2018-09-23 [2022-09-21]. http://news.cctv.com/2018/09/23/VIDEZoVmHr4PGuDoyHQiNNCf180923.shtml.

② 王军，张元强. 北大荒"稻花香"种进小岗村 [N]. 黑龙江日报，2018-10-12（01）.

③ 小岗村：四十年的变迁 [EB/OL]. 2018-10-18 [2022-10-11]. https://tv.cctv.com/2018/10/18/VIDEsxR94bInUHWqCFw8bKz6181018.shtml.

第四章 基于不同农业经营方式的乡村发展力与发展模式

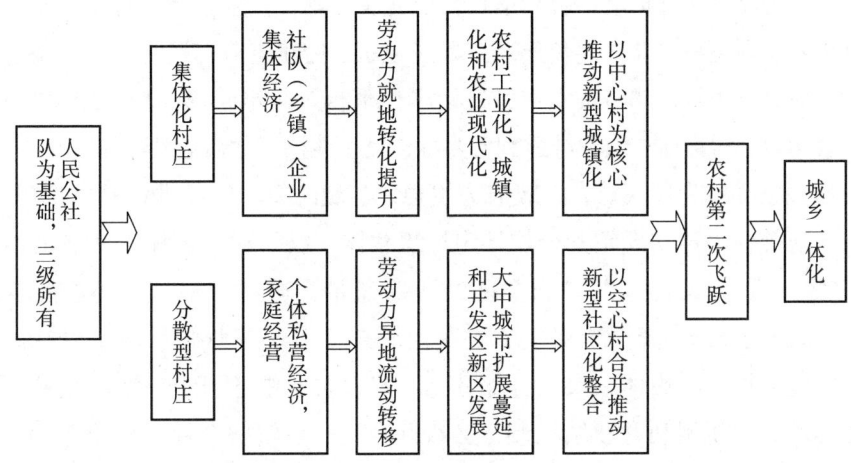

图4-5 城乡一体化视角下集体化村庄与分散型村庄演化趋势

的撤村建社区行动，推动县域城乡公共服务均等化，同时，还分流了乡镇富余人员到社区，密切了党群干群关系。

乡村社区规模扩大了，基本建制形成了，但大多依然缺乏"造血"功能，缺乏内生发展动力活力能力。以农户为单位，承包土地分散经营，细碎耕作，农业先进技术装备难以推广应用，资金、技术、人才等现代化元素进入农业农村困难，城乡资源要素流动难以实现，农民增收难、丰产难、致富难。

为解决农业比较效益低、农民博弈弱势等问题，每个网格社区设立网格党支部书记，以党建为引领，充分发挥党的政治优势和组织优势，使得党支部领办合作社成为村社一体的社区发展共同体，成为社区资源整合集聚平台，通过互调、流转、托管、入股等方式把土地规模连片，政府重点奖励集中耕作面积达500亩以上的，通过山东省农业发展信贷担保有限责任公司提供"粮食规模种植贷"支持，创新"强村贷"产品，对于高标准农田建设、统防统治等项目优先支持。

为进一步破解农业农村现代化中的资金、技术、人才、市场等短板和困境，以党支部领办合作社为依托平台和组织载体，进行前后端的联合与合作，增强农民合作社拓展延伸产业链供应链价值链创新链的能力，有效破解分散经营的个体经济与大市场、大生产的矛盾。立足产业和农作物特点，通过"党支部领办合作社+服务组织或龙头企业+农户"模式，以"保底收益+二次分红+工资性收入"等分配方式建立利益联结机制，以政策引导要素融合，前端通过"政银担"协同创新金融产品，破解投入难题；中端以基础设施提升和科技支撑

175

为重点，为经营保驾护航；后端培育行业龙头，延伸产业链条，保障收益。为了维护农民利益和权益，避免出现"富了老板、穷了老乡"现象，在利益分配上优先向农户倾斜，严格按农户、村集体、理事会成员 5∶2∶3 的比例进行分红，合作社、村集体、农户结成利益共享、风险共担的"命运共同体"。

诸城以县域为切入点，以政府为主导，县域统筹，依托供销社、信用社、涉农企业等，以党支部领办合作社为组织载体，以"村社一体"为核心、以"要素融合"为关键、以"利益联结"为纽带，通过"村社一体、要素融合"，资源变资产、资金变股金、农民变股东，实现资源要素向乡村社区汇聚，构建乡村社区集体、农民合作社、农户、农业服务组织、涉农企业等相关主体之间的新型利益联结机制，县级联合社、乡镇联合社、村合作社与社区居民融为一体，在稳步增加集体和农民收入的同时，推动农业农村高质量发展，县域治理扁平化、乡村治理社区化、村企社一体化、公共服务一体化，探索出一条持续增强乡村社区内生发展动力活力能力，推动县域城乡融合发展的乡村振兴新道路。①

（五）以县域为切入点推进城乡融合："大农业—强农民—新农村"

能否处理好工农城乡关系，在一定程度上决定着现代化的成败。城乡发展不平衡、农业农村发展不充分是现阶段我国最大的发展不平衡不充分，是我国社会主要矛盾的突出体现。长期以来，"重城轻乡""重工轻农"的非均衡发展战略的实施，以及"片面城市化""片面工业化"的发展，拉大了城乡差距，导致了城乡二元格局和"三农"困境，最终又会影响中国城市化、工业化、现代化进程。我国经济社会发展已经到了以城带乡、以工促农，构建新型工农城乡关系的新阶段，城市化、工业化战略也应该改变城乡非均衡发展战略，由以城市、工业为重心的发展战略转向工农城乡均衡发展，优先发展农业农村。

城乡差异化非均衡发展，主要体现在城乡之间公共服务的非均衡发展，农村居民和城市居民实际上并没有享有平等的公共服务和基础设施。工农业非均衡发展，主要体现在产业发展政策非均衡，主要涉及农业产业及其从业者，特别是从事种养业的农民，得不到与非农产业及其从业者同样的扶持、优惠和利益。片面城市化、工业化，是指片面强调城市化，农村发展滞后；

---

① 刁立武，郭沛盛，吕兵兵，等．"村社一体"谋共富［N］．农民日报，2022-08-06（01）．

片面强调工业化，农业发展滞缓。这样的城市化、工业化进程不但没有缩小城乡之间、工农之间的差别，反而拉大了差距，没有相应地带动农业农村现代化进程，没有相应地带动农民市民化进程和农民生活水平的提高。

为了弥补过去片面城市化、片面工业化带来的不良后果，新时期新阶段，党中央实施了以城带乡、以工促农的惠农支农政策，取得了一定成效，我国粮食产量取得了连年增长。但是，城乡二元格局并未发生根本改变，农村城镇化却出现了另一种城乡同质化的倾向。农村盖楼修路，大拆大建，资本纷纷下乡"圈地"，农民"被上楼""被市民化"等现象屡屡发生，这种农村城镇化，本质上是对农村和农民另一种形式的剥夺，是要消灭农村、削弱农民，最终会毁掉我国的农业农村。在这样的情况下，2015年1月，习近平在云南考察时及时提出："新农村建设一定要走符合农村实际的路子，遵循乡村自身发展规律，充分体现农村特点，注意乡土味道，保留乡村风貌，留得住青山绿水，记得住乡愁。"[1]

农村发展的最终状态是消灭城乡对立和工农差别，实现工业文明与农业文明融合共生，城乡差异性一体化、和谐发展。和谐的本质，在于统一体内多种因素的差异、协调、交融、共生。城市与乡村体现着人类社会统一体内的两种生产生活方式，工业与农业相互依存，城市与乡村互为依托、相辅相成。工农城乡应该是相互依存、互为补充、优势互补的有机统一体，未来新型工农城乡一体化发展应该是差异性的，甚至是异质性的一体化。差异中有统一，统一中有差异，实现差异与统一的对立统一[2]。

和而不同，是和谐发展的重要法则。和实生物，同则不继。城市和乡村都各有其优点和相对应的缺点……城市和乡村必须"成婚"，这种愉快的结合将迸发出新的希望、新的生活、新的文明[3]。和谐乃天地之命和万物之性。纯阳不生，孤阴不长，阴阳合而万物生。[4] 未来社会既不是固化城乡之间的分裂和分离，也不是以城市消灭乡村，更不是以乡村消灭城市，而是实现二者的有机融合，是城乡统筹、协调发展的差异性一体化。农村城镇化，绝不是要消灭农村，把农村变成城市；城市化也绝不是以城市文明消

---

[1] 习近平. 习近平云南考察时的讲话［N］. 人民日报，2015-01-22（01）.
[2] 冯道杰，冯子英. 城乡一体化发展的方向和路径选择［J］. 区域经济评论，2015（4）：126-131.
[3] 埃比尼泽·霍华德. 明日的田园城市［M］. 金经元，译. 北京：商务印书馆，2000：8-9.
[4] 刘长明. 和谐管理之道［M］. 济南：济南出版社，2009：3-7.

灭乡村文明,而是要实现小城镇与乡村社区的和谐共生,大中小城市与新农村建设协调发展。

城乡一体化发展,是指增加城市与农村的一体化要素,建立统一的经济社会运行系统。城乡之间不再是外部联系,而是经济社会发展一体化要素相互渗入,直接联结成为一个密不可分、相互融合的统一体。空间布局一体、生态环境一体、社会发展一体、产业布局一体、城乡市场一体、城乡劳动就业一体、社会保障一体、政治制度一体、人口管理一体、公共财政一体,为城乡要素流通与渗透搭建平台,创造条件,其中,最主要的是基础设施、社会保障、公共服务一体化,使农村居民能够获得与城市居民同等的经济、政治、文化生活服务,在就业、教育、医疗、文化、卫生等方面享受同等待遇、同等的发展条件和权利①。

差异性是指城乡之间在经济结构、产业布局、社会生活、文化传承、精神追求、生产方式、生活方式、人际关系、社会状态、自然生态等方面存在着显著的差异,这种差异是一种互补性的差异,是一种优化组合的差异,是一种协调统一的、交融共进的差异。在区域性综合体内,城乡之间在社会功能、经济功能、生态功能、文化功能、安全功能等方面优势互补,相互交融协调发展。城乡差异性互补的一体化,优越于同质性的、千人一面的一体化,这种差异是一种互补性的差异,是一种优化组合的差异,是一种协调统一的、交融共进的差异②。

虽然城乡之间分工不同、功能不同、产业结构不同、人们的生产生活方式不同,但是,二者又优势互补、相辅相成,共同构筑成为一个相互依存、相互促进、紧密联系衔接的社会有机统一体,实现农业文明与工业文明和谐共生、乡村文明与城市文明交融共进,而不是相互分离和隔绝,更不是相互吞并与取代。城市离开乡村不能存在和壮大,乡村离开城市同样也不能很好地发展。未来差异性一体化发展的新型工农城乡关系,以提高人民生活满意度和幸福指数为宗旨,以城乡协调发展为目标,以体制和政策城乡统筹为基础,把新农村建设与农村城市化结合起来,建立一个高度融合的城乡空间布局,形成连续统一、网络状、多节点的区域综合体,真正实现村中有城,城中有村,以城带乡,以乡促城,资源共享,统筹安排,功能互补,协调发展。无论人们生活在乡村还是城市,他们的生产生活条件和生活质量都不断提高,

---

①② 冯道杰,冯子英. 城乡一体化发展的方向和路径选择 [J]. 区域经济评论, 2015 (4): 126-131.

生活的满意度和幸福指数都不断提升①（见图4-6）。

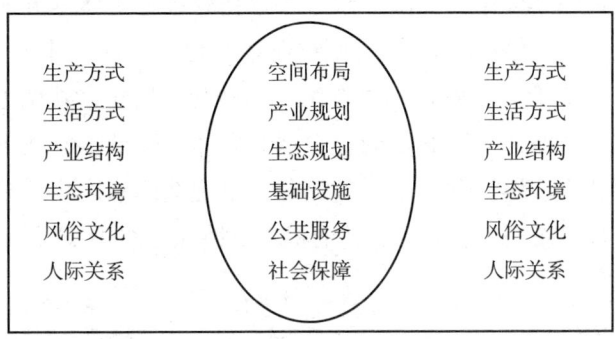

图4-6　区域综合体内城乡差异性要素与统一性要素示意

全面推进乡村振兴要探索超越传统小农业和资本主义大农业的中国特色社会主义大农业发展道路，既要依靠外力帮扶、拉动、反哺的"输血"，更要发挥农民主体地位与作用，解决农业弱质、农民弱势的问题，解决劳动力等资源要素持续单向流出农业农村的"失血"难题，持续增强乡村内生发展动力活力能力，现代化要素注入与乡村内生发展力增强有机结合，以"输血"增强乡村内生"造血"能力。乡村振兴的过程，是乡村空间在县域经济价值链上不断增值的过程，是县域资源要素流动配置与整合联动的过程。县是乡村振兴的一线指挥部，县域是城乡融合发展的契合点，促进城乡之间人力、原材料、资本、信息、技术等生产要素的自由流动和资源均衡配置，实现人口和产业在城乡的均衡分布与合理布局，促进农村和城市持续、健康、协调发展，解决频发的"城市病"和"农村病"。

郡县治，天下安。自古以来，县域是国家治理的基本单元，是城市文明与乡村文明、工业文明与农业文明交融共进、和谐共生的主要场域与契合点，拥有较完备的产业体系和社会功能，更易于以城乡要素双向流动为支撑推动城乡融合发展，是乡村振兴的主战场。县域拥有较完备的产业体系和社会功能，较为相同的语言习惯、文化传统与生态环境，城乡联系密切、地域范围适中、同质性较强，相对于其他层级行政区域，更易于以城乡要素双向流动为支撑，在经济社会发展上联结成一个相互依存、有机联系的整体。随着省直管县体制的实行和"放管服"改革的深化，县一级具备了与事权相匹配的

---

① 孟祥林. 新型城乡关系背景下农村发展趋势分析［J］. 发展研究，2014（3）：102-106.

财权和行政权,以县域为切入点,以乡镇为基本运作单位,以乡村社区为基础,通过党支部领办合作社基础上联合农业托管服务主体等方式,协同推进新型农村工业化、城镇化、信息化和农业现代化,实现"小农业、穷农村、弱农民"到"大农业、新农村、强农民"的转变。构建以县城为中心、乡镇为纽带、村庄为腹地的县域城乡融合发展共同体,既是县域城乡融合发展与乡村振兴互促共生、协同共进的有效路径、组织载体和演化结果,也是推进国内大循环、构建新型工农城乡关系的根本途径(见图4-7)。

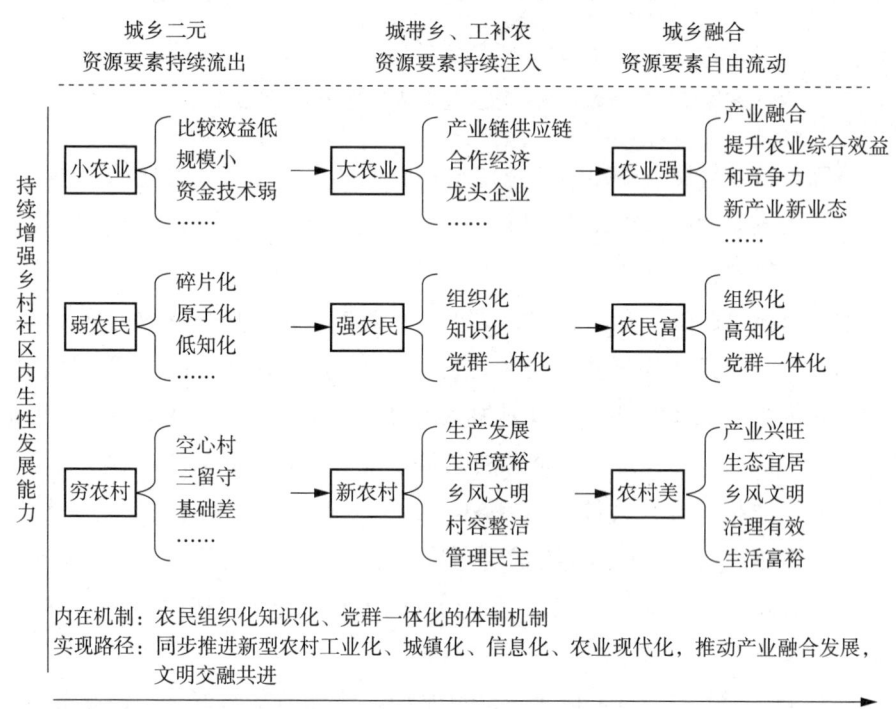

图4-7 持续增强乡村内生发展力的内在机制与实现路径图示

早在20世纪90年代,习近平同志就论述了改变"小农业",发展"大农业"的思想。小农业,主要是集中在耕地经营的、单一的、平面的,单纯以种养业为主要内容的农业生产。大农业,是指朝着多功能、开放式、综合性方向发展的立体农业①,突破单个农民、单纯种养业,以及就农业论农业的局限性,拓展和延伸农业产业链条,利用互助合作的力量把分散经营的单个农民组织起来,与社会化大生产相链接,把产供销、贸工农、经科教紧密结合

---

① 习近平. 摆脱贫困[M]. 福州:福建人民出版社,1992:128.

起来,把与"三农"相关产业系统内的非市场安排与系统外的市场机制相结合。"穷农村"变为"新农村",本质上是要改变资源单一流出农村的状况,把农村建设成为农民生活的幸福家园。发展大农业,建设新农村的根本是改变一家一户个体农民的弱势状态,变"弱农民"为"强农民",核心是提高农民的组织化知识化程度和水平[①]。

所谓"强农民",是以党建为引领,持续提升社区农民组织化知识化程度与水平,大力发展新型农村集体经济、合作经济,不断提升组织化知识化程度与水平,农民由个体分散的原子化弱势小农发展成为有素养有知识有能力有组织的新型农民。"三农"问题的核心是农民问题,农民问题的核心是农民弱势问题[②]。家庭经营基础上的个体小农生产方式,包含与社会化大生产,以及与市场化、工业化、城镇化、农业现代化和农村公共事业发展的矛盾,与先进农业科技装备的推广应用内在不适应。农民在资金、信息、技术、知识、能力等方面的相对弱势,决定了小农在经济社会发展中的弱势地位。培育强农民,实质是解决农民弱势问题。知识就是力量,组织凝聚力量。农民的组织化知识化程度与水平,是乡村经济社会发展中人的要素发展状态的主要呈现,体现着农民推动经济社会发展的能力和水平。新型农村集体经济、合作经济,则是持续提升农民组织化知识化程度与水平的物质基础。社区农民只有在基层党组织领导下,不断提升组织化知识化程度与水平,大力发展集体经济、合作经济,才能持续增强乡村内生发展力。

所谓"大农业",并非简单地扩大经营规模,不是传统耕作方式的合并,简单停留在初级产品生产环节。依托农业托管服务主体的资金、技术、信息、人才、市场等优势,推进农业托管服务由单环节、多环节托管服务,向农业生产全程服务、全产业链延伸,向农产品加工、销售等第二、第三产业拓展,注入新技术、新管理、新知识、新装备等现代化要素,推进现代科技成果的应用转化,发展智慧农业、循环农业、有机农业、体验型农业等,夯实农业生产能力基础,优化结构,发展优质高效、绿色生态农业,提升农业综合效益、创新力和竞争力,开发农业的生态、教育、文化、康养、休闲、旅游、农事体验等功能,加强仓储物流、中央厨房、农批市场等商贸流通设施建设,

---

[①] 冯道杰. 公共财政框架下我国差异性城乡一体化研究 [J]. 中南财经政法大学学报,2014 (9):46-50.

[②] 冯道杰,王成利. 公共财政框架下我国差异性城乡一体化研究 [J]. 中南财经政法大学学报,2014 (5):46-50.

形成从生产到消费终端的服务链,提升农业产业化经营水平,推动产业融合发展,发展新产业新业态,拓展产业链,打通供应链,提升价值链,推动要素在工农、城乡、产业之间高效配置,形成集约化、协作化、合作化、组织化、社会化生产,让农民分享产业链价值链各个环节的利润,参与国内国际经济社会发展大循环。

所谓"新农村",是乡村发展的状态基本达到或者超过乡村振兴的总要求,是"强农民""大农业"的必然结果。有了"强农民",在党组织领导下提升了组织化知识化程度与水平,社区农民才能具备发展"大农业"的主体素养和能力。"大农业"是"强农民"的物质基础和社会表现,"新农村"是"大农业""强农民"的状态呈现。三者相辅相成、有机统一。

现代产业体系和经济体系的深度、广度早已突破单一村庄、单一产品、单一环节的限制,以村域范围内的人才、土地、资金、技术等很难支撑农产品精深加工、非农产业发展、大型农机具和先进科技装备的推广应用。政府投入基础建设,更好地服务农民的生产生活,需要一定规模效益,村庄小型化和农民分散居住构成严重制约因素,在做好传统村庄保护、生态空间规划的基础上,适度规模地合村并居建设新型乡村社区,推动"党支部领办合作社+农业托管服务主体+村庄片区化"发展,不仅能够为高质量基础建设和公共服务奠定基础,而且,能够更大规模、更大范围地推动新乡村建设与新型城镇化、工业化、信息化、农业现代化协同共进,进一步打造县域城乡融合发展共同体。

县域城乡融合发展共同体,是指增加县域城乡一体化要素,建立统一的经济社会运行系统,县域工农城乡之间不再是外部联系,而是经济社会发展一体化要素相互渗入,直接联结成为密不可分、相互融合的发展共同体。县域工农城乡之间在社会功能、经济功能、生态功能、文化功能、安全功能等方面优势互补,相互交融、协调发展。依托区域优势和特色资源,构建县域城乡产业高质量协同发展平台与资源集聚平台,形成以县域为中心的产业—生态协同发展新格局,增加县域城乡差异性一体化要素,建立统一的经济社会运行系统,县域工农城乡之间不再是外部联系,而是经济社会发展一体化要素相互渗入、相互依存、相互融合的县域城乡发展共同体。

以县域为切入点,以乡镇为主要运作单位,以村级合作社为基础单元,统筹产业布局、园区建设、要素集聚、特色小镇、基础建设、公共服务,通过在党支部领办农民合作社基础上开展农业托管服务,进一步纵横联合和拓展延伸，与供销社、国有企业等联合组建新的企业集团、联合社、合作社联合体或产业集群，突破区域、行业、产业等限制，纵横向联合与合作，推进村庄片区化抱团发展，以党建联合体、乡村振兴样板示范区、乡村振兴集中推进区、农村综合性改革试验区、共富公司等形式，把土地托管服务主体的资金、技术、人才、信息、市场等优势与农村劳动力、土地、生态等优势以组织化的方式结合起来，拓展延伸产业链供应链价值链创新链，现代化要素注入与乡村内生发展力增强有机统一，做强做优做大县域公有制经济，做活民营经济，发展大农业，协调推进新型农村工业化、城镇化、信息化和农业现代化，在充分尊重农民意愿的基础上合村并居建设新型乡村社区，形成一定规模的农业托管服务、公共服务、新乡村建设协同共进，以高质量产业发展和公共服务集聚乡村振兴的资源要素，为工农城乡之间资源要素自由流动优化配置提供实现路径、组织形式和有效载体，进而构建新型工农城乡关系和以国内大循环为主体的新发展格局。

以打破城乡二元格局为切入点，以促进农业农村发展和农民增收为核心，以建立促进城乡共建共享和城乡之间要素自由流动平等交换的机制体制为支撑，加速城乡之间产业融合、科技文化融合、生态融合、基础设施一体化和基本公共服务均等化，以市民下乡、农民进城为牵引，畅通县域资源要素城乡流动通道，充分发挥城市现代化要素注入对乡村振兴的带动、拉动作用，以"输血"增强"造血"功能，推动县域资源要素自由流动平等交换、基础设施互联互通、公共服务均等化、县域产业—生态一体化、空间布局一体化，依托县城、特色小镇、中心村，推进以县城为重要载体的县域城镇化，以乡村建设为抓手，协同推进新型农村工业化、城镇化、信息化、农业现代化，进而持续增强乡村和县域内生发展力，建设以城乡融合发展、文明交融共生为发展状态趋向的县域城乡发展共同体。城乡之间产业均衡分布，生产要素和资源优化配置和合理流动，实现城乡基本公共服务均等化，城乡居民越来越普遍地参与公共事务，为县域人、财、物、土地等城乡要素流通与优化配置搭建平台，为每个人自由而全面地发展提供充分的社会和物质条件。

以县域为切入点，以城乡功能互补、要素融合、社区对接、空间统筹等为重点，建立城乡基础设施一体化和基本公共服务均等化体制机制（见图4-8）。以强化县城综合服务能力为统领，以乡镇区域服务中心为载体和圆心，以社区居民活动区域与服务半径为界限，以社区服务中心为发散点，整合资源，统筹规划，以县城、乡镇政府驻地、特色小镇、中心村等为依托，以县城为重要载体推进新型城镇化，持续增强乡村社区内生性治理和服务能力，加强县域综合服务平台与乡镇区域服务中心建设，推进城乡公共服务均等化、公共服务资源均衡配置、城乡基础设施互联互通，统筹谋划产业发展、基础设施、公共服务、资源能源、生态环境保护等主要布局，完善县城综合服务功能，加强以乡镇政府驻地为中心的农民生活圈建设，以镇带村、以村促镇，通盘考虑城镇和乡村发展，以县城综合服务中心、乡镇区域服务中心、社区服务站点为依托，推动公共服务向乡村延伸、社会事业向乡村覆盖，有效服务农民生产生活，化解社会矛盾纠纷，解决社会发展难题，构建党群一体、城乡协同、网格化、精细化、智能化的乡村社区服务网，基本形成全民覆盖、普惠共享、城乡一体的县域城乡公共服务体系。

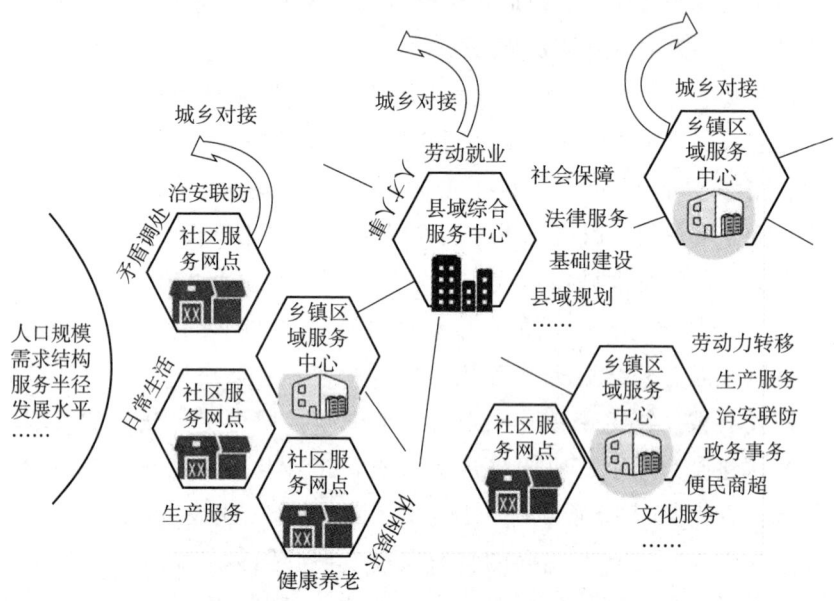

图 4-8　县域服务体系架构和服务平台建设图示

参 考 文 献

一、著作

［1］马克思，恩格斯．马克思恩格斯全集：第4卷［M］．中共中央党史和文献研究院，编译．北京：人民出版社，2001.

［2］毛泽东．毛泽东选集：第4卷［M］．中共中央党史和文献研究院，编译．北京：人民出版社，1991.

［3］毛泽东．毛泽东选集：第6卷［M］．中共中央党史和文献研究院，编译．北京：人民出版社，1993.

［4］马克思，恩格斯．马克思恩格斯全集：第6卷［M］．中共中央马克思恩格斯列宁斯大林著作编译局．北京：人民出版社，2009.

［5］马克思，恩格斯．马克思恩格斯选集：第4卷［M］．中共中央马克思恩格斯列宁斯大林著作编译局．北京：人民出版社，1995.

［6］列宁．列宁选集：第4卷［M］．中共中央马克思恩格斯列宁斯大林著作编译局．北京：人民出版社，2012.

［7］斯大林．斯大林全集：第11卷［M］．北京：人民出版社，1955.

［8］马克思．资本论：第1~3卷［M］．中共中央马克思恩格斯列宁斯大林著作编译局．北京：人民出版社，2004.

［9］毛泽东．毛泽东文集：第7卷［M］．北京：人民出版社，1999.

［10］毛泽东．读《社会主义政治经济学》批注和谈话：上册［M］．北京：中央文献出版社，1998.

［11］江泽民．江泽民文选：第三卷［M］．北京：人民出版社，2006.

［12］邓小平．邓小平文选：第三卷［M］．北京：人民出版社，1993.

［13］习近平．习近平谈治国理政［M］．北京：外文出版社，2014.

［14］习近平．摆脱贫困［M］．福州：福建人民出版社，1992.

［15］王伟光．社会矛盾论［M］．北京：中国社会科学出版社，2011.

［16］虞和平．中国现代化历程：前提与准备：第1卷［M］．南京：江

苏人民出版社，2001.

［17］张晓山. 联结农民与市场：中国农民中介组织探究［M］. 北京：中国社会科学出版社，2002.

［18］赵保佑，张成智. 农业产业化经营理论与实践［M］. 郑州：黄河水利出版社，1999.

［19］程恩富. 经济理论和政策创新［M］. 北京：中国社会科学出版社，2013.

［20］贺雪峰. 组织起来［M］. 济南：山东人民出版社，2012.

［21］罗必良. 经济组织的制度逻辑［M］. 太原：山西经济出版社，2000.

［22］薄一波. 若干重大决策与事件的回顾：上卷［M］. 北京：中共中央党校出版社，1991.

［23］韩俊. 农村市场经济体制建设［M］. 南京：江苏人民出版社，1998.

［24］科斯. 论生产的制度结构［M］. 上海：上海三联书店，1994.

［25］刘豪兴. 农村社会学［M］. 北京：中国人民大学出版社，2004.

［26］刘军宁，等. 市场社会与公共秩序［M］. 北京：生活·读书·新知三联书店，1996.

［27］刘长明. 和谐管理之道［M］. 济南：济南出版社，2009.

［28］郭翔宇，颜华. 统筹城乡发展［M］. 北京：中国农业出版社，2007.

［29］中国（海南）改革发展研究院. 中国农民组织建设国际研讨会论文集［M］. 北京：中国经济出版社，2005.

［30］罗必良，温思美，林家宏. 市场化进程中的组织制度创新［M］. 广州：广东经济出版社，1999.

［31］赵秀玲. 中国乡里制度［M］. 北京：社会科学文献出版社，2002.

［32］李寿祺. 利益集团与美国政治［M］. 北京：社会科学出版社，1988.

［33］程恩富. 程恩富选集［M］. 北京：中国社会科学出版社，2010.

［34］谭融. 美国利益集团政治研究［M］. 北京：中国社会科学出版社，2002.

［35］罗平汉. 农村人民公社史［M］. 福州：福建人民出版社，2003.

［36］程同顺．当代比较政治学理论［M］．天津：南开大学出版社，2001.

［37］张乐天．告别理想：人民公社制度研究［M］．上海：东方出版中心，1998.

［38］陈佳贵．中国国有企业改革30年研究［M］．北京：经济管理出版社，2008.

［39］张新光．"三位一体"的农村改革观［M］．北京：中国农业出版社，2006.

［40］陆学艺．"三农论"：当代中国农业、农村、农民研究［M］．北京：社会科学文献出版社，2002.

［41］马啸原．西方政治思想史纲［M］．北京：高等教育出版社，2004.

［42］赵秀玲．村民自治通论［M］．北京：中国社会科学出版社，2004.

［43］辛秋水．中国村民自治［M］．合肥：黄山书社，1999.

［44］徐勇．现代国家、乡土社会与制度构建［M］．北京：中国物资出版社，2009.

［45］王焱．民主政治视野下的精英治理：西方精英主义政治理论研究［M］．天津：天津人民出版社，2014.

［46］傅晨．中国农村合作经济：组织形式与制度变迁［M］．北京：中国经济出版社，2006.

［47］中共中央组织部．农村基层干部读本［M］．北京：党建读物出版社，1999.

［48］徐勇．中国农村村民自治［M］．武汉：华中师范大学出版社，1997.

［49］刘永佶．中国经济矛盾论［M］．北京：中国经济出版社，2004.

［50］孙亚范．新型农民专业合作经济组织发展研究［M］．北京：社会科学文献出版社，2006.

［51］史敬棠，张凛，周清和，等．中国合作化运动史料：上、下［M］．上海：上海三联书店，1959.

［52］曹锦清．黄河边的中国［M］．上海：上海文艺出版社，2001.

［53］徐勇．现代国家、乡土社会与制度构建［M］．北京：中国物资出版社，2009.

［54］李周．21世纪的中国农村可持续发展［M］．北京：社会科学文献

出版社，2000.

［55］邓英淘，崔文元，苗壮等. 南街村［M］. 北京：当代中国出版社，1996.

［56］何增科，等. 中国政治体制改革研究［M］. 北京：中央编译出版社，2008.

［57］朱新山. 乡村社会结构变动与组织重构［M］. 上海：上海大学出版社，2004.

［58］程同顺. 当代中国农村政治发展研究［M］. 天津：天津人民出版社，2000.

［59］李昌平，董磊明. 税费改革背景下的乡镇体制研究［M］. 武汉：湖北人民出版社，2004.

［60］陆学艺，李陪林. 我国社会发展报告［M］. 沈阳：辽宁人民出版社，1991.

［61］吴毅，吴淼. 村民自治在乡土社会的遭遇（以白村为个案）［M］. 武汉：华中师范大学出版社，2003.

［62］徐勇，项继权. 村民自治进程中的乡村关系［M］. 武汉：华中师范大学出版社，2000.

［63］宋洪远，等. 改革以来中国农业和农村经济政策的演变［M］. 北京：中国经济出版社，2000.

［64］杜润生. 杜润生自述：中国农村体制变革重大决策纪实［M］. 北京：人民出版社，2005.

［65］陈锡文. 中国农村改革：回顾与展望［M］. 天津：天津人民出版社，1993.

［66］王景新. 乡村新型合作经济组织崛起［M］. 北京：中国经济出版社，2005.

［67］瞿振元，等. 中国社会主义新农村建设研究［M］. 北京：社会科学文献出版社，2006.

［68］王浦劬. 政治学基础［M］. 北京：北京大学出版社，2005.

［69］温铁军. "三农"问题与制度变迁［M］. 北京：中国经济出版社，2009.

［70］温铁军. 中国农村基本经济制度研究［M］. 北京：中国经济出版社，2000.

［71］王振耀，白钢，王仲田．中国村民自治前沿［M］．北京：中国社会科学出版社，2000．

［72］荣敬本．从压力型体制向民主合作体制的转变：县乡两级政治体制改革［M］．北京：中央编译出版社，1998．

［73］彭真．彭真文选［M］．北京：人民出版社，1991．

［74］徐勇．中国农村村民自治：制度与运行［M］．武汉：华中师范大学出版社，1997．

［75］白光，李永全．中国农业发展之路［M］．北京：中国审计出版社，2001．

［76］俞可平．民主与陀螺［M］．北京：北京大学出版社，2006．

［77］董忠堂．建设社会主义新农村论纲［M］．北京：人民日报出版社，2005．

［78］孙立平．重建社会：转型社会的秩序再造［M］．北京：社会科学文献出版社，2009．

［79］编辑委员会．当代中国的农业合作制：下［M］．北京：当代中国出版社，2002．

［80］王景新．村域经济转轨与发展：国内外田野调查［M］．北京：中国经济出版社，2005．

［81］费孝通．乡土中国［M］．上海：上海人民出版社，2006．

［82］许毅，等．三农问题研究［M］．北京：经济科学出版社，2006．

［83］牛若峰，李成贵，郑有贵．中国的"三农"问题［M］．北京：中国社会科学出版社，2004．

［84］贺雪峰．村治的逻辑［M］．北京：中国社会科学出版社，2009．

［85］俞可平，李慎明，王伟光．农业农民问题与新农村建设［M］．北京：中央编译局出版社，2006．

［86］当代中国农业合作化编辑室．建国以来农业合作化史料汇编［M］．北京：中共党史出版社，1992．

［87］苏星．我国农业的社会主义改造［M］．北京：人民出版社，1980．

［88］宋洪远．改革以来中国农业和农村经济政策的演变［M］．北京：中国经济出版社，2000．

［89］张厚安．中国乡镇政权建设［M］．成都：四川人民出版社，1992．

［90］牛若峰，夏英．农业产业化经营的组织方式和运作机制［M］．北

京：北京大学出版社，2000.

[91] 斯蒂格利茨．经济学：下册［M］．北京：中国人民大学出版社，1997.

[92] 罗平汉．大锅饭：公共食堂始末［M］．南宁：广西人民出版社，2001.

[93] 国家统计局国民经济综合统计司．新中国五十统计资料汇编［M］．北京：中国统计出版社，1999.

[94] 小艾尔弗雷德 D. 钱德勒．看不见的手：美国企业的管理革命［M］．重武，译．北京：商务印书馆，1987.

[95] 杨小凯．经济学原理［M］．北京：中国社会科学出版社，1998.

[96] 李捷，王顺生．中国近现代史纲要［M］．北京：高等教育出版社，2008.

[97] 洪远朋．合作经济理论与实践［M］．上海：复旦大学出版社，1996.

[98] 俞可平，等．中国公民社会的兴起与治理的变迁［M］．北京：社会科学文献出版社，2000.

[99] 同春芬．转型时期中国农民的不平等待遇透析［M］．北京：社会科学文献出版社，2006.

[100] 俞可平，等．市场经济与公民社会：中国与俄罗斯［M］．北京：中央编译出版社，2005.

[101] 江涌．中国困局：中国经济安全透视［M］．北京：经济科学出版社，2010.

[102] 马泉山．新中国工业经济史（1966~1978）［M］．北京：经济管理出版社，1998.

[103] 李善峰．山东社会蓝皮书：2011年民生建设的新进展［M］．济南：山东人民出版社，2011.

[104] 中共中央文献研究室．建国以来重要文献选编：第11册［M］．北京：中央文献出版社，1996.

[105] 徐勇．乡村治理与中国政治［M］．北京：中国社会科学出版社，2003.

[106] 王宪明．中国小农经济改造的制度选择研究［M］．北京：中国经济出版社，2008.

[107] 王沪宁．比较政治分析［M］．上海：上海人民出版社，1987.

[108] 于建嵘．岳村政治：转型时期中国乡村政治结构的变迁［M］．北京：商务印书馆，2001.

[109] 牛若峰，等．中国经济偏斜循环与农业曲折发展［M］．北京：中国人民大学出版社，1991.

[110] 牛若峰．农业产业一体化经营的理论与实践［M］．北京：中国农业科技出版社，1998.

[111] 刘斌，张兆刚，霍功．中国"三农"问题报告［M］．北京：中国发展出版社，2004.

[112] 张晓山，李周．中国农村改革30年研究［M］．北京：经济管理出版社，2008.

[113] 黄祖辉，傅夏仙．浙江农村股份合作制制度创新与实践［M］．杭州：浙江人民出版社，2002.

[114] 李君如，严书翰．社会主义和谐社会论．［M］．北京：人民出版社，2006.

[115] 林毅夫．制度、技术与中国农业发展［M］．上海：上海三联书店，1994.

[116] 国家统计局农村司．中国农村改革40年［M］．郑州：中原农民出版社，1989.

[117] 郭晓君．中国农村文化建设论［M］．石家庄：河北科学技术出版社，2001.

[118] 翟卫华，等．农村文化建设［M］．北京：中国农业出版社，2000.

[119] 聂华林，李莹华．中国西部农村文化建设概论［M］．北京：中国社会科学出版社，2007.

[120] 陈佳贵，等．新中国管理学60年［M］．北京：中国财政经济出版社，2009.

[121] 严书翰．中国城市化进程［M］．北京：中国水利水电出版社，2006.

[122] 毛寿龙．政治社会学：民主制度的政治社会基础［M］．长春：吉林人民出版社，2007.

[123] 陆学艺．内发的村庄［M］．北京：社会科学文献出版社，2001.

[124] 杨帆. 利益集团 [M]. 郑州：郑州大学出版社，2010.

[125] 潘维，玛雅. 人民共和国六十年与中国模式 [M]. 北京：生活·读书·新知三联书店，2010.

[126] D. C. 诺斯. 经济史中的结构与变迁 [M]. 陈郁，罗华平等译. 上海：上海三联书店，1991.

[127] 杜赞奇. 文化、权力与国家 [M]. 王福明译. 南京：江苏人民出版社，1995.

[128] 欧文·E. 休斯. 公共管理导论 [M]. 张成福，等译. 北京：中国人民大学出版社，2001.

[129] 曼瑟尔·奥尔森. 集体行动的逻辑 [M]. 陈胡，郭宇峰，李崇新译. 上海：上海人民出版社，1995.

[130] R. 科斯. 论生产的制度结构 [M]. 盛洪，陈郁，译. 上海：上海三联书店，1994.

[131] 斯密. 国民财富的性质和原因的研究 [M]. 郭大力，王亚南，译. 北京：商务印书馆，1979.

[132] 康芒斯. 制度经济学 [M]. 于树生，译. 北京：商务印书馆，1998.

[133] 乔·萨托利. 民主新论 [M]. 冯克利，译. 北京：东方出版社，1993.

[134] 弗兰西斯·福山. 信任：社会道德与繁荣的创造 [M]. 李宛蓉，译. 呼和浩特：远方出版社，1998.

[135] 罗伯特·帕特南. 使民主运转起来：现代意大利的公民传统 [M]. 王列，赖海榕，译. 南昌：江西人民出版社，2001.

[136] 罗兹曼. 中国现代化 [M]. 国家社会科学基金"比较现代化"课题组. 南京：江苏人民出版社，1988.

[137] 曼瑟尔·奥尔森. 集体行动的逻辑 [M]. 陈郁，等，译. 上海：上海三联书店，1995.

[138] 加里·沃塞曼. 美国政治基础 [M]. 陆震纶，等，译. 北京：中国社会科学出版社，1994.

[139] L. E. 戴维斯，D. C. 诺斯. 财产权利与制度变迁 [M]. 刘守英，等，译. 上海：上海三联书店，2003.

[140] 艾伦·D. 赫茨克. 在华盛顿代表上帝：宗教游说在美国政体中的

作用［M］．徐以骅，等，译．上海：上海世纪出版集团，2003．

［141］V. W. 拉坦．诱致性制度变迁理论［M］．刘守英，等，译．上海：上海三联书店，2003．

［142］T. W. 舒尔茨．制度与人的经济价值的不断提高［M］．刘守英，等，译．上海：上海三联书店，2003．

［143］孟德斯鸠．论法的精神：上册［M］．张雁深，译．北京：商务印书馆，1961．

［144］罗伯特·赖克．超级资本主义［M］．石冠兰，译．北京：当代中国出版社，2010．

［145］恰亚诺夫．农民经济组织［M］．萧正洪，译．北京：中央编译出版社，1986．

［146］戴维·赫尔德．民主的模式［M］．燕继荣，等，译．北京：中央编译出版社，1998．

［147］塞缪尔·亨廷顿．变革社会中的政治秩序［M］．李盛平，等，译．北京：京华出版社，1988．

［148］黄宗智．华北的小农经济与社会变迁［M］．北京：中华书局，1986．

［149］W. 理查德·斯格特．组织理论：理性、自然和开放系统［M］．黄洋，李霞，等，译．北京：京华出版社，2002．

［150］黄宗智．长江三角洲小农家庭与乡村发展［M］．北京：中华书局，1992．

［151］费正清，刘广京．剑桥中国晚清史：下卷［M］．北京：中国社会科学出版社，1994．

［152］HAKEN H. Information and self-organization: a macroscopic approach to complex system［M］. London: Springer-Verlag, 1988: 16.

［153］PRIGOGINE AND ISABELL STENGERS, order out of chaos［M］. New York: Bantam, 1984: 9.

［154］Leavitt Applied Organizational Change in Industry: Structural, Technological and Humanistic Approaches, in Handbook of Organizations［M］. Chicago: Rand McNally, 1145.

［155］Parsons. Structure and Process in Modern Societies［M］. IL: Free Press, 1960: 41.

［156］ STIGLER, GEORGE J. the theory of economic regulation［J］. bell journal of economics and managememnt science 2（spring 1971）：3-21.

［157］ DON TAPSCOTT, ART CASTON. paradigm shift: the new promise of information technology［M］. New York: McGraw-Hill, Inc, 1998: 78.

［158］ STUART A. KAUFFMAN. at home in the universe: the search for the laws of self-organization and complexity［M］. New York: Oxford University Press, 1995.

［159］ HERMANN HAKEN. Information and self-organization: a macroscopic approach to complex system［M］. London: Springer-Verlag, 1988: 11.

［160］ HERMANN HAKEN. Synergetics, An Introduction: Non-Equilibrium phase transitions and self-organization in physics, and chemistry［M］. London: Springer-Verlag, Ⅲ, 1983: 191.

二、报刊

［1］胡序杭. 村务民主决策的实践：来自杭州市余杭区的调研报告［J］. 中共杭州市委党校学报, 2008（3）.

［2］罗兴佐. 论民间组织在村庄治理中的参与及后果：对浙江省先锋村村治过程的初步分析［J］. 中国农村观察, 2003（5）.

［3］盛洪. 让农民自己代表自己［N］. 经济观察报, 2003（1）.

［4］陈锡文. 应该认真研究农村现实问题［J］. 农业经济问题, 2007（4）.

［5］李熠煜. 当代农村民间组织生长成因研究［J］. 人文杂志, 2004（1）.

［6］孙亚范. 我国农民专业合作经济组织创新的成本约束及化解［J］. 经济问题探索, 2004（2）.

［7］曹晔, 徐衹坤, 冯利民, 等. 中国农民组织化形式探析［J］. 农村经济, 2002（4）.

［8］石敏俊, 金少胜. 中国农民需要合作组织吗［J］. 浙江大学学报, 2004（3）.

［9］林辉煌. 寡头政治与中国基层民主［J］. 文化纵横, 2011（4）.

［10］徐勇. 现代国家建构中的农民权益维护［J］. 华中师范大学学报, 2008（2）.

［11］徐勇. 政权下乡：现代国家对乡土社会的整合［J］. 贵州社会科学, 2007（11）.

［12］李捷. 怎样认识改革开放前后两个历史时期［J］. 求是, 2013（24）.

［13］胡穗. 农业集体化进程中"包产到户"体制外探索论述［J］. 求

索，2005（11）．

［13］徐勇．村民自治的成长：行政放权与社会发育［J］．开放导报，2004（12）．

［14］阎孟伟．社会主义民主是实质性民主［J］．求是，2014（6）．

［15］黄季焜．六十年中国农业的发展和三十年改革奇迹：制度创新、技术进步和市场改革［J］．农业技术经济，2010（1）．

［16］仝志辉．我国农村社会化服务体系的"部门化"及其改革［J］．理论视野，2007（8）．

［17］王立胜．人民公社化运动与中国农村社会基础再造［J］．中共党史研究，2007（3）．

［18］项继权．中国乡村治理的层级及其变迁：兼论当前乡村体制的改革［J］．开放时代，2008（3）．

［19］李成贵．国家、利益集团与"三农"困境［J］．经济社会体制比较，2004（5）．

［20］李凯中．农村社会转型与农民组织化［J］．求索，2006（12）．

［21］程恩富，胡乐明．中国马克思主义理论研究60年［J］．马克思主义研究，2010（1）．

［22］吴协东．华西村的管理特色［J］．中国乡镇企业，2000（2）．

［23］贺雪峰．乡村秩序与县乡村体制［J］．江苏行政学院学报，2003（4）．

［24］沈承诚．从角色失衡到权力监督：农村和谐社会构建中村委会建设的新视角［J］．内蒙古社会科学，2006（2）．

［25］罗平汉．1960年底到1961年初的农村整风整社［J］．现代哲学，2009（6）．

［26］李玉平，等．农业现代化与农民素质［J］．经济问题，1994（7）．

［27］罗平汉．一部大寨人评说大寨的书：评《口述大寨史——150位大寨人说大寨》［J］．晋阳学刊，2011（4）．

［28］吴毅．村治中的政治人［J］．战略与管理，1998（2）．

［29］李前兵．农民中介组织发育的两条路径［J］．经济问题，2003（3）．

［30］孙亚范．我国农民专业合作组织发展分析和对策［J］．经济纵横，2003（5）．

［31］孟祥林．新型城乡关系背景下农村发展趋势分析［J］．发展研究，

2014（3）．

[32] 赵泽洪，等．农民组织化与完善村民自治制度［J］．山东农业大学学报，2006（2）．

[33] 戴雪梅．和谐社会与公众参与问题研究［J］．求索，2006（8）．

[34] 于建嵘．农民有组织抗争及其政治风险——湖南H县调查［J］．战略与管理，2003（3）．

[35] 薄一波．关于一九五八年度国民经济计划草案的报告［N］．人民日报，1958-02-13（02）．

[36] 杨松．中国改革进程中农民的政治参与和政治稳定［J］．社会主义研究，1998（5）．

[37] 徐勇．社会动员、自主参与与政治整合：中国基层民主60年［J］．社会科学战线，2009（6）．

[38] 朱守银，张照新．南海市农村股份合作制改革实验研究［J］．中国农村经济，2002（6）．

[39] 曹晔，等．中国农民组织化形式探析［J］．农村经济，2002（4）．

[40] 孙强．对发展农村合作经济组织提高农民组织化程度的思考［J］．农业经济，2002（11）．

[41] 杨文志．对农村专业技术协会及其相关问题的探讨［J］．中国农村经济，2002（3）．

[42] 徐勇．强村、精乡、简县：乡村治理结构改革的走向：税费改革中农村利益关系及体制的再调整［J］．战略与管理，2003（4）．

[43] 刘炜，范卫东．我国农村集体经济的现状和未来发展［J］．山东经济，2007（5）．

[44] 孙亚范，徐琛．江苏新型农民专业合作组织的现状与发展［J］．现代经济探讨，2003（6）．

[45] 张健．农民合作组织与乡村公民社会转型［J］．江苏社会科学，2006（6）．

[46] 程同顺．村民自治的蜕变及防治［J］．调研世界，2001（2）．

[47] 刘玨．家庭经营是农业经济组织的普遍形式［J］．财经科学，2002（3）．

[48] 温铁军．"三农"问题：世纪末的反思［J］．读书，1999（12）．

[49] 程恩富，陆夏，徐惠平．建设社会主义新农村要倡导集体经济和合

作经济模式多样化［J］．经济纵横，2006（11）．

［50］程恩富．要切实发展统分结合的集体层经营［J］．中国老区建设，2007（2）．

［51］党国英．取消农业税背景下的乡村治理［J］．税务研究，2005（6）．

［52］靳相木，等．试论劳动群众集体所有制及其实现形式［J］．农业经济问题，1999（7）．

［53］徐勇．县政、乡派、村治：乡村治理的结构性转换［J］．江苏社会科学，2002（2）．

［54］贺雪峰，仝志辉．论村庄社会关联：兼论村庄秩序的社会基础［J］．中国社会科学，2002（3）．

［55］吕德文，贺雪峰．中国乡村治理六十年［N］．社会科学报，2009-09-24（02）．

［56］张晓山．乡村治理结构的改革［J］．科学决策，2006（1）．

［57］贺雪峰．乡村秩序与县乡村体制：兼论农民的合作能力问题［J］．江苏行政学院学报，2003（4）．

［58］于建嵘．农村黑恶势力和基层政权退化［J］．战略与管理，2003（5）．

［59］吴理财．中国农村治理体制：检讨与创新［J］．调研世界，2009（5）．

［60］金太军．"乡政村治"格局下的村民自治［J］．社会主义研究，2000（4）．

［61］应瑞瑶．合作社的异化与异化的合作社［J］．农业经济导刊，2003（4）．

［62］项继权．乡村集体化与民主化：若干乡村的实证分析［J］．中国农村观察，1999（2）．

［63］程同顺．利益集团理论与中国农民的组织化［J］．社会科学，2005（3）．

［64］郑法．农村改革与公共权力的划分［J］．战略与管理，2000（4）．

［65］沈延生．村政的兴衰与重建［J］．战略与管理，1998（6）．

［66］张紧跟．从维权抗争到协商对话：当代中国民主建设新思路［J］．华中师范大学学报，2011（2）．

［67］林毅夫．自生能力与改革的深层次问题［J］．经济社会体制比较，2002（12）．

[68] 林尚立. 协商政治：对中国民主政治发展的一种思考 [J]. 学术月刊, 2003 (4).

[69] 刘延东. 历史必然性·伟大独创性·巨大优越性 [J]. 求是, 2006 (13).

[70] 郑谦. 社会主义教育运动的过程与体制性分析 [J]. 中共党史研究, 2006 (2).

[71] 徐勇. 村民自治的成长：行政放权与社会发育：1990年代后期以来中国村民自治发展进程的反思 [J]. 华中师范大学学报, 2005 (2).

[72] 温铁军. 对改革开放30年来农村改革的三个思考 [J]. 税务研究, 2008 (12).

[73] 李周. 中国新农村建设实践研究 [J]. 东岳论丛, 2013 (8).

[74] 贺雪峰, 董磊明, 陈柏峰. 乡村治理研究的现状与前瞻 [J]. 学习与实践, 2007 (8).

[75] 张光, 程同顺. 美国农业政策及其对中国的影响和启示 [J]. 调研世界, 2004 (10).

[76] 吴毅. 村民自治的成长：国家进入与社区内生——对全国村民自治第一村及所在县的个案分析 [J]. 政治学研究, 1998 (3).

[77] 徐勇. 社会化小农：解释当今农户的一种视角 [J]. 学术月刊, 2006 (7).

[78] 徐勇. 如何认识当今的农民、农民合作与农民组织 [J]. 华中师范大学学报, 2007 (1).

[79] 徐勇. 农村微观组织再造与社区自我整合：湖北省杨林桥镇农村社区建设的经验与启示 [J]. 河南社会科学, 2006 (5).

[80] 徐勇. "再识农户"与社会化小农的建构 [J]. 华中师范大学学报, 2006 (3).

[81] 王守智. 集体经济组织在新一轮农村改革发展中的功能、困境及出路 [J]. 长江论坛, 2009 (3).

[82] 于建嵘. 我国农村群体性突发事件研究 [J]. 山东科技大学学报, 2002 (4).

[83] 周晓虹. 改革开放以来中国社会心态的变迁：有关中国经验的另一种解读 [J]. 中国社会科学辑刊, 2009年夏季卷.

[84] 党国印. 村民自治是民主政治的起点吗 [J]. 战略与管理, 1999

（1）.

［85］于建嵘. 村民自治的价值和困境：兼论中华人民共和国村民委员会组织法的修改［J］. 学习与探索，2010（4）.

［86］温铁军. 中国的城镇化道路与相关制度问题［J］. 开放导报，2000（5）.

［87］文军. 社区发展及其在我国的现实意义［J］. 岭南学刊，1998（2）.

［88］史振厚，邹德秀. 试论发展农村非政府组织的必要性［J］. 农村经济，2005（2）.

［89］杨善民. 中国农村社区发展探讨：对济南郊区冷水沟村的研究［J］. 文史哲，1996（4）.

［90］程同顺. 论提高农民组织化程度的必要性［J］. 中共云南省委党校学报，2003（4）.

［91］宋启超. 农民组织化问题研究：拿取与反哺［J］. 河套大学学报，2007（3）.

［92］王晓毅. 小岗村的悖论［J］. 读书，2004（6）.

［93］仝志辉，温铁军. 资本和部门下乡与小农户经济的组织化道路：兼对专业合作社道路提出质疑［J］. 开放时代，2009（4）.

［94］党国英. 我国乡村治理改革回顾与展望［J］. 社会科学战线，2008（12）.

［95］徐勇. 现代国家建构中的农民权益维护［J］. 华中师范大学学报，2008（2）.

［96］王立胜. 人民公社化运动与中国农村社会基础再造［J］. 中共党史研究，2007（3）.

［97］张乐天. 公社制度终结后的农村政治与经济：浙北农村调查引发的思考［J］. 战略与管理，1997（3）.

［98］唐宗焜. 合作社功能和社会主义市场经济［J］. 经济研究，2007（12）.

［99］林毅夫. 自生能力与改革的深层次问题［J］. 经济社会体制比较，2002（12）.

［100］辛逸. 人民公社研究述评［J］. 当代中国史研究，2008（1）.

［101］农业部产业化办公室. 借鉴国外合作社经验应对WTO挑战［J］. 农业经济导刊，2001（4）.

［102］王勇. 高农民组织化程度与转变政府职能［J］. 学习与探索，

2007（2）.

[103] 社论. 论农业产业化 [N]. 人民日报，1995-12-11（01）.

[104] 秦庆武. 加快山东新型农村合作经济的发展步伐 [J]. 理论学习，2001（6）.

[105] 王奇生. 党政关系：国民党党治在地方层级的运作（1927—1937）[J]. 中国社会科学，2001（3）.

[106] 李建广. 基层贪腐、乡匪村霸，这些农村问题中央看到了、办法找到了 [N]. 人民日报，2015-06-19（05）.

[107] 刘越山. 浙鲁苏推行村庄合并：中国农村出现大村庄发展趋势 [J]. 山西农业，2008（3）.

[108] 祁胜勇. 把解散的农民重新组织起来 [N]. 燕赵都市报，2011-05-10（10）.

[109] 黄少安. 制约农民致富的制度分析 [J]. 学术月刊，2003（6）.

[110] 刘章景. 农业现代化的"日本模式"与中国的农业发展 [J]. 经济纵横，2002（9）.

[111] 王欲鸣. "一村一品"日本农业产业化的成功模式 [J]. 经济与科技，2007（2）.

[112] 仲青. 日本有个"共产主义村" [J]. 党的建设，2004（7）.

[113] 王景新. 农村集体所有制有效实现形式：理论与现状 [N]. 光明日报，2015-01-17.

[114] 王辉. 发达资本主义国家农业生产关系的新变化及其启示 [J]. 贵州大学学报，2008（4）.

[115] 王玉玲. 新中国的农业合作化与农村工业化 [J]. 当代中国史研究，2007（2）.

[116] 郭正林. 乡村集体化何以支持民主化的治理：评项继权集体经济背景下的乡村治理 [N]. 中华读书报，2003-04-09.

[117] 周沛. 乡镇社区发展模式和道路比较研究：以江苏省的三个周庄为例 [J]. 南京大学学报，2006（2）.

[118] 欧阳雪梅，李铁明. 当前村民自治进程中存在的问题及对策研究 [J]. 新视野，2007（4）.

[119] 唐炜，马小勇. 新农村建设为什么必须尊重农民意愿 [N]. 人民日报，2007-06-12.

[120] 蒋茜. 农村人民公社之兴与农业合作化 [J]. 经济与社会发展, 2008 (5).

三、学位论文

[1] 王兴明. 城乡产业统筹发展研究 [D]. 北京：中国社会科学院, 2010.

[2] 李香者. 城乡公共服务一体化问题研究 [D]. 保定：河北农业大学, 2012.

[3] 李建桥. 我国社会主义新农村建设模式研究 [D]. 北京：中国农业科学院, 2009.

[4] 张进选. 中国农业制度变迁问题研究 [D]. 上海：复旦大学, 2003.

[5] 孙全亮. 现阶段我国农地经营制度研究 [D]. 北京：中共中央党校, 2011.

[6] 蔺雪春. 当代中国村民自治背景下的乡村治理模式研究 [D]. 西安：西北大学, 2005.

[7] 鄢庆丰. 中国村庄社区转变的理论脉络与经验表达 [D]. 武汉：华中科技大学, 2012.

四、网络文章及其他

[1] 仝志辉. 农村合作体系应怎样构建 [EB/OL]. http://www.snzg.cn, 2008-03-01.

[2] 赵树凯. 农民的政治：迷茫与断想 [EB/OL]. http://www.snzg.cn, 2011-06-02.

[3] 李克军. 农村基层组织建设中的形式主义 [EB/OL]. http://www.snzg.cn, 2011-05-29.

[4] 赵瑞雪. 山东省市场主体达 281.7 万户，创历史最高水平 [EB/OL]. 中国日报网, 2010-02-23.

[5] 南刚志. 中国乡村治理模式的创新：从"乡政村治"到"乡村民主自治" [EB/OL]. http://www.snzg.cn, 2011-06-15.

[6] 北京市农村合作经济经营管理站等. 农民专业合作经济组织理论与实践 [C]. 北京市农民专业合作经济组织内部培训教材, 2002.

附 录

案例1 中原共同富裕的一面红旗：河南刘庄

刘庄地处黄河故道，北依太行，南临黄河，紧靠107国道，距离新乡市区25公里。从明代建村到新中国成立前夕，刘庄是方圆几十里最穷的乡镇。有民谣云：方圆十里乡，最穷数刘庄。住的土草房，糠菜半年粮。刘庄的发展与史来贺密不可分。

1952年冬，史来贺当选为村支部书记，挑起了带领全村人民治穷致富的重担。1953年春，史来贺在全乡首先成立了农业合作社，带领村民组织起来整治土地，车推、肩挑、人抬，起岗填沟、拉沙盖碱，起早贪黑、没日没夜地干，把不毛之地建成旱涝保收的现代农业园区，刘庄成为全国首批解决温饱问题的先进村。20世纪80年代初，刘庄已成为中原首富村。

1981年，全国农村普遍推行家庭联产承包责任制，上面派了十几个人组成的工作组，要史来贺带头将集体分掉。当时的刘庄已经突破了单一的农业生产格局，打下了农、林、牧、副、渔全面发展的基础，全部实现了机械化、水利化，全大队的林、牧、副、工、商收入已占总收入的70%以上，2/3的劳动力已经转到第二、第三产业上。听说要把刘庄分掉，把史来贺选掉，不少社员急得直哭。时任中共中央总书记胡耀邦来刘庄视察，看了刘庄的变化，听了汇报后说，"就要实事求是，就要因地制宜"，表示支持刘庄走集体化道路。得到胡耀邦总书记的支持，刘庄大胆坚持走集体化道路。1982年，刘庄农工商联合社成立，逐步发展成为拥有医药、淀粉、机械、运输、农场、商业及酒店等7个行业的大型企业集团，分为农业、园林、畜牧、工副、商业、农机、建筑7个专业队36个承包单位，实行综合经营、专业生产、分工协作、奖罚联产的集体专业联产承包责任制。

在史来贺的带领下，刘庄经济发展步入"快车道"。1985年，史来贺和村党支部其他成员经过反复考察，决定引进一项高科技生物工程，建设一座全国最大的生产肌苷的制药厂——华星药厂。1986年5月20日，刘庄人自己设计、安装的华星药厂正式投产。1990年，筹资7000万元开始了华星药厂第二分厂的建设；1993年，建成青霉素钾、青霉素钠生产线；1995年，开始生产红霉素；1998年，氨苄青霉素投入生产；1999年，技术含量更高的生物发酵分厂破土动工……刘庄又陆续建起了食品厂、造纸厂、淀粉厂等，并向高科技进军，建立了华兴药厂，肌苷产量占全国的一半以上。19名劳力在农场经营1050亩耕地，农业实现机械化、水利化，粮食亩产稳居千斤以上，其余劳力从事第二、第三产业。2002年，史来贺去世，捧出了最后一本账：355户1616人的刘庄，固定资产近10亿元，总产值8.8亿元，上缴税金4500万元，户均存款20万元。村民享受20多项公共福利，上学、看病、养老费用由集体承担。一名美国女记者慕名前来采访，前后两次在社员家中住了32天，由衷赞叹："还是刘庄好，还是社会主义好！"

史来贺去世后，他的大儿子史世领当选为刘庄带头人。新一届村党委清醒地意识到，刘庄经济要实现新的跨越式发展，必须依靠科技创新。为此，他们在北京成立了刘庄华星科技有限公司，利用北京的地域优势、信息优势、人才优势，拉长产业链条，抢占制高点，加大科技投入，开发拥有知识产权和有市场潜力的产品。在发展经济的同时，刘庄还重视环境保护，村里投资1.8亿元建起拥有国内先进工艺水平的污水处理工程，工业污水和生活污水都实现了无害化处理。刘庄基本形成了以农业为基础、以高科技产业为先导、其他产业配套发展的循环经济、循环生产的新型工业格局。

实践证明：史来贺的决断和刘庄人的选择是正确的。多年以来，史来贺用"不变"保证了"变"，既不"刮风"也不"跟风"，走出了一条属于刘庄的独有道路。这种新的经营方式，既充分发挥了集体经济的优越性，又极大地调动了个人的积极性，为商品经济的发展注入了比单一家庭经营更为充足和旺盛的活力。因这些规则的存在，才保证了刘庄的集体经济。而刘庄的幸福生活和高福利，依靠的就是集体经济。

1991年，时任中共中央总书记江泽民视察刘庄，感慨道："说句心里话，社会主义好，刘庄是有说服力的。"1989年，时任全国政协主席李先念视察刘庄，激动地说："我80岁了，就是要看到农村人的这一天！"1990年，时任国务院总理李鹏视察刘庄，题词：发展集体经济，走共同富裕道路。

——资料来源：[1] 朱夏炎，王钢. 中国村魂：追忆新乡县刘庄村原党委书记史来贺 [EB/OL]. 大河网，2013-09-26. [2] 李杰，王明浩. 共产党人的楷模——史来贺（上）[N].人民日报，2003-09-15（01）.[3]戴鹏，王明浩.共产党人的楷模——史来贺（下）[N].人民日报，2003-09-16（01）.[4]李肖肖.河南新乡刘庄：坚持集体经济，幸福路更宽[N].河南商报，2014-06-18.[5]史来贺和刘庄：一个人和一个村[N].河南日报，2008-11-20.[6]蒋永武.史来贺[M].北京：新华出版社，2005.[7]赵智奎.史来贺精神与刘庄村之路[M].北京：社会科学文献出版社，2013.

案例 2　社队企业基础上起飞的"天下第一村"——华西村

江苏省江阴市华西村在人民公社时期就是老"红旗单位"。1964 年，政府号召"农业学大寨"，老书记吴仁宝等制定了一个十五年计划，要把华西村的土地改造成高产稳产农田，计划到 1972 年提前完成。据《江阴市志》资料：华西村在不到 10 年时间内，花人工 29 万个，挑土 137 万立方米，将 1300 多块高低不平地块，改造成 400 多方稳产高产良田。粮食亩产 1964 年 610 公斤，1970 年 805.5 公斤。1972 年起，亩产连续 8 年超吨粮，每年提供商品粮 12.5 万公斤。同时发展多种经营，走农副工综合发展道路。①

华西村短时间内付出高水平努力，彻底改变了生产生活条件。华西村的突出成绩得到了各级政府的充分肯定，1973 年 12 月 3—7 日，县委召开三级干部学华西现场会议，深入开展学大寨、赶华西的群众运动。《人民日报》曾经连续给予正面报道。当时华西村的农业生产与全中国绝大多数地区一样，主要依靠人力畜力的投入，正是依靠这些有限的人力畜力的密集投入，在很短时间内打破了自然条件的局限。据《人民日报》报道，"到过华西的人，都说这里的群众觉悟高，干劲大，尤其称赞党员的先锋模范作用发挥得好"。当时，华西村在很少强制性管理手段、很少物资刺激和政治强制的条件下，劳动者自愿付出的体力劳动强度和时间，超过了一般人的忍耐力。

华西村所在的江阴市，是全国社队企业（乡镇企业）最为发达的县份，1978 年有社队企业 2054 个，产值 3.83 亿元，超过县属工业；1980 年社队企业固定资产原值 13785 万元；1982 年社队企业产值 8.28 亿元，排全国第二位。乡镇企业的兴旺，极大地增加了社队对农业的投入能力和农民收入的提高，1979—1984 年，江阴县上交公社、大队资金共 23308 万元，平均每年上交 3784.7 万元。其中：用于支持农副业生产 2960 万元；扶持贫困大队和补贴

---

① 江苏省江阴市地方志编纂委员会.江阴市志[M].上海：上海人民出版社，1992：113.

行政费用1946万元；参与社员分配8619.4万元，约占同期社员集体分配总额的61%；公共福利事业费用4505万元；返还企业用于发展生产5277.6万元。

1969年，华西村创办小五金厂，开始在农业之外寻找出路。这一年，华西村取消了小队核算，率先实现大队核算，全大队的日工分值完全一致。1972年，华西村完成了自然村的搬迁，全大队住房统一规划并聚集在一起。从20世纪70年代开始，在党支部书记吴仁宝的带领下，华西村兴办社队企业，通过农村工业化的发展，掘得"第一桶金"。1980年，华西村成为全国首批"亿元村"。1994年，组建华西集团公司，下辖村办企业58家，企业职工2万多人。1999年，华西村股份有限公司的股票在深圳股票交易所挂牌上市，成为全国第一家以村命名的上市公司。自2001年以来，华西村先后4次通过"一分五统"（即村企分开、统一经济管理、干部统一使用、劳动力在同等条件下统一安排、福利统一发放、村建统一规划）的方式，把周边的16个村并入"大华西"，使土地面积从"小华西"的0.96平方公里扩展到了30平方公里，人口也从1500多人扩展到近3万人。2004年，华西村的销售收入超过260.3亿元，利税超过10亿元，人均收入超过8000美元，家家住别墅，户户有轿车，被誉为"中国第一村"。

以老书记吴仁宝为代表的华西人继续坚持集体经营，依托集体力量，把有限的农业剩余资源集聚起来，向第二、第三产业领域拓展延伸，华西村的集体企业迅速发展起来。华西村社队企业（乡镇企业）的发展，依靠集体化组织化力量，协调推进农村工业化、城镇化和农业现代化，大大缩小了工农城乡差距。吴仁宝认识到利润逆流的所有制条件，明确反对私有化："从发展速度来讲，苏南不比温州慢，而且应该说比温州快。说明公有制的优越性。""我觉得乡镇企业仍然有生命力，不像有的人所说的苏南的乡镇企业已经走进了死胡同。当然，乡镇企业也需要改革，但改革不等于提倡私有制。①"

由于农业比较效益低，在私有化、市场化条件下，人财物资源一般是从农村流向城市、从农业流向工商业。要实现工业反哺农业，就必须逆转比较利益所决定的资金流向，乡镇企业的利润能"逆流"回到农村和农民手里，是需要一定的制度条件的。农村集体企业通过延伸产业链条和进入非农产业领域，使得农民依托组织化协作化的力量能够分享社会产业平均利润，从而实现人财物等资源向农村和农民回流。私营企业则不具备把财富流向多数农

---

① 曹阳. 当代中国农村微观经济组织形式研究［M］. 北京：中国社会科学出版社，2007：397-398.

民手中的内在机制，只能流入私营企业主等少数人手中，要实现村民共同富裕是不可能的。

当年，费孝通看到中国乡镇企业对农业农村发展的推动作用，高兴地认为中国找到了一条超越西方工业化道路的新途径，有可能避免"早年西方的工业化那样形成工农矛盾和城乡对立"的弊端，指出，"乡镇工业始终是以繁荣农村经济为目标，充分利用最基层的集体经济力量和丰富的劳力资源，从农村的'草根'上兴办起来的。这种'草根工业'，不仅没有损害农业和剥夺农民，相反地倒促成了工农相辅和城乡协作"。

然而，20世纪90年代，官学两界携手鼓吹"一包就灵"，掀起了乡镇企业私有化改制狂潮，其本质是资源和权力不断集中在少数干部和管理层手中，化公为私，以权谋私。改制极大地增加了管理干部的权力及其对下级命运的操控能力，而大部分人丧失了控制自身命运的能力。费孝通1996年在吴江也看到这一改革的后果：内部机制发生不利变化，甚至出现"厂长老板化，实权亲属化，行为短期化，分配两极化"，承包制培植了管理层的特殊利益，而特殊利益的固定化和扩张欲望，进一步哺育了学术界的主流声音。伴随着乡镇企业纷纷私有化改制，费孝通原来指望的新型工业化道路被中断了。

在大部分地区乡镇企业私有化改制的过程中，华西村又一次抵制了这一狂潮，使得集体企业利润持续向农业农村农民回流，为本村村民提供就业、福利和公共服务。在全国多数地区农村青壮年劳动力外出打工，农村土地大量抛荒、城乡对立、工农对立、贫富分化日趋严重的情况下，以华西村为代表的苏南农村依托集体企业，实现了物质文明和精神文明双富裕。

华西村生产资料公有制，决定了村民与干部在生产资料所有权上的平等，干部没有操控劳动者命运的权力，没有实现劳动力彻底雇佣化。但是在外部环境压力下，从1994年开始华西村不得不给予管理层较多的分红，同时却以《村规民约》加以限制：企业高管获得分红成为记账股份，在他离开华西村时失效。华西村没有以劳动力彻底雇佣化为条件去强化干部的管理权力，同时，给予干部多于平均水平的分红数量但施加流出限制。

"一名共产党员，就是一面旗帜。"以老书记吴仁宝为"班长"的华西村党委，树立了"有福民享，有难官当"的信念，曾两次被评为"全国先进基层党组织"。他们理解"执政能力"，就是共产党员要有发展经济、带动老百姓共同富裕的能力。他们一手巩固、发展公有经济，一手鼓励、支持、引导非公有经济，一手抓经济建设，一手抓精神文明建设，创造了公有与私有、物质与精神、口袋与脑袋"双富有"。村民家家住别墅，户户有轿车，华西的孩子读书不要钱，又花800万元建成华西双语特色幼儿园，是江阴市一类幼儿园。华西村老人从55岁起，每人每月可领取300~1200元不等的养老金，满100岁还奖励1万元。

吴仁宝常说："越是生活变好了，越要把群众放在心里，群众满意了，就是干部工作做到家了。"华西村党委时常教育村民：生活富裕了，不忘国家，不忘集体，不忘左邻右舍和经济欠发达地区。从1989年起，华西除了不断帮扶合并邻近村庄，还先后扶持了盐城、如皋等市县的20多家单位，连续多年为中西部20多个省（自治区、直辖市）培训基层干部。华西人还在宁夏和黑龙江创建了两个省外"华西村"。

——资料来源：[1] 课题组实地调研。[2] 曹阳. 当代中国农村微观经济组织形式研究 [M]. 北京：中国社会科学出版社，2007. [3] 老田. 从吴仁宝看华西村的毛式管理结构 [J]. 经略，2013（26）. [4] 华西：共同富裕协调发展 [N]. 光明日报，2005-10-10. [5] 华西村网站，http：//www.chinahuaxicun.cn/. [6] 李晓平. "个人致富"与"集体致富" [J]. 中国集体经济，2018（9）：66-70. [7] 杨良敏，马玉荣，蒋志颖. 华西村："天下第一村"的共富实践 [J]. 中国发展观察，2019（15）：17-24.

案例3 坚持集体统一经营的"老坚决"与"红手印"

河北省晋州市周家庄乡是中国农村为数极少的实行乡级核算管理体制的乡镇，因乡政府驻地而得名，位于河北省晋州市中部，西距石家庄市50公里。周家庄乡现辖6个自然村，划分为10个生产队，土地面积21035亩，人口13068人。周家庄乡1949年创办互助组，1952年建合作社，1958年建人民公社，1983年建农工商合作社。自1952年至今，始终坚持集体统一经营、统一核算、专业承包、分工分业的管理模式。农业生产由队长分配任务，记工分、分口粮、集中耕作、统一分配。1982年，全国分田到户的时候，周家庄合作社集体经济发展较好，群众不愿意分，时任公社书记"老坚决"雷金河到中央和省里找老领导，全体社员一致按"红手印"，表示不愿意分田到户，坚持走集体化、合作化道路。

多年来，该乡大力发展集体经济，不断加快全面小康社会建设步伐。农业上建成了4000亩红地球葡萄、3000亩鸭梨出口、1000亩高档苗木和10000

亩优质小麦繁育4个专业生产基地，投资1200万元，筹建了奶牛养殖示范园区。工业上建起了阀门厂、彩色胶印厂、建筑公司、纸箱厂等集体企业10多家，"金河牌""光进牌"阀门成为驰名商标，出口20多个国家，成为长江以北大型阀门生产企业之一。20世纪80年代末90年代初，集体企业发展到11个，印刷厂、阀门厂等工业收入约占总收入的70%，全县人均300多元的时候，周家庄已经达到人均1000多元。周家庄乡始终坚持集体统一经营管理，借助于独特体制和现有旅游资源的优势，集体土地上种植的果品全部达到优质无公害标准，成为优美的生态观光园，各地游客纷至沓来，走进集体农庄，在享受田园风光的同时，也有对集体生产的回忆。第九生产队经营着特色农业观光采摘园，自2007年至今，接待游客120万人次，旅游收入增加4000万元；乡里的奶牛场饲养着1100多头奶牛，是石家庄地区最大的奶牛场。2013年，周家庄乡人均纯收入14104元，同年农村居民人均纯收入7907元。

周家庄周密分工的最初制定者就是当时的公社书记雷金河，他的孙子雷宗奎是现任周家庄乡党委书记。1953年，周家庄实行的就是能够调动每个人劳动积极性的按劳分配的"三包一奖"生产责任制，以雷金河为首的一班人制定了"干多少活、记多少分"的规定。周家庄人民公社在1983年改为周家庄乡后，记工分，分口粮，集中耕作，统一分配收入的经济形式并没有变动。周家庄乡从乡长、副乡长，到武装部长等，都是没有工资的农民身份，分红收入只比平均水平略高一点。队长是生产队的权力枢纽，每年春天决定当年的生产计划，报到合作社一般也不会做大的修改。周家庄共有10个生产队，由周家庄农工商合作社管理。受访村民说："这些队长都是20年前任命的，这几年对个别不称职的队长进行过调整，并没有采取过选举制。"队长必须懂技术，懂得生产的每个环节，"老是换人也不好"。

周家庄乡一切劳动量计算都是以工分为标准，下地干活的，看大门的，打扫卫生，开车的，甚至包括乡长、队长的工作都要到年终按工分进行收入分配。周家庄乡对不同的工种进行了372项细分，每项劳动的单位劳动量所得工分一目了然。每项工作所达到的要求都有具体规定，比如收割机收小麦，一平方米掉小麦不许超过13粒，否则便被罚工分。抽查者要趴在地上，清除杂物，进行查验。每次上工，队里的会计都会记账，到年底统一结算。当年全队总收入除去合作社一年中支出的生产资料成本，水、电、口粮款以及集体公积金等，算出每个工的工值。受访的第四生产队社员说："在我们这里，不是你想干啥就能干啥的，所有劳动都是队长分配，队长让干啥就得干啥。这样也好，不用操心，但是一定要干好，干不好队长就要扣工分。""家中没病人，外面没官司，兜里有钱花，手中有粮食"——谈到周家庄乡人对"幸福"的定义，社员LGY说了这样四句朴实的话。

村镇建设上，周家庄对全乡6个自然村进行了高标准规划设计，统一建起了二层住宅楼房。建设了农民文化宫、农民影剧院、图书阅览室、岗前综合培训中心和农民乐园，对全乡所有街道进行了水泥硬化、绿化、亮化和净化。从1981年开始，周家庄的家家户户已免费使用上了自来水。1982年，公社开始对年满65周岁的老人实行养老津贴、对孤寡老人实行五保等福利政策，中小学一切费用全免。随着经济的发展，周家庄为广大群众办了养老津贴、退休制、用电补助、集体负担新农合筹资款等福利事业，全乡形成了"经济繁荣、人民富裕、社会稳定、环境文明"的良好局面。

无论是物质世界还是意识领域，组织化的集体力量远远大过分散的个体力量之和。对包产到户、分田单干、一盘散沙的小农生产方式及其附属或派生的小恩小惠来说，周家庄人民公社组织化的效益和福利就是最好的教材和实践。作为农村就地城镇化的案例，周家庄乡对新农村建设、新型城镇化和共同富裕都有借鉴意义。"农民都进城了，种地怎么办？吃饭怎么办？我们要守着自己的土地，把环境搞好。"雷宗奎说，周家庄有自己的仓库，农民上楼了，粮食可以存放仓库，农具还可以统一摆放。建设新农村，除了提倡现代化，农民还应该有一种精神，在集体中接受熏陶、培养和教育，形成集体主义精神文化。

改革开放以来，中国社会发生了翻天覆地的变化，在市场经济大潮中，周家庄乡的未来究竟如何发展是一个值得关注的问题。在周家庄，同样有一些人不愿意受集体经济束缚。2006年，周家庄从事非公经济的人员占总人口的5%左右，非公经济总量约占周家庄经济总量的20%左右。非公经济并没有增加集体收入，但富了少数社员。周家庄实行自由流动政策，并没有让社员觉得集体对他们是一种禁锢。这也让"人民公社"多了一个存在下去的理由。

与过去人民公社不一样，周家庄乡虽然实行的是集体所有制，却不控制公民个人财产，并允许与支持私营经济的发展。根据周家庄乡合作社的规定，每个不参加农业或工业集体劳动的社员，每年要向合作社交纳一定数额的公积金，男性每年交1500元，女性每年交1000元（有6岁以下小孩的免交），因为他们还享受合作社的各种福利。

第二生产队的社员 FH，从 2004 年开始在周家庄乡政府附近经营一家商店。她告诉记者："我并不是对周家庄的集体经济模式不满，做生意是我的个人选择，如果不做生意，每个月也能收入千把块钱，并且不用操那么多心。只是我感觉那样的话有点碌碌无为，有点不自由。"虽然她现在选择自己做生意，如果有一天她不想做生意了，依然可以回到集体中去。

尽管周家庄的集体经济模式让社员"不用操心""生活有保障"，但是，仍然有一部分人认为这种模式存在不少弊端。有社员说："个别有本事的人，脱离集体能够赚大钱的，可以自己干。但是，大多数社员没那本事，就留在集体里，省心。""我还是感觉把地分了好，这样更公平，干活更有积极性。我们自己做生意吧，也没那本事。"二队社员吴女士说："我们队长光会给我们分活，他自己就从来不干，发的钱却比我们都多。"她还透露："周家庄乡的很多干部，包括生产队长、几个厂的厂长，都是乡党委书记雷宗奎的亲戚。""啥福利政策啊，我们可没感觉到，其他乡镇的农民吃水、孩子上学也是免费的。"三队社员韩先生说："应该把地分了，那样干活才有积极性，那些想混饭吃的人就混不成了。"

集体经济确实还有许多要改进的地方，这些问题也一直困扰着雷宗奎。如何提升集体经济的民主管理水平，更好地调动广大社员群众的积极性，如何持续地发展壮大集体经济实力，特别是更好地发展第二、第三产业，是周家庄需要继续探索和实践的。

——资料来源：［1］王盛秋，刘增玉，等．周家庄之路内部资料，2003．［2］梁赛玉，郭鑫，曹国厂，等．"定格"在人民公社时期的周家庄［N］．新华每日电讯，2014-06-24．［3］课题组实地调研。

案例 4　红色亿元村：南街村

南街村位于豫中平原，总面积 1.78 平方公里，3100 多口人。1980 年之前创办了两个社队企业，1981—1983 年，村里按照当时流行的政策把两个小工厂承包给了个人，结果肥了个人亏了集体，1984 年初村党支部决定重新收回企业由集体统一经营。在以王宏斌为班长的党组织领导下，以毛泽东思想教育人，以红色文化熏陶人，他们艰苦奋斗，团结奋进，发扬集体主义精神，弘扬公而忘私的雷锋式"傻子"精神，1985 年之前打坯烧砖，搞砖瓦行业，通过几年的"玩泥蛋儿"巩固壮大了集体经济。此后，又建了一个小食品厂，生产传统点心、面包、饼干、月饼等，1989年开始又上了第一条方便面生产线，围绕农副产品深加工，围绕现有企业上配套，逐步通过"玩面蛋发家"，以食品加工为龙头，逐渐形成了全村26个企业，由河南省南街村（集团）有限公司统一管理，形成了产供销一条龙，农工贸一体化的大型实业公司。龙头企业有方便面厂、食品厂、啤酒厂、麦恩食品有限公司、南德拉拉面食品有限公司等。1997年，村办企业工业总产值已达16亿元。河南省委原书记李长春在接见王宏斌时说："你们发展的速度，比深圳还快。"较早开展分田到户的小岗村第一书记沈浩带领村民到南街村参观时，不无感慨地写道："学习南街村，壮大集体经济，走向共同富裕。"

——资料来源：［1］曹锦清．黄河边上的中国［M］．上海：上海文艺出版社，2000：131-152．［2］邓英淘，崔文元，苗壮．南街村［M］．北京：当代中国出版社，1996．［3］周晓东．农村集体经济组织形式研究［M］．北京：知识产权出版社，2011．［4］南街村网站，http：//www.nanjiecun.cn，2022-03-11．［5］课题组实地调研。

案例5　红色大寨的"二次创业"

山西省昔阳县大寨村地处太行山麓，新中国成立前，这里穷山恶水，七沟八梁一面坡，自然环境恶劣，群众生活十分艰苦。新中国成立后，在毛泽东思想指引下，以陈永贵、郭凤莲等为带头人的大寨人决心改变落后面貌，战天斗地，艰苦奋斗，治山治水，在七沟八梁一面坡上建设了层层梯田，并通过艰巨劳动引水浇地，改变了靠天吃饭的状况。1964年，党中央发出"工业学大庆，农业学大寨"的号召，使大寨成为自力更生进行农田基本建设的样板。

1980年4月，32岁的郭凤莲不再担任大寨大队党支部书记。1982年9月，她被调到晋中果树研究所；10月，县里派来工作组，村里实行了大包干。1987年春天，郭凤莲又被调往省公路局下属的昔阳县公路段任段党支部书记。大寨在这期间换了三任村支书，经济上建起了小煤窑、小作坊，却没有大的起色。

1991年10月底，山西省委的几位领导来大寨视察，村党支部的同志问领导："能不能让郭凤莲还回来？"省领导当即找郭凤莲谈话，征求她的意见。1991年11月15日，她以昔阳县委副书记、大寨乡党委副书记、大寨村党总支书记的身份重返大寨。郭凤莲回村后，当年的那些劳动模范还在，遇到困难从不低头的老队长还在，这几位80多岁的老人及大寨的党员干部与郭凤莲又站到了一起。当年的"铁姑娘"回来了，大寨又有了希望。

郭凤莲上任后，带着村干部到全国很多地方考察学习，改变了过去"以粮为纲"的单一模式，逐步走向贸工农结合，以第二、第三产业为主的轨道，大力发展村办企业和第三产业，走农工商一体化的路子。大寨引项目、引人才、引资金，成立经济开发总公司，建起了年产10万吨的水泥公司，又成立酒业公司、制衣公司、毛衣厂、贸易公司、吃住行一体化的森林公园。大寨依托名地、名人打造大寨品牌，以"大寨"命名的产品不断涌现，包括酒、醋、面粉、杂粮、核桃露等。来大寨旅游的客人，喝大寨酒，饮大寨核桃露，吃大寨压饼、窝头。

大寨村成立了专门服务队为农户耕种承包土地提供帮助，农户只负责平时管理。由于实行多种经营，农业收入在大寨村总收入中占比很低。大寨村窑洞整齐，街道清洁，层层梯田庄稼葱绿，人造森林郁郁葱葱，处处果园硕果累累，已经成为一个优美的公园式山村。

——资料来源：[1] 陈丽娜. 郭凤莲：乡村振兴中如何继续发扬大寨精神 [J]. 农村工作通信，2019（6）：28-29. [2] 王萍. 郭凤莲：让更多乡村"敢教日月换新天" [J]. 中国人大，2020（17）：29-30. [3] 本刊编辑. 山西昔阳县大寨村 农村旗帜的"二次创业" [J]. 农村工作通信，2021，8，2（Z1）：63. [4] 余玮. 大寨：从政治榜样到经济样板的跃迁 [J]. 中华儿女，2019（7）：70-73. [5] 郭媛. 全国人大代表、山西省昔阳县大寨村党总支书记郭凤莲：围绕粮食做农业 强化党建兴农村 [J]. 农村工作通讯，2022（6）：44.

案例6 西辛庄的发展之路

河南省濮阳县西辛庄村，原来是一个非常贫穷落后的小村庄，周围四乡八里都歧视这个村，叫它"小辛庄"。全村400亩土地，全部都是盐碱地，长不出庄稼来。因为穷，村里的文化教育事业非常落后，村支部书记李连成兄弟7人，没有一个进过学堂门。1977年，李连成结婚成家，只有两间破得都是窟窿的小屋，一张旧床、一口锅、几个碗、一把勺子。这就是李连成全部的家当。1978年改革开放，头脑灵光的李连成到山西拉煤、到内蒙古搞建筑，又回到村里搞地膜西瓜。经过几年打拼，李连成略有积蓄。

1983年，中原油田成立。李连成抓住油田开发、蔬菜紧缺的机会，积极发展蔬菜大棚。他没文化、没技术，便自己骑着自行车到农业局找专家，花高价从开封南郊请技术员作指导。1988年，李连成的两亩辣椒1年产量达到万斤，收入2万元。到1991年，几年下来，他种辣椒净赚了17万元。李连成盖起了两层小楼，成为村庄首富。李连成富了，但村里并不太平、并不安静。由于村干部办事不公，又有贪污腐败行为，村民成群结队冲进村干部家里闹事，还有村民抱着账本到乡上去找领导。在众望所归下，李连成被推举为村党支部书记。

看到乡亲们还处在贫穷当中，有的农户连看病吃药都成问题，刚刚担任村支部书记的李连成心里很不是滋味。他想："一个人富了不是什么真本事，要让全村都富裕了才是真本事。"于是，李连成利用自己种菜的特长，发动全村群众种大棚蔬菜，带领大家共同致富。李连成将自己家里的三个棚中的两个棚子，无偿转让给村里的贫困户。为了发动大家种菜，他在村中广播：谁家搞蔬菜大棚，他就帮谁家跑贷款，负责提供技术指导。在李连成的带领下，西辛庄的蔬菜大棚很快地发展起来了。第一年有20多个棚子，第二年达到40多个。就凭这一项，当年全村人均增收500多元，全村增收30多万元，村民初步尝到了致富甜头。

到1994年，不仅西辛庄，濮阳市也开始搞白色工程，号召全市发展大棚蔬菜。"物以稀为贵"，李连成从这个朴素的道理出发，认为再靠大棚蔬菜就无钱可赚了。俗话讲"无工不富"，在具备一定原始积累的情况下，要实现全村经济的二次腾飞，就必须办工业、上项目。李连成种菜行，但是大字不识一个的他，办企业行不行，群众没有把握。经过李连成再三动员，最后村中的13户人家，兑股21万元，办了西辛庄村的第一家企业——再生纸厂，1995年就实现股份红利12.7万元。看到企业赚钱了，有的村民又后悔起来。1996年底，正当群众羡慕后悔的时候，李连成做通股东的工作，将价值100万多元的再生纸厂以60万元的低价卖给全村村民，让全村人以每股1万元入股。这个消息一经公布，全村一片欢呼。不到两天，全村166户筹集股金168万元，改建了造纸厂，还新建了一个再生纸厂。西辛庄的企业越办越多，初步实现了家家有股、户户分红的目标。不到几年，李连成以股份合作的形式，相继建起了工业用呢厂、纺织厂、木雕厂、牛仔布厂等8个股份制企业，到2004年底，西辛村集体累计已达2450万元。

濮阳是中原油田的主产区，天然气资源丰富。李连成决定利用当地的天然气资源和玻璃产业优势，以园区模式发展电光源产业。经过多方协调，西辛庄与中原油田达成了日供10万立方米天然气的协议。为了充分利用发展机遇，扩大发展规模，西辛庄村从此也由股份制合作向股份与招商并举的办法推进经济的发展。2004年，在庆祖镇的帮助下，西辛庄与上海闵原电器有限公司合资1.2亿元兴建了濮阳华珍电子有限公司。2005年，全球四大汽车灯生产商之一的"台一工业有限公司"入户西辛庄建立濮阳分公司，主导产品为汽车灯、摩托灯。2006年，台商家胜灯饰有限公司、光宏灯饰有限公司落户西辛庄工业园区；2007年，台商格瑞特灯饰有限公司在聚集区建成投产。

在招商引资的同时，李连成决定自己试办电光源企业。2006年，他在村里找了两户懂技术的村民，经过协商，每家出10万元建设一个自己的天成科技照明有限公司。2007年元旦，公司每个股份能分红22万元的时候，李连成提出二次创业，将公司低价转让给全体村民，吸纳村民股份500万元。在李连成的带动下，西辛庄村相继建起了亚光节能灯厂、华辉节能厂、星光节能灯厂、久阳节能灯厂、纸箱厂、纯净水厂等。目前，以西辛庄为核心，已经形成了豫东北规模最大的电光源产业集群。

西辛庄村靠工业发展致富，但也不忘记农业和服务业的发展。为推动传统农业向观光农业、生态农业发展，2002年西辛庄村积极与邻村协调，在不改变集体土地所有权的前提下，有效整合资源，规划建设了1000亩107速生杨高效农业观光区，由村里统一管理、统一采伐、统一销售，既最大限度地发挥了土地的使用效益，又把农民从土地中解放出来。

村子发展起来后，应广大群众的强烈愿望和普遍需求，西辛庄高起点规划、高标准设计、高质量建设，累计投资8000万元进行新村规划，开挖了人工湖、拓宽了柏油路、安装了路灯、绿化了街道，户户住上了205平方米的别墅小楼。投资60多万元，建成在濮阳市堪称一流的农村小学，还专门修建了教师公寓，提高了教师的工资。村里还有敬老院、有文化广场、有村办公大楼、有卫生所、有图书室、有秸秆气化站、有自来水、有柏油马路、有路灯……宽阔的主干道、气派的照明灯、家家户户挂满枝头的果实，郁郁葱葱的绿化带格外醒目。在村里，车水马龙、行人往来络绎不绝，宛如一个繁华的城市。

1991年，李连成被推选为村党支部书记，当天就立下了"要是喝群众一盅酒就割舌头，花公家一分钱剁手指头"的军令状，规定村里不设吃喝招待费。如果需要管饭，村干部对口自费安排。李连成对吃吃喝喝的歪风邪气，有正确的认识。他说，领导盼的是村干部干事，只要能干好事，比请领导吃饭给领导送礼强。在李连成的坚持下，村中多年没有招待费。李连成将全部心思都用在村庄的发展上，在妻子赵金镯的眼里，他总是一个带头吃亏的人，在全村群众眼里，他就是全村的"守护人""定盘星"。西辛庄村，由一个满是盐碱地的贫穷落后村，经过十多年的发展成为举世闻名的共富村，李连成功莫大焉，群众深切地感受到党的领导核心作用。

——资料来源： [1] 马俊岭. 李连成和西辛庄今昔 [J]. 协商论坛，2021（4）：44-48. [2] 申言. 吃亏书记李连成 [J]. 金秋，2020（13）：26-27. [3] 马力. 西辛庄村的"乡村振兴"之路 [J]. 今日中国，2018（4）：60-62. [4] 余玮. 李连成 甘于吃亏的"卒". 中华儿女，2017（20）：10-13. [5] 郭振君，魏三军，鲁兵库，等. 好支书李连成 [J]. 人民公仆，2014（8）：83-84. [6] 段宝生. "村级市"书记李连成 [J]. 共产党员，2013（1）：42-43. [7] 陈英. 第一个村级市：濮阳西辛庄村 [J]. 乡村科技，2012（7）：37. DOI：10.19345/j.cnki.1674-7909.2012.07.031.

案例7 托起中国人的"菜篮子"：三元朱村

山东省潍坊市寿光市三元朱村位于寿光最南端，紧靠济青公路。全村215户，800口人，耕地以蔬菜种植、果园为主。1983年，三元朱村全面推行土地承包制，大队除划分部分土地为经济田，作价承包外，大部分按人口分包到户，由村民自主经营。同时，原集体所有的牲畜、农机具等集体财产作价处理到农户，大队则依各户承包的土地数收取提留等。1985年，第一次实施较大规模的种植结构调整，将埠岭地和村边低产田改建果园，分配到户，户均近两亩，村委集中采购种苗，品种以苹果、葡萄、山楂为主。

虽然三元朱村实行了家庭分户经营，但是，以王乐义为支部书记的村"两委"非常注重解决一家一户村民不能够解决的公共服务问题。1985年，用集体资金购买25马力柴油机、发电机一组，用自发电补充电网电力不足。1987年，又人均集资40元再购130柴油机和发电机一组以增加电量。同时，以王乐义为带头人的村集体注重对集体资产的统一经营，在村东头建成面粉厂，村前建砖窑场，主要服务本村社员。1988年，村委在村中打深水井一眼，安装压力罐，铺设水管到各家各户，村民用上了自来水，吃水告别了肩挑人抬。

1989 年后，王乐义等人带头种植冬暖式大棚并为村民进行技术培训，通过办实践课堂和定期举办培训班，向全国各地输送更多、更好、更全面的技术员，培养更多的新型农民和实用人才。为不断适应新形势，三元朱村广大干部群众勇立农业科技最前沿，博采各种最新技术成果，大搞科技开发，大棚科技含量不断提高，从根本上解决了农业低效问题。2005 年，人均收入突破 9700 元，村总收入由 1978 年的 17 万元增加到 2005 年的 3308 万元，银行储蓄额由 6800 元增加到 1680 万元，公共积累 140 万元，固定资产 680 万元。

三元朱村先后与周围村投资 200 万元，新建乐义实验小学，配备了电脑、试验仪器等先进的教学设备，壮大了教师队伍；投资 150 万元建起了乐义幼儿园；投资 220 万元建起了敬老院。村里为每人每年补贴农村合作医疗保险金，保证每位村民都能入保，每年免费为 60 岁以上的老人查体。

积极倡导科学、健康、文明的生活方式，村风民俗健康向上，邻里团结，家庭和睦，尊老爱幼，风气良好。

随着村集体经济实力的增强，三元朱村进行了"四纵五横"的新村道路硬化，建设了长度达 4061 米的污水管道工程、"三线下地"工程、供水设施建设工程、管道（包括自来水和纯净水）铺设工程、新楼房喷涂工程，等等，并修建了小游园绿化和占地 1380 平方米的街心花坛广场。

三元朱村村"两委"高度重视和谐村庄创建工作，始终牢记党的宗旨，不断加强自身建设，切实维护群众的知情权、参与权、管理权、监督权，充分发挥基层党组织的战斗堡垒作用，进一步完善村务公开和民主议事制度。每月定时进行财务收支、计划生育等村务公开的基础上，每周村里召开一次党员、村民代表议事会，对村里的重大事务进行表决，实行"阳光村务"办公，不断完善自律机制，增强村级服务功能。

——资料来源：［1］李妍."蔬菜大王"王乐义［J］.中国经济周刊，2011（26）：46-47.［2］中共中央宣传部宣传教育局，农业部办公厅，中共山东省委宣传部.农民共同致富带头人王乐义［J］.党建研究，2012（6）：68.［3］李建锋，王赟.全国农村基层党员干部的典型代表——王乐义［J］.党员干部之友，2021（8）：49.［4］课题组实地参观调研。

案例 8　雪域高原的共富社区：西藏自治区那曲双湖特区嘎措人民公社

嘎措人民公社，位于藏北无人区的西部边缘，平均海拔 4780 米，人口

705人。全体居民是1976年从西藏申扎县迁来的。这里自然环境恶劣,一家一户的分散经营方式难以抵御频繁的自然灾害,社员们认识到只有组织起来依靠集体力量才有出路。面对全国分田单干的浪潮,全体社员强烈要求坚持集体经营,并得到了西藏自治区党委政府的允许。

1981年,嘎措人民公社就提出了定畜群、定人、定时间、定任务、定指标、超产奖励的"五定一奖"责任制。后来,又做了进一步的改进。在坚持工分制的同时,改变了过去的那种平均主义的工分和政治工分。在实际的生产过程中,他们逐步走出按产值、产量计分的方法,减少了吃"大锅饭"的现象,以提高群众的生产积极性。

嘎措人民公社把青壮年男女牧民分成2~5人一个小组,分别安排在各个牧场轮牧。在责任期,他们放牧牛羊的好坏、数量多少都有严格的计分标准。这都会影响到年底统一分配时收入的多少。留在村里的老弱病残,如果参加织帐篷、缝藏袍、捻毛线、宰牛羊、剪羊毛等牧场力所能及的工作,也有详细计分规定。年底时,根据工分的多少,按劳取酬。嘎措人民公社制定了有关集体生产的若干条款,仅工分细则一项就达到246个条目,在实践中形成了一套科学化、精细化的公社管理体制。

依靠集体力量不仅增强了抵御灾害的能力,而且,牧民能够各尽所能、按劳分配,发展公共事业,提供较好的社会福利保障,发展多种经营。在中国石油天然气集团公司对口支援下,全乡实现了定居、通路、通电、通信和通广播电视,成为西藏最富裕的乡镇之一。这里民风淳朴,崇尚科学文明,构成一幅人与自然和谐相处的完美画卷。

——资料来源:丁玲,戚莉霞,严海蓉.藏北高原上的牧业集体社区:那曲嘎措乡的乡村振兴之路[J].经济导刊,2018(10):80-85.

案例9 千年古村重走集体化道路:土古洞村

河南省洛阳市新安县土古洞村古称南冶,早在六七千年前先民们就在这里繁衍生息,历史悠久,现有仰韶文化遗址两处,古陶遗址多处。村内有100多米深大小洞环套的"土古洞",相传是北宋初年道教高人陈抟老祖隐居修炼之处,村名概由此而来。

土古洞曾经是新安县铁门镇一个非常偏僻贫穷的小山村。分田到户后,该村长期处于贫困的境地,"无水无路无学堂,光有四架山脊梁;人均收入几

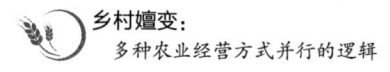

十元，一年四季闹饥荒"。

1985年，新安县铁门镇党委、政府按照年轻化、经济型、开拓型、公廉型的选干标准，把有文化、有干才、事业心强的共和国的同龄人郑向东推上了村委会主任的岗位。经过认真分析，郑向东决定从解决行路难、吃水难、上学难"三难"入手，靠办实事赢得民心。

郑向东带领全村干群开挖水道，修建石堰，驯服洪水，修通的2.5公里的出村咽喉路，现在已成了国标三级柏油路。为了从根本上解决村民吃水难的问题，1990年春，利用村南5里外山泉的自然落差，经过两个多月的苦战，土古洞人翻山越岭，挖土石千余方，埋设地下塑料管道6000多米，终于使家家户户吃上了自来水，结束了土古洞人祖祖辈辈天旱缺水吃、雨涝吃脏河水的历史。

1987年，他们拆除了学校危房，建起了新校舍。1997年春，郑向东带头捐款2000元，全村共捐资10万元，又多方筹资60多万元，发动群众在新村南端高坡上兴建了一座"五十年不落后"的高标准教学楼。

土古洞村的地下有着丰富的煤炭资源。1991年春，郑向东费尽周折搞来了一套当地地质状况的勘探图纸。经实地勘测表明，土古洞村地下115米处的煤层，厚度达5米以上。在全体村民会议上，很快地达成了集资入股办煤矿的共识。为集资办矿，郑向东带头卖掉了两头牛。在他的带动下，全村集资入股10万元。1992年3月15日，矿井打到115米，果真出煤了。此后，郑向东又带领群众先后打了两眼机井，使全村大部分土地实现了自流灌溉。他又组织群众大力发展林果业，在荒山上栽植各类苗木40000多棵。

1996年后，郑向东当选为本村党支部书记，受南街村的启发，带领村民重走集体化道路。走进土古洞村，矗立在村口右侧的宣传栏用工整的楷书写着毛主席著作《为人民服务》全文。土古洞村在抓好经济建设的同时，加强政治文明建设、精神文明建设，学习南街村，大学毛著和邓选、大学雷锋、大唱革命歌曲，广泛开展"创建文明户"活动，利用每年的重大节日组织文艺宣传队、秧歌队自编自演节目，歌唱党的好政策，歌唱土古洞的新变化。

土古洞村依山傍水，风景秀丽，环境优美，古迹众多，再加上刚刚开发的温泉水，新建的龙泉湖水库，发展旅游业得天独厚。2009年，依托土古洞村温泉资源优势，投资1500余万元兴建的龙凤温泉山庄，背依国家级森林公园——郁山森林公园，山清水秀，环境幽雅，集洗浴、娱乐、餐饮、住宿、休闲度假于一体，围绕温泉洗浴中心大力发展休闲农业。土古洞规划了几百亩果园，种上了桃、梨、苹果、葡萄、核桃等多种水果，大力发展生态农业，建起了生态农业研究所大楼；村里还决定把老村的窑洞开发出来，建成窑洞宾馆一条街，发展农家乐，修建毛泽东雕像广场，来往客人络绎不绝，革命歌声雄壮嘹亮。

土古洞村统一规划、统一施工，硬化了道路，绿化、美化、亮化了村庄，建起了健身娱乐中心、便民超市、标准化卫生所、文化大院等公共服务设施。干部靠办实事赢得了民心，群众从中得到了实惠，党支部的凝聚力、向心力、战斗力明显增强。村支部书记郑向东和村干部们始终坚持这样一条原则：有利的事往后退，吃亏的事往前站。正是靠着这一条，村里的党员、干部和群众的心贴得更近了、更紧了。为了树立正气，郑向东首先提出了"从我做起，对我监督，向我看齐"的口号。他制定了村干部"约法三章"和"村干部守则"，印发到户，接受群众监督。在他的带领下，土古洞村的全体党员、干部确实做到了吃苦在群众前，享受在群众后，一心为公，无私奉献。

——资料来源：[1] 卢新松，刘克江. 将穷山村变"小南街"：记河南省新安县土古洞村村委会主任郑向东 [J]. 农村工作通讯，2010，547（23）：54-55. [2] 课题组成员实地调研.

案例10 中国黄花第一村：湖南省祁东县罗江村

湖南省祁东县石亭子镇罗江村辖14个村民小组，487户，1758人，耕地面积2708亩（其中水田910亩）。过去的罗江村是古驿道必经之地，距宝庆、衡州、零陵三地均为180华里，曾一度客栈林立，至今还有一个泰和客栈保存完整。

祁东县有种植黄花菜的传统，但罗江村的发展与原村委会主任李映武密不可分。李映武原本是中学民办教师，他看到因雨天黄花菜烂到地里，许多菜农因此交不起孩子学费，很是心痛。1987年，他毅然辞去工作，经营起黄花菜产业。他与省农科院的专家一起研究"脱水保鲜黄花菜"，历经5年攻关，终于成功解决了雨天烂菜的难题，由此带来了黄花产业的第一次腾飞，激发了农民的种菜热情。李映武也开始创办企业，从事黄花菜产业深加工和销售等。

富起来的李映武并没有忘记乡亲，黄花集团与菜农签订菜价5年不降的收购合同，每公斤由1996年的6.8元提高到10元，且每年递增上浮2%，通过"企业+基地+农户"模式带动农民一起致富，祁东掀起了种菜热潮，1997年种植面积翻了一番。李映武创办的映武黄花集团也成为国家首批农业产业化龙头企业之一，每年收购、销售的黄花菜占全国总量的70%以上，出口占85%以上。李映武由此赢得"黄花大王"的称号。

2003年，作为身家上亿的民营企业董事长，李映武接受家乡村民的投票选举结果，回到村里兼起村主任一职。李映武从拓展黄花菜种植基地入手，全村分两期共三年完成村庄的农田水利建设，为村民种植提供良好条件，确保菜农丰年增收，灾年保收。又投资建起绿色有机肥加工厂、红薯加工厂，通过黄花菜、红薯深加工，抢占品牌市场。李映武组织菜农成立黄花专业合作社，吸纳邻村农民纷纷加盟。合作社对黄花菜农实行"三统一、三确保"，即统一种植技术，确保产品无公害；统一加工方法，确保档次质量；统一保护价收购，确保群众增收。利用古永州八景"梅塘烟雨""烟江石燕"，开发具有湘南农村特色的农家乐趣游，抓黄花产业区田林山水路综合开发，建设黄花特色的观光旅游农业带。

罗江村以环境保护为前提，以传统优势产业为基础，以龙头企业为依托，以基础设施建设为重点，以增加农民收入、提高群众生活质量为核心，以示范带动全国黄花菜产区发展为目标，全方位开展新农村建设。新建了罗江小学，扩大校舍面积，高薪聘请优秀教师来校任教，对考上重点高等院校的学生给予奖励。还开设村民学校，培训村民的生产技能。又兴建了敬老院、医疗卫生中心，建立新型合作医疗制度，给五保老人发放基本生活费。

罗江村把环保摆在首要地位，用生态环境综合治理的办法进行村容村貌建设。在保持生态原貌的前提下，拓宽和硬化原有乡村道路，在房前屋后闲置土地上修建花坛，栽花种树。大面积推广生活污水三级梯式过滤，家禽和厕所粪便进沼气池，沼气池残渣作有机肥，生活污水全部无公害处理后排放。引导村民修建水冲式厕所、标准化澡堂，改造旧式厨房和猪栏，清理房前屋后垃圾。利用泉井修建专门水塔，确保村民喝上安全、卫生的自来水。

李映武从不独断专行，村里所做的每一项工作都充分征求群众意见并按照群众意愿执行。罗江村成立理事会和监事会，成员由群众推荐，选择"四老一新"，即老干部、老党员、老模范、老军人和农民致富新能人组成，负责落实村"两委"决策，监督村"两委"日常工作。李映武和村干部为群众办实事，解难题，群众都记在心里，热情支持村里的各项工作。有了"人和"，自然就实现了"政通"，也迎来了罗江各项事业的大发展。

——资料来源：[1] 许小波. 中国黄花第一村——罗江村 [J]. 湖南农业，2007，355（7）：22. [2] 王婉，法生明. 巨变中的祁东县罗江村 [J]. 中国乡镇企业，2007（4）：79-81.

案例11 共富之路天地宽：山东省滨州市西王村

西王村，是山东省滨州市邹平市韩店镇一个普通村庄。全村160多户，620多口人。实行家庭承包后，村民以耕种小麦、玉米、棉花等传统农作物为主，村里没有工副业项目，人们过着面朝黄土背朝天的生活，虽说温饱问题基本解决，可口袋里没钱，穷根未除。

1986年，新一届党支部成立，王勇当选为支部书记。面对全村老少爷们的期盼，他认为要过上富裕生活，就得兴办工业，以工促农，以企兴村。经过反复考虑，王勇毅然将自己经营多年价值20万元的面粉厂无偿奉献给村集体。从此，西王村走上了工业兴村的道路，这也成为西王村快速发展的开始。

为了把企业搞活，王勇根据当地是产棉区的特点，决定把企业办成油棉厂。缺技术，王勇就因陋就简自行设计安装设备；缺乏资金，王勇就带头去向亲戚朋友借。1987年6月，投资40万元的西王油棉厂投产，当年获纯利23万元；1989年，产值达到1300万元，纯利100万元。1990年，他们又建起了年产3000吨的淀粉厂，成为当时山东省同行业经济效益最好的企业之一。1991年，在中国科学院的指导下，建起了占地200多亩的高效生态农业示范区。

1994年，为加快推进玉米深加工步伐，王勇带领村支部一班人，以52万元购买了一项以玉米淀粉发酵制取甘油的新技术专利，项目总投资2400万元，投产后年产量达1000吨。但是，由于产品成本太高，又逢世界甘油市场价格暴跌，企业发展陷入困境。这时，村里一些人提出卖掉企业、分掉资金、不再搞工业经济。王勇沉着应对，提出"解放思想、二次创业"，经过半年努力，实现了由甘油到谷氨酸的产品转型，企业经历了一次脱胎换骨的转变。西王村玉米年加工规模从15万吨到了60万吨，到了180万吨，直至300万吨，产品从单一的淀粉，发展成为葡萄糖、麦芽糊精、玉米油、果糖、无水糖、一水糖、葡萄糖酸钠等几十种产品，形成了玉米综合深加工产业链和西王特色的玉米深加工循环经济发展模式，玉米加工集约化程度全国第一。

在王勇带领下，西王集团又涉足了特钢、置业、贸易、热电、物流、金融等多个行业，打造成了主业清晰、多业并举的多元化全国大型工业企业。在他的努力下，西王集团打造了三家上市公司，一个中国糖都，一个中国玉米油城，创造了中国民营经济发展的奇迹。2016年，西王集团实现销售收入340亿元，利税14.6亿元，上缴税金7.3亿元，发展成为一家集玉米加工、房地产、钢铁、酒水、物流、热电一体的全国大型工业企业集团。

西王村让为群众办事的能人入党，形成了忠诚度高、执行力强、中青结合的核心团队，抢抓机遇，敢想敢干。在市场大潮中，西王村坚持以科技创新为引擎，以宽广的胸怀，实施"人才兴企"战略，聚纳各类人才，围绕着生产、工艺、产品，不断进行技术研发，发展循环经济，建设生态西王。同时，大力推进精神文明和政治文明建设，建设和谐西王文化。西王村大力壮大集体经济，实行从"摇篮"到"坟墓"的福利制度，实现农业产业化、乡村城镇化、土地集约化、生活福利化、村企一体化、管理社区化，形成集办公、居住、生产、生活、娱乐、休闲于一体的3万人口的乡村都市。

——资料来源：[1]单保江.王勇：把农村建成现代产业乐园[J].南方企业家，2017（4）：54-56. [2]玉茗.发展民族产业 打造西王品牌：访西王集团有限公司党委书记、董事长王勇[J].现代企业文化（上旬），2015（9）：96-97. [3]西王村概述[J].中国集体经济，2014（17）：25-26. [4]李强.勇立潮头做糖王：记省十一届人大代表，山东西王集团党委书记、董事长王勇[J].山东人大工作，2009（4）：46-47. [5]课题组成员实地调研.

案例12　三分地上搞创新的九星村

上海市闵行区九星村位于上海西南市郊接合部，隶属闵行区七宝镇，其区位优势明显，交通便捷，紧靠外环线西一大道，相连顾戴路、漕宝路两个匝道出入口。九星村人均三分地，长期背着"负债村"的包袱；三分地又使他们一跃而成为上海的首富村。其中的奥妙就在于对这三分地怎么用。

土地是农民的劳动对象，是生产资料，也是生活资料，是农民的安身立命之地。农村土地的所有权、支配权、经营权、使用权和处置权，都属于村社农民集体。地是集体的，权是集体的，有关集体土地的大事要经集体讨论，由集体决定，这也是九星村的成功之道。办市场是他们最终的决定。在决定之前他们讨论过"农""工""卖"等多种方案。

"九星村办农业，行不通！"九星村党支部书记吴恩福首先否定了这个出路，"人均三分地，只能糊口，谈何致富"。"搞工业？"吴恩福向记者摊开双手，"九星也面临办工业带来的风险，既缺少资金投入，也无专业人才。"而当时的国情是，实力雄厚的国有企业尚且发展困顿，为国企做配件生产的村办企业发展更是前景不甚明朗。

"搞房地产开发？看似有大笔资金进账，但实质是'卖地'，是对未来资源的一种挤占。"看多了"失地既失业"的吴恩福拒绝重蹈其他村的覆辙。村民成为市民，而作为代价的是村子失去了自己的土地，失去土地的农民生计将无以依托。确实有相当数量的农民扬眉吐气当征地工，又灰溜溜当下岗工；也有农民被征地补偿一次性买断而自谋职业。

九星村比较来比较去，决定把村民的三分地集合起来，因地制宜，变农田为商场，建综合市场，走"市场强村"之路。最佳方案是选择的结果，是集体的智慧。九星通过兴办大型综合性商品批发交易市场，实现了快速跨越式发展。

九星村成功的关键还有一条，那就是干部以身作则。九星村之所以能建成上海市规模最大的综合市场，与其说是从土地上建起来的，还不如说是从住宅变出来的。如果说家家都住一套占地面积很大的别墅，九星村就很难有土地再建市场。要承受住房小的压力，就要靠干部带头。九星村党支部书记吴恩富的住房直到现在都是村里最一般的，在他的带领下大家纷纷让出宅基地，建起了综合市场。

九星村充分发挥背靠上海大市场的区位优势，利用集体土地建立村办综合市场。1998年7月，经上海市闵行区人民政府批准，由闵行工商局注册颁证，九星综合市场正式成立。从8月至11月短短的3个月时间，九星村办起了五金、食品、南北干货、胶合板、农副产品五大批发市场。如今，更成功开设了包括五金、陶瓷、灯饰、石材、钢材、电器、茶叶、窗帘、家具、玻璃、菜场、水产、胶合板、防盗门、不锈钢在内的20多类专业商品分市场区，被誉为华东地区最大的市场村和申城市场的航母。

土地、区位、自身优势，催生了"外三产、内工业"的战略大调整，外围借助于城郊接合部的交通优势，兴办第三产业，而在村子里搞一些小工业。"三场一路"：大型停车场、农贸市场、养鸭场和虹莘路一条街。"一年半时间，一下子就赚了1500万元。"随着城市化进程的推进，越来越多的人口迁入，市场也越发红火起来。

虹革路商业街的建设，正迎合了村民与居民对小商品的需求，随着这个地段越来越繁华，商业街也聚集了人气，形成了相当的规模。占地100亩的大型停车场每年为九星带来几十万元的利润。九星的发展壮大，最根本的原因是抓住了"低成本投入、滚动式开发"的特点：通过营造市场氛围，用较少的自有资金调动大量的社会资本。吴恩福把这种经验总结为"种砖头"理论。理论核心是"滚动发展模式"。九星十年里由小到大，没有一分欠债。在建仓房没有钱付工程款时，采取的办法是给工程队免半年或者一年的租金，以商招商，而后再回收。之后的改造思路也是从低端到高端，不求一步到位。

另外，九星进入市场的时机非常微妙，正是在20世纪90年代后期，在改革开放程度较高的时期。九星进入市场，得到政策的扶持，在用地性质合法的前提下，走出村办市场的路子。在这种"天时、地利、人和"的大环境下，九星摸索出了一条"村办市场"的新路子。

九星市场已经经历了三次升级：第一次建设"三场一路"，即大型停车场、农贸市场、养鸭场和商业一条街，实现从生产型农业向市场型农业的转轨；第二次建设九星商行，九星走上发展纯粹第三产业的道路；第三次升级是成立了九星综合批发市场。

"村民成为真正意义上集体资产的所有者；同时新成立的九星物流公司也是个权责明确、产权明晰的现代股份制公司，是民营经济，也是集体经济。"吴恩福告诉《中国经济周刊》。新农村的基础是民富，最高追求是精神上高尚。"我对新农村的理解是'三有'，"吴恩福开门见山，"人人有工作，人人有保障，人人有股份。""村与民有四种关系：村穷民富、村强民富、村穷民穷、村强民穷。那么，九星村已经达到了'村强民富'的理想状态。"

——资料来源：[1]. 改革创新强村富民的璀璨之星 全国文明村、中国市场第一村——九星村[J]. 上海农村经济，2012（3）：50. [2] 邓伟志. 土地资本化与经营市场化是农民的致富之道：以上海市九星村为例[J]. 探索与争鸣，2014（2）：18-20. [3] 顾长浩. 城镇化进程中集体土地开发利用若干法律问题解析：以上海市九星村为例[J]. 上海农村经济，2014（12）：17-20. [4] 吴恩福. 九星践行五大理念迎来转型发展新机遇[J]. 上海农村经济，2016（9）：9-12. [5] 金姬. 九星村：凤凰涅槃的"中国市场第一村"[J]. 新民周刊，2018（44）：68-69.

案例13 "中国生态第一村"——滕头村

滕头村嵌在奉化与溪口之间的滕头生态旅游区，紧倚江拔、甬临公路，地处萧江平原，剡溪江畔。位于奉化城北6公里，离宁波27公里，至机场15公里。距溪口12公里。它以"生态农业""立体农业""碧水、蓝天"绿化工程，形成别具一格的生态旅游区。

滕头村，全村住宅居民296户，计787人，有6500名外来人口，800亩耕地，1.2平方公里面积。过去，这里穷得出了名，生产条件和生活水平相当落后，"有囡不嫁滕头村，年轻后生打光棍""田不平，路不平，亩产只有二百零"。自1965年至1980年，村里先后迈出改土造田、旧村改造、兴办企业、发展三产四大步，滕头人早踏朝露，晚踩月光，总投工43万工，把近千亩高低不平、常年旱涝的低产田，改造成200多块大小划一、沟渠纵横、排灌方便的高产田，实现了由温饱到小康，由小康到富裕的跨越式发展。滕头人靠聪明才智和勤劳双手，撑起了自己的一片天，成了"一年一个样，年年都变样，越变越像样，全国做榜样"的小康示范村。2012年，人均收入达到13095元。村里成为国家首批"AAAA"级生态旅游区，被联合国评为"全球生态500佳村庄"，又接着被评为"世界十佳自然村"。

滕头村坚持可持续发展战略，牢固确立"既要金山银山，也要绿水青山"的发展理念，结合旅游业景点开发，把生态环境和村庄建设紧密相结合，实现村庄环境的持续优化。早在20世纪90年代初，村里成立了环境保护委员会，对村里引进的项目实行一票否决制，至今已累计否决了46项经济效益好但有污染的项目。又先后投入8100多万元，全面实施"蓝天、碧水、绿色"三大工程，兴建农家乐园、将军林、音乐喷泉广场、石刻窗花馆等生态景点20多处，全村呈现出绿树成荫、碧水环流、花果相间、百鸟和鸣的江南田园美景，建设生态文明村庄，实现了人与自然和谐相处。自然景观资源丰富，景色奇丽迷人；峡谷幽深神秘，暗河高瀑壮观；溪流蜿蜒灵秀，岩溶小湖秀雅；红军文化底蕴深厚，民风民俗清纯质朴。滕头村被誉为"世外桃源、人间仙境""中国生态第一村"。

滕头人的环保意识，来自对土地深深的依恋。滕头农业走过了改土造田，土地规模化经营和生态、高效的现代化农业的三大步后，展示在我们眼前的是一批科技领先、优质高效、出口创汇的农业产业。滕头的高科技、立体农业现已成为浙东大地的一道亮丽风景线。他们把着眼点放在保护和建设生态环境上。他们在田边溪头植上果树苗木,房前屋后栽种花草盆景。在滕头村的国家级生态示范园里,"田成方,楼成行,绿树成荫花果香,清清渠水绕村庄",滕头人把高雅的园林艺术与生态旅游、农业观光旅游有机地融为一体。将军林、柑橘观赏林、绿色长廊、乡村文化广场、盆景园等30多处景观,使诸多宾客在观赏中领略到江南风韵的田园乐趣,感受到返璞归真、崇尚自然的生态特色。村里新建村民别墅群,花树绿坪环绕其间,假山盆景错落有致,同样成为一道引人注目的宜人景观。以旅游、园林绿化、房地产为核心的第三产业群体,已成为滕头经济和谐发展的增长点。

滕头的园林绿化公司已达到国家城市园林绿化养护一级资质,并在北京、河北、福建、山东等省、直辖市建立了8家分公司。他们还成功完成了2008年北京奥运会部分体育场馆的绿化项目,并为2010年上海世博会、广州亚运会提供优质的绿化苗木。滕头生态景区是国家首个AAAAA乡村旅游区。2010年,旅游综合收入为1.58亿元。滕头景区已成为中国乡村游的先行者和佼佼者。

强有力的党组织是滕头村发展的重要保障。党组织的威信源于村党委强村富民的本领和全心全意为民谋福利的传统,源于党员干部先锋模范作用。滕头村有个"三先"原则:要求村民做到的,党员干部首先做到;要求党员干部做到的,党委成员首先做到;要求党委成员做到的,党委书记首先做到。在滕头,过硬的党组织和有声有色的基层民主和谐发展。早在1982年,滕头村就制定了经村民大会讨论过的《村规民约》《环境卫生奖罚规定》。1995年,村里又开展了"滕头人形象"大讨论,制定出"滕头人形象"8条标准,并对村民日常生活中的行为加以规范,做到奖勤罚懒,有章可循。重要的是,滕头村每一个文件的出台,都需经过村民讨论,在讨论交流的过程中,达到了学习教育的目的,这也是村民对自身行为加以约束,走向自觉的重要原因之一。

为更好地实施公众参与机制,滕头村广泛建立各种群众组织,如工会、团委、妇联、老年人协会等,积极参与村庄建设。以村团委为例,仅这几年就先后组织了"保护母亲河""告别陋习"等20多项活动。滕头人十分信任党组织,不仅因为党带领他们过上了好日子,还因为他们能当家作主,充分享有知情权、管理权、决策权和监督权。党建与基层民主建设相得益彰,相辅相成,是滕头40年来始终走在前列的政治保障。

"一家富了不算富，集体富了才算富"，"滕头没有贫困户，没有暴发户，家家都是小康户、富裕户"。滕头坚持集体化发展道路，实现共同富裕，不让一户掉队。村里着力兴办集体福利事业，建立了社会养老、合作医疗等制度，并为全体村民办理人身、财产保险，实现了少有教、老有靠、病有医、户户有保险的目标。先后投资6300多万元兴建滕头小学、村史展览室、多功能文化中心、图书馆等教科文设施。成立了体育协会、老年协会等群众组织，经常开展活动，群众有了丰富的业余文化生活。茶前饭后，农民公园、农民图书馆、灯光球场、室外健身中心、老年活动中心、电子阅览室、村文化中心、村史展览厅等文体场所，健身休闲的村民和外来员工总是济济一堂，成了文化知识的传播地和现代文明的孕育地。丰富多彩的文体活动，使滕头人的生活锦上添花。滕头，正以新的姿态，向人们展示"处处生态、家家富裕、人人文明、和美家园"的崭新画卷。

——资料来源：[1]奉组轩.乡村让城市更向往：解析奉化区滕头村党建引领下的共富密码[J].宁波通讯，2023（7）：44-47.[2]孙叶玲.浙江省未来乡村建设研究：以奉化滕头村为例[J].特区经济，2022（9）：52-55.[3]游祖勇.乡村产业振兴典范：世界十佳和谐乡村、浙江奉化滕头村振兴故事（二）[J].当代县域经济，2021（3）：70-73.[4]谢晔，周松华.滕头村：迈向"美丽经济"升级之路[J].新农村，2020（6）：19-20.[5]课题组成员实地调研.

案例14 重归公有制的阳山庄：陕西省韩城市阳山庄

陕西省韩城市龙门镇阳山庄，东眺黄河，西依荆山，南靠郁水，北临龙门，108国道依村而过。根据上级要求，20世纪80年代初，阳山庄实行分田到户，村里几乎没有了集体经济，除几家开矿的人，绝大多数人挣扎在温饱线上。阳山庄村背后依托的华子山，蕴含着丰富的铁矿资源，但多年来，守着土地耕种的阳山庄人，仅仅只是靠着土地里刨来的微薄收入养家糊口，从来没有想到这些"铁疙瘩"会给他们的生活带来什么好处。"守着金娃娃，过着穷日子"，是阳山庄人对过去生活的记忆总结。

作为阳山庄的"当家人"，村主任高民权意识到自己肩头责任重千钧。村"两委"决定，借助于国家政策，"靠山吃山"，开采铁矿资源，兴办选矿厂。村上发动干部、村民用自家房产抵押贷款、借支，终于凑齐了30万元。

1993年，村办选矿厂建成。由于前期论证充分，管理到位，市场形势好，仅半年就收回了全部投资。村办企业可观的效益，点燃了阳山庄人心头的希望之火。喜出望外之余，村上的全体党员、干部和部分村民纷纷自我发动起来，兴办企业，联办、私营、个体等各个类型的选矿企业大有星火燎原之势，使全村工农业总产值、人均纯收入翻了一番。阳山庄村经济因而在短期内完成了一次新飞跃。

在集体矿山的带动下，全村发展起了60多家私人采矿点。但是，随着私有经济的发展，私矿与集体争利，村民收入不平衡，贫富差距不断拉大。私营矿主一心挣钱，不考虑持续发展，乱采乱挖，浪费资源，污染环境，安全事故越来越多，还经常为争矿而发生恶性事件。有些矿主赚了钱，但不给集体交承包费，偷税漏税，还用钱勾结黑社会势力，打、杀、威胁干部。

怎样才能彻底整顿呢？村支书程兰生、村长高民权日夜苦思。终于，他们组织了80名党员、干部到河南南街村和宝鸡市岐星村参观学习，这两个村庄集体办企业，统一经营，达到共同富裕的经验使他们深受启发。经过几个月的调查研究、座谈访问，村"两委"会最终决心排除各种障碍，废除承包制，走集体经营、共同富裕的路子。村"两委"会向市政府提出了整改方案：对所有私人选矿厂签订合同，一次性买断，价格由市物价及有关部门评估。

由于集体断了少数人发财的路，斗争尖锐到了极点，甚至有人扬言要杀村支书。进还是退？为少数人谋利，还是为多数人谋利？阳山庄的领导们没有退却。"两委"会决定贷款、集资2500万元对60多家选矿厂实行兼并，一次性买断，成立了韩城华阳有限责任公司，实行"统一管理，统一经营，统一开采，统一票证，统一结算，统一销售"的"六统一"。从此，集体经济飞速发展。由于集体的强大力量，过去私人的土法开采改成了大机械开采，效益连续翻番。2006年，精矿产量超过60万吨，上缴税收5800万元，全村人人均收入超过2万元，人均集体积累达16万元以上。

阳山庄村集体经济的发展，惠及了每一个阳山庄人。为优化全村农业基础设施建设，先后投资400万元硬化了所有巷道，修建了灌溉渠提水工程、喷灌工程；投资20多万元对全村农电设施及线路进行更新改造；投资150万元新建了总面积2000平方米的村综合办公大楼；累计投资300多万元，建起了7000平方米的园林式标准化小学和幼儿园，并为学校办公楼配备供暖设施。学生学杂费全免，统一为村民办理合作医疗和意外保险，给老人、小孩每人每月发放生活保障金。还投资70多万元建成了"村民文化娱乐中心"和阳山庄村洗浴中心；投资40多万元，建成了高档次的标准化舞台，丰富了群众生活。

集体经济必须有民主监督与民主管理同步推进，才能保障可持续发展，才能保障不会异化变质。阳山庄村主任高民权说，"打铁必须自身硬。村庄和企业领导干部要乐于接受监督，敢于面对群众。只有这样，才能带领群众沿着正确的发展道路前进"。村庄大搞党风廉政建设，通过各种媒体舆论等监督村干部，制定和完善有关制度、政策，实行"四公开"①、"五不准"② 等制度。此外，村上还结合实际制定了《阳山庄村级干部廉政建设的若干规定》《阳山庄村财务管理制度》《阳山庄村纪检监督制度》《民主理财制度》《村干部勤政廉政制度》等，使各项工作有章可循，不仅村务公开、财务公开，而且随时公开村庄的重点工作、重要活动、工程预算、招标等情况，全村上下形成了事事、时时、人人讲廉政的局面。

村庄定期召开"述职述廉大会"，村"两委"会班子成员、部分党员干部、村办企业主要负责人以及各车间主任等，一一发言，汇报自己半年或者全年的工作，提出未来打算，并就自身在党风廉政建设中的表现进行详细陈述。述职述廉后还要接受群众的民主测评。阳山庄村还由老党员、离休老干部等7人组成了纪检组和民主理财小组、民主监督小组，村办企业成立纪检科，跟踪参与各项工作，定期进行村务公开，实行阳光工程。在财务管理中，实行理财小组审核同意签字后，再由村主任签字的工作程序，层层把关，确保财务公开透明。设立廉政举报电话、举报箱，随时接受群众监督；建立村党支部书记、村委会主任、村会计廉政档案，实行一人一档。全村党风清正，干部清廉，党群干群关系密切，团结如一人。

——资料来源：[1] 罗成，李庆. 龙门土地上的传奇：陕西省韩城市龙门镇阳山庄村创业发展纪实 [J]. 村委主任，2010 (15)：1. [2] 韦尧斌. 三秦大地上的华西村：对韩城市阳山庄村新农村建设情况的调查 [J]. 西部金融，2007 (6)：59-60.

---

① "四公开"即重大事项决策办事公开，财务收支公开，承包合同公开，人口入户、计划生育指标公开。

② "五不准"即不准用公款公车公用电话办私事，不准超标准领取工资和奖金，不准大办红白喜事和扩大房基地，不准行贿受贿和用公款请客送礼，不准搞封建迷信、赌博、传播淫秽色情等有伤风化的活动。

案例15 浙江省东阳市花园村：昔日穷村变新"城"

浙江省东阳市南马镇花园村在新中国成立前曾经流传着这样一首民谣：名叫花园不长花，草棚泥房穷人家；种田交租难糊口，担盐捉鱼度生涯。花园村一没有肥沃的土地，二没有可供开采的资源，三没有雄厚的资本，四没有地理交通优势。一个普普通通的村子，如何白手起家，打造出一个村级经济航母呢？

1979年11月，邵钦祥当选为花园村的生产大队长。此时，村子里一穷二白。村中有老人拉着邵钦祥的手说："钦祥，你要带领大家一起富裕起来。"1981年10月，时任大队长的邵钦祥和他的哥哥及老支书，集资900元，借用村里的祠堂作厂房，招收18名职工，办起了"花园服装厂"，点燃了村办企业的星星之火。为了推销产品，他风里来雨里去，一路上啃干粮，夜投几毛钱的小旅店，走南闯北。尽管如此，从1981年办厂开始，他依然每年都从企业的利润里拿出一部分资金，用在村庄建设上。30多年来，邵钦祥累计出资4亿多元，用于村里的基础设施建设和各项福利事业。

从1983年开始，邵钦祥担任村党支部书记，这一年，服装厂实现产值200万元，获利3万元。1984年，服装厂年产值达260万元，获利50万元。尽管他致富后每年都捐款捐物，改善村里的基础设施，但村里还是没有从根本上改变穷模样。邵钦祥深深感到：仅靠捐钱做好事是"杯水车薪"，无法使全村摘掉"贫穷"的帽子，只有大办集体企业，壮大集体经济实力，才能兴办公共福利事业，解决一家一户解决不了的问题。于是，他毅然把办得红红火火的服装厂转为村办企业，使集体经济终于有了一棵"摇钱树"。1991年，他们成立了工业公司，征地50多亩，创办了工业园区。

邵钦祥在服装行业办厂闯市场的过程中带出了一批骨干，他们都想尝试独自办厂的创新实践。邵钦祥就鼓励他们退股办厂，一带十，十带百，南马镇迅速掀起了办呢绒服装厂的创新创业热潮。"无工不富，无农不稳，无商不活，无财不旺。"20世纪80年代后期，南马镇创办了几百家服装厂。到1989年，邵钦祥已亲自创办了8家工厂，都获得了成功。邵钦祥以这8家企业为骨干，联合46家花园村户办企业，于1990年率先建立了金华市首家村级工业公司。1993年，又成功升格为浙江花园工贸集团公司。

从1996年开始，花园集团紧紧抓住科技创新、转变经济增长方式这个中心环节，调整产业结构，形成以高科技产业为主导的新一轮经济发展格局，大步向以医药化工、生物医药为主的现代高新技术产业跨越。维生素D3项目的成功，一举打破了国际公司垄断市场的局面，成为世界上最大的维生素D3生产基地，以世界一流的工艺为中国的民族工业树起了一座丰碑。此后，花园村依托南马镇的木材产业传统优势，通过整合资源、分类开发，形成了原木进口、板材销售、电脑雕花、红木家具以及仿古家具等一条龙服务的产业链。

花园村在坚持工业强村的同时，并没有忘记发展农业。从1984年开始，邵钦祥领导花园村开始运用工业积累，逐步加大对农田水利基本建设的投资，修渠道、建电灌，大力发展现代农业。1995年底，全村累计投资30多万元，使全村187亩耕地全部成为自流灌溉、旱涝保收的丰产田。进入21世纪，花园村大力发展现代高效生态农业，与浙江省农科院、上海农科院合作建立500亩高效农业园区。花园村以主导产业为依托，大力发展设施农业、休闲观光农业，逐渐形成了以高效生态农业为龙头、多种观光景点并存的休闲旅游产业。

村集体经济发展起来后，邵钦祥开始着手进行村庄整治，改善村民生产生活条件，大力加强村庄基础设施建设，发展村庄公共事业和社会福利事业。1994年初，旧村改造的第二期工程开始启动，拆除了86户198间"祖宗屋"，安排新建83户157间楼房。为了提高村民生活质量和管理要素的优化组合，将花园村总体划分为生活区、旅游休闲区、第三产业区、高科技工业区四个区。2004年和2017年先后跟周边18个村合并，组成"大花园村"，实行"一分五统"的政策，落实各项村民福利待遇，养老保险、医疗保险、奖学金制度、电话月租费、特困补助制度等多项福利事业有序开展。

花园村同时十分重视精神文明建设，不断完善社会服务体系。先后投入2亿多元资金，建成了影剧院、科技馆、舞厅、游泳馆、保龄球馆、图书馆、体育广场等娱乐休闲场所；创办了花园职业技术学校和花园幼儿园。村里成立了秧歌队、腰鼓队、篮球队、健身队等，经常性地举办文艺晚会和文体活动。花园村修建了泰山农民乐园、吉祥湖水、中华百村园、高效农业基地、青少年拓展训练基地以及游泳池、动物园、棋牌室、民俗馆等。

花园村之所以能够长期持续快速健康发展，最主要的是有坚强务实、风清气正的领导班子，坚持科学执政、民主执政、依法执政，坚持财务公开，设立意见箱和财务公告栏，接受群众监督，坚持发展集体经济，走共同富裕道路。花园村党支部提倡无私奉献精神，推行"公正、公平、公开"的办事原则，党员干部开会、选举等为村里办事，都不发工资不计报酬。以花园党校为阵地，坚持党员学习制度，定期召开党员会议，充分发挥党组织的战斗堡垒作用和党员的先锋模范作用。

——资料来源：[1] 陈至发. 村企合一是发展村级集体经济的有效组织形式：浙江花园村发展村级经济的成功经验 [J]. 乡镇经济研究，1998（2）：8-9. [2] 金琰，卢凤君. 主动城镇化的乡村发展路径创新：花园村实践的理论解析 [J]. 东北农业大学学报（社会科学版），2021（5）：13-23. [3] 魏俊杰，许军建. 新型城镇化背景下就地城镇化的实践与思考：以浙江花园村为例 [J]. 湖南农业科学，2018（6）：109-112，117. [4] 浙江金华花园村 [J]. 农产品市场周刊，2017（23）：62. [5] 康克佳. 浙江省东阳市花园村：昔日穷村变新"城" 村民生活胜市民 [N]. 中国城市报，2023-04-17（15）．

案例16 天津大邱庄的兴衰沉浮

大邱庄位于天津市西南方向的静海县①，由于土地盐碱，昔日以穷著称，乡里流行着这样的说法："宁吃三年糠，有女不嫁大邱庄。""大邱庄，老东乡，喝苦水，咽菜帮，糠菜代替半年粮。"改革开放后，大邱庄人在这片贫瘠的盐碱地上创造出了举世瞩目的经济奇迹。

大邱庄的改革奋斗史，绕不开一个人——曾任大邱庄党支部书记的禹作敏。在大邱庄人看来，大邱庄的崛起和禹作敏是分不开的。1976年，大邱庄的村民刘万明向禹作敏提出建议：搞冷轧带钢厂。禹作敏找到刘万明的弟弟、人称"刘万能"的刘万全，又让大队凑了10万元给兄弟二人筹划建厂。刘家兄弟两人拿着自己借来的2万元和大队里凑的10万元，盖起了简易厂房、组装起了轧钢机，风风火火地搞起了冷轧带钢厂。厂里一边培训工人的操作技术，一边昼夜苦干，1978年就盈利27万元，不仅震惊了大邱庄，更是惊动了静海县。1979年，冷轧带钢厂的利润更是达到60多万元，迅速站稳脚跟。

禹作敏并没有满足于这点成绩，他见冷轧带钢厂挣了钱，决定扩大规模，大力发展乡镇企业，制管厂、印刷厂、电器厂一个接一个地在大邱庄建了起来。1981年，大邱庄建起了第二个工业企业——大邱庄高频制管厂。1982

---

① 2015年，撤销静海县，设立静海区。

年,建起印刷厂和电器厂。1983年,建立大邱庄农工商联合总公司,并把建分厂的权力下放到各厂。此后,以冷轧带钢厂、高频制管厂、印刷厂、电器厂为中心,每个工厂都以滚雪球的方式建起若干个分厂。1987年,四个总厂被改为四大公司;1992年,又将四个工业公司改为尧舜、万全、津美、津海四大集团公司。同年,在村西北方投资10亿元建立大邱庄"百亿元工业区",著名的百亿路贯穿其间,它的两侧集中了大邱庄上百家钢铁企业。

除了工业,在农业生产上,大邱庄还将农民承包的土地一律集中耕种,鼓励有能力者系统承包。1984年,村种田能手马德良与妻子何文丽应邀赴法访问,法国农业部长亲自接见他们,并授予"法国农业勋章"。大邱庄还将农业专业队改组为农场,强化"统包结合"的土地管理策略,耕地改由4个组承包,提高农业机械化作业水平,全村务农劳力在1985年已降至百人。

20世纪90年代初,国家大力发展乡镇企业,天津大邱庄则成为发展工业的典范。数据显示,1991年大邱庄工农业总产值达到18亿元,比1978年增长1300倍,公共积累4.8亿元,这个华北平原盐碱地上的"讨饭村"变成了"中国首富村"。《纽约时报》曾报道说:"大邱庄实际上就是一个大公司。这个村有4400人,却有16辆奔驰轿车和100多辆进口的豪华小轿车,1990年人均收入3400美元,是全国平均收入的10倍。1992年,大邱庄的工业产值据称达到了40亿元。"

大邱庄取得了骄人的成绩,随后被媒体予以广泛报道,引起了全国乃至世界的瞩目。然而,在巨大的成绩面前,大邱庄俨然成为禹作敏我行我素的"帝国",1993年因犯窝藏罪、妨害公务罪、行贿罪等被判处有期徒刑20年。1999年10月3日,禹作敏在保外就医中病逝。1993年11月18日,大邱庄撤村建镇;2003年到2010年,周边22个村被划入大邱庄镇。2020年6月,大邱庄镇辖1个社区、26个行政村,镇人民政府驻津海街村。镇政府大院就是过去大邱庄村委会的所在地。记者在办公楼里看到,大厅里的豪华水晶灯、木质栏杆等装饰基本没有改变,只是略显陈旧。第三层禹作敏当年的办公室现在已经成了镇政府的会客室,里面的装饰变化不大,仍然让人感到当年的气派和讲究。

由于大邱庄镇高度依赖钢铁工业、产业结构单一、债务负担沉重等原因,再加上管理模式落后,1995年大邱庄开始了艰难的改制路程。第一步首先实行住房改革,基本思路是"居者有其屋,房产私有化",由居民自主购买。随后,医疗、交通、通信等十几项福利制度改革随即展开,村民们原来享有的一些福利待遇被一一取消，集体产权的六七百辆轿车，包括奔驰、林肯，也统统被拍卖。

1997年，大邱庄开始对全镇企业进行改革，遵循着"承债式改革、零资产转让以及现有企业组成新的公司"的前提，事先请有资质的国家资产评估机构对大邱庄集体所有的企业进行资产评估，通过天津市产权交易中心负责交易，企业资产按个人参股的形式公开出售。经过改制，将原有的197家企业转制为91家有限责任公司和6家股份合作制企业。

1997年亚洲金融危机爆发以后，国家开始整顿金融秩序，各家银行紧缩银根，大量信贷资金和社会游资从大邱庄撤出，企业赖以生存的资金链被掐断，钢铁市场整体下滑。1998年底，大邱庄工业销售收入由1997年的117多亿元降到70亿元，税收由9300万元降到6600万元，有一半企业处于停产半停产状态。此后，大邱庄受各方面因素的制约，经济一路下滑。到2000年，工业销售收入82亿元，国内生产总值11.9亿元，税收4620万元。2001年，大邱庄的财政收入仅3720多万元，是建镇之初的水平，大邱庄的经济跌入低谷。

大邱庄，这个曾经的"华夏第一村"，经过了30年的坎坷发展，在一定程度上折射了我国农村改革发展的历程，无疑是一部中国农村改革的历史教科书，为中国农村的发展提供了经验和教训，也为我国乡镇企业改革提供了参照。

——资料来源：[1] 曹健. 大邱庄兴衰 [J]. 南风窗，2002（06）：50-52. [2] 范银怀. 中国首富村和"大邱庄热" [N]. 中国经济时报，2014-07-02（09）. [3] 王景山. 大邱庄的跨世纪变迁 [N]. 农民日报，2009-10-27（01）.

案例17 崖口村的统与分、留与卖

崖口村位于广东省中山市东南部南朗镇，处在珠江口西部地区，交通发达，南邻珠海市，东临伶仃洋，与深圳、香港隔海相望。这里背山面海，土地肥沃，气候温和，年降雨量有2000~3000毫米，能耕能种能养，是个得天独厚的鱼米之乡。

与珠三角其他的村庄相比，崖口村吸引外界的，不是因为这里美丽的风景，而是自20世纪70年代末以来，该村的种粮土地一直没有实行分田到户，仍由生产队负责耕作。正因为此，崖口村被外界称为是珠三角唯一的"人民公社"。其实，这个一再被外界称为"人民公社"的村庄早已不是真正意义上的人民公社了。崖口村也从未宣称自己仍在实行人民公社制度，对劳动者的自由迁徙择业不再具有强制性，现行体制是村民自愿选择的结果，村民是否参加集体劳动均属自愿。

崖口村临近港澳，改革初期，很多人去了香港、澳门做工，有部分去做生意、开工厂。强者离开村庄，独自创业，留在村庄的大部分人，多为弱势群体。这些没有优裕社会关系的农民，家底薄、学历低，又无技术，已习惯了集体的生产、生存、生活模式，如把责任田和社会各种任务摊分到村民，各自分散谋生，既承担不了这么重的社会任务，也难以更好地有效进行生产。

在珠三角大量粮田早已消失变身厂房的时候，崖口村却固执地坚守着3000亩水稻田，时任村委书记陆汉满领导崖口村民固执地走大集体道路，村里的粮田没有分田到户，仍是由生产队负责安排生产，参与劳作的村民计工分，按劳取酬。谭顺宁是一名崖口村人，他上过大学，如今已成为崖口村的法律顾问。"参加村里生产队粮食集体生产的有600多名社员。这些都是一些不愿意出去打工，或是出去后很难找到工作的村民。"谭顺宁说，"除此之外的约一半村劳动力大多是在外打工或做生意。"作为基层党组织，不忍心丢下弱势村民不管，没有把所有的责任田、各项任务强制分给他们。1979年，崖口村实行"一村两制"，让村民自由选择，可以走市场经济道路，也可以留在集体中继续走共同富裕道路。

为持续推进集体经济发展，崖口村把留在村中的农民组织起来坚持共同劳动、按劳取酬，安置弱势农民就业，依托集体化组织化力量完善水利、农网道路、围堤、水闸建设，完善各种农业基础设施，整治村容村貌，购置农业机械，从植保、品种、耕作方法等各个方面，实行科学管理，机械化集约经营，还开垦了3万多亩土地。

崖口村在招商引资过程中注重生态环境保护，凡是有污染的工业，即使利润很高，也不接受。1979年至1981年，引进了10多家外资企业进行来料加工，吸纳了2000多工人就业。但是，这些企业资本、设备、技术都在外部，利用本地廉价的土地、劳动力、能源，加工成品后运销国际市场，留给村里的利润非常微薄，而且工业垃圾、工业废水和废气以及生活垃圾等严重污染村庄环境，污染地下水。因此，20世纪80年代中期，崖口村宁可损失部分利益，也放弃了工业发展。

2002年完成了土地开垦工程后,将其中2万亩围垦土地,实行股份制。凡是崖口村依靠土地生存的农业人口,一次分给他们每人5.5亩,并成立崖口村民土地股份基金会,统一经营、收取租金,每年分红到各股民名下。村民虽然保留着"社员"称号,但实质上已成为"股民",而且,在内外压力下,崖口村也开始卖地了。2008年,大多数股民同意一次卖给中山市土地储备中心1.17万亩土地,卖得5.4亿元,全村买了社保、医保后,每位股民还能分到14.2万元。

按传统理念,崖口村年轻人喜欢离开村庄到海内外、国内外谋生创业,晚年都会寻宗问祖,叶落归根,安享余生。为防止把土地卖光而提前剥夺子孙后代应该享受的福利,第二次股份制对土地只作界定,不量化到人。它的功能是:维系村庄继续实施一级管理;安置农民就业;承担村庄各项建设;承担社会管理费用;承担社会福利;承担不可预测的重大自然灾害和其他开支。

崖口村经过数十年的创业,积累了大量资源和财富,引发了内外势力占有和掠取的欲望。外部资本想着攫取村集体财富,内部有些村民想着分掉这些财富,这使得崖口村的集体化道路面临着持续运营的艰难和风险。2011年初,担任了37年村支书的陆汉满离任后,崖口村的集体体制和财富从村民的主动拥护逐渐变成被动保留,村民要求"卖地分钱"的呼声越来越高。

从陆汉满手上接任村委书记的谭伟钦越来越感觉到建设崖口村心有余而力不足。"以前每年在村民社保这一块的支出只需要400多万元,村里还能承担得起,但现在社保缴费改革了,一下上升到1040多万元,而又不能让村民自己交,这让我们明显感觉到了压力。"谭伟钦说,"收入没有增加,但仅社保支出便翻了一番"。崖口村集体经济面对内外压力还能坚持多久,值得持续关注。但无论如何,崖口村独特的发展模式仍带给中国农村另一种思考。

——资料来源:[1]刘建华.崖口村:"人民公社"的坚守[J].小康,2014(16):96-98.[2]汤坚洲,刘兴华,姚晓梅,等.对中山崖口村集体经济发展经验的探索[J].农民致富之友,2013(24):42-44.[3]谢小庆.崖口村的集体经济之路[J].社会观察,2013(4):43-44.

案例18　总书记点赞的山东代村

代村地处山东省临沂市兰陵县城西南城乡接合部,1999年王传喜当选为党支部书记的时候,村集体欠债386万元,是远近闻名的散乱穷村。代村坚持"以工补农、以农促工、搞活商贸、三产并举、强村富民"的发展思路,通过发挥城郊优势,走副业兴村的路子,通过滚动发展,拥有了建筑公司、车辆交易市场、加油站、建材厂、养殖场、物流配送等工副业项目20多个,壮大了村级集体经济。他克服重重困难,对村土地进行全面调整,采取土地入股、年终分红的形式,进行土地集约化、规模化、标准化经营,规划养殖场、高效农业示范片、花卉市场,建设示范园区,打造现代农业发展平台,走出了一条农业与科技、旅游结合的特色发展之路,形成了"不断发展壮大集体经济,鼓励支持村民自主创业,实现强村富民、共同富裕"的"代村经验"。2018年,代村实施了覆盖12个村、1个国有农场,辐射周边20平方公里的"田园新城"规划建设,形成乡村振兴"共同体",各业总产值28亿元、集体收入1.2亿元、村民人均纯收入6.8万元。习近平总书记参加十三届全国人大一次会议山东代表团审议时表扬了王传喜与代村,中宣部授予王传喜"时代楷模"称号,他被誉为"乡村振兴领头雁"。

代村始终坚持集体与农民同步增收,为群众致富创造条件,提供服务,并根据每个人的特长提供不同的就业岗位。代村规划建设了商贸(物流)城,启动了"苍山现代农业示范园"和"兰陵国家农业公园"的"双园"一体化开发建设,实行"统一规划、政府引导、企业和农民参与、市场化运作",由代村集体股份制企业——山东新天地现代农业开发有限公司开发建设和管理运营,吸引企业、专业合作社、种养大户入园经营。推行生态家园富民工程,建设户用沼气池,形成利用植物秸秆、人畜粪便产生沼气,沼气用于照明、做饭、取暖,沼渣、沼液作肥料的生态链条,不仅优化了环境,还节约了能源、增加了群众收入,取得良好的经济效益、生态效益和社会效益。通过入股分红、到村办企业工作、鼓励自主创业,村民实现了多元化、橄榄型收入,2021年,该村人均纯收入7.2万元,比20年前增长了30多倍。

坚持民主决策、民主管理、民主监督。组织引导村民最大限度地参与村务管理,村规民约和各项村级规定,村里重大问题和公共事务的决策,都让群众反复讨论,达成共识,然后监督执行。在土地调整、宅基地划分、道路建设、园区建设等涉及全村群众利益的大事上,坚持反复召开村民座谈会、干群问答会,广泛征求意见。实行集体账目、企业管理、宅基地划分、土地承包、农民负担、计划生育等村务十公开制度,把村里的各项工作和重大决策以及公共事务的管理完全置于群众的监督之下。积极创新党组织设置方式,成立产业或行业党支部。实行村"两委"干部直选和民主评议制度，组织引导党员群众对照标准，好中选优，推选出信得过的"当家人"。村干部坚持每天早六点考勤制度，严格兑现奖惩，使村"两委"班子自觉摆正自己与村民的关系，形成了一套干部与群众双向制约的管理监督机制，全村人人都是管理者又是被管理者，人人都要监督别人又要被别人监督。

代村坚持"既富口袋又富脑袋"，建设图书室、阅览室、农民夜校和文化广场，修建高标准幼儿园，制定升学奖励制度，在校学生实施助学奖学"双金制"。开展群众性文体活动，成立了老年"秧歌队"、腰鼓队、锣鼓队、门球队、象棋队、器乐队和青年舞狮队等群众性娱乐组织，利用晚上和农闲季节，组织丰富多彩的文体活动，使村民娱乐活动有场所、有设施、有计划、经常化，陶冶村民的思想情操，推选"十星级文明户""遵纪守法光荣户"以及"好媳妇、好婆婆"等，形成文明新风。

提升社区福利，完善社会服务和保障功能。代村从2005年选择走集体化道路之日起，就实行群众生活必需品村集体无偿供给，老年人免费入住老年公寓，按月领取老年优待金。对残疾人、病灾户及时发放救助金、生活福利。集体出资给全体村民办理新型农村合作医疗，还坚持新农合补多少，村里再补多少，防止出现因病返贫现象。对新购置居民楼、小康楼的农户，村集体按成本价的一半销售给农户，缺口部分由村集体垫付，减轻农民群众购房负担，解决了群众就医、养老、入学等保障问题，人心稳定，安居乐业。加强基础设施建设硬化村内道路，建设沿街楼，修建下水道、排灌水渠，安装路灯，建设文化广场和健身场所，实施环境绿化、美化和亮化工程。成立卫生保洁队，建立健全治保、调解、普法、帮教、巡逻"五位一体"组织，及时化解各类矛盾和问题，维护社会和谐稳定。

——资料来源：[1] 牛震. 王传喜 乡村振兴的"领头雁"[J]. 农村工作通讯, 2018 (Z1): 54-55. [2]. 承兰陵美名 领乡村振兴——王传喜[J]. 党建研究, 2018 (9): 44. [3] 王耀生. 乡村振兴的带头人——王传喜[J]. 党员干部之友, 2021 (11): 53. [4] 课题组实地调研.

案例19 大山里的伊甸园

山东省烟台市栖霞市的衣家村是个四面环山的小山村，只有55户126口人，村集体资产随着分田到户都被分光卖净，集体还欠15万多元债务。青壮年劳动力都外出务工经商了，留在村里的基本都是老人，50~66岁就算是能干活的年轻人，66~75岁的算中年人。村庄地势高、水位低，缺水严重，350亩地，有灌溉条件的不到30亩。2009年在外面做水果生意的村庄能人衣元良返乡担任支部书记，带领村民整治村庄环境卫生，使得村容村貌发生了较大变化，但是，村庄却因"缺水缺路"，苦苦找不到拔掉"穷根"的路子。

经过多次外出参观学习，在烟台市委组织部的动员号召下，衣元良决定带领村民走党支部领办合作社的发展道路。2017年9月，采取"原始股+劳动力入股"等方式，吸收53户农户，组建了"一点园合作社"。在上级政府支持下，多方筹集资金，在村里打了两口深水井，申请了节水灌溉项目，全村土地拉上了微喷，激发了群众的干劲和积极性。

随后，他创新设立工票制度，将劳动力折算成股份，对参加合作社集体劳动的，按工计票、凭票入股。按男性每天120元、女性每天80元的标准发放工票，满2000元转成1股，可享受分红。由此，动员全村劳动力上工地、砸石块、背石头、搬石子、整路面，一锤一锤地碎石、一锨一镐地整平，用了7个月的时间，终于开辟出长5.5公里、宽5.5米的环山路，铺设20多公里滴灌管路。

合作社又在环山路沿线和老百姓地里栽了"晚红脆"桃树，投资160余万元建立了藏香猪养殖基地，引进烟台财金集团与亭口镇政府共同注资1000万元发展食用菌种植产业，接下来还计划发展矿泉水项目、生态观光旅游，打造田园综合体，如今，衣家村已经旧貌换新颜。

——资料来源：[1] 于涛. 组织起来，发展壮大集体经济（上）：烟台市推行村党支部领办合作社、全面推动乡村振兴[J]. 经济导刊，2019（2）：25-31. [2] 于涛. 新时代农业合作化道路必定越走越宽广：烟台"党支部领办合作社"的探索和体会[J]. 经济导刊，2020（11）：26-31. [3] 于涛. 推行村党支部领办合作社促进乡村全面振兴[J]. 农村工作通讯，2020（22）：14-15. [4] 江宇. 烟台纪事：党支部领办合作社之路[M]. 北京：人民日报出版社，2021. [5] 课题组实地调研.

案例20 得利斯集团的得利斯村

山东诸城得利斯村由原西老庄一村、二村、三村合并而成。据郑氏族谱记载：明朝洪武二年，郑氏弟兄二人由河南省迁到山东省莱阳，后经高密来到此地定居，由此产生了郑家老庄。1945年，郑家老庄改为西老庄村。1996年10月，更名为得利斯村。

1950年春，郑汝悌响应党中央的号召，带领16户农民成立了全区第一个互助组；1952年，全村先后办起了三个初级社；1956年，成立了高级农业生产合作社，取名胜利农业合作社。1957年，粮食亩产达到了200公斤。1958年春，高级社社长郑汝悌作为基层农业生产的先进干部代表，被选进京参加先进代表大会，受到了毛泽东、周恩来等老一辈无产阶级革命家的接见。1976年，粮食总产达到了100万公斤，农民生活的温饱问题得到了解决。1978年，人均粮食达500公斤，人均纯收入83元。党的十一届三中全会以后，全村实行了大包干生产责任制，1983年粮食亩产达801公斤，1991年以来实现了吨粮田。

1964年，西老庄村成立了第一个副业队，从业人员40人，年总收入4000元左右。1976年秋，村里筹建了农机队，购置拖拉机5台，郑和平任队长，主要从事运输业，逐渐发展到拥有各种型号的拖拉机12台。1984年，由郑钦农带头集资建成了本村第一个企业——面粉厂，郑和平任厂长。当年获纯利22.5万元。1986年11月1日，冷藏厂建成投产，郑钦志任厂长，同时"诸城县西老庄食品工业公司"正式成立，郑和平任总经理。1987年11月，经诸城县①人民政府批准，公司更名为"诸城市第二食品公司"，郑和平任总经理。1989年，在国内率先引进西欧最先进的低温肉制品生产线，生产出我国第一批"得利斯"牌低温肉制品。已拥有八大类100多个品种，年消化生猪300万头，年生产低温肉制品4万吨。1992年1月，公司经诸城市人民政府批准，更名为"诸城市得利斯公司"，郑和平任总经理。1993年，经省体改委批准成立"山东得利斯集团总公司"，郑和平任董事长兼总裁。2000年，全村总资产达9.4亿元，从业人员3350人，实现工业总产值9.6亿元，创利税7600万元。

得利斯集团公司属于内生于本土且具有浓厚集体色彩的本地企业，虽然经过体制改革事实上逐渐由过去的村集体性质的企业转变成为"家族化"企业，但依然承担了较多的社区责任和社会责任，推动本地经济社会发展，带动不少社区居民和周边居民增加收入。得利斯村充分利用村办大型企业——得利斯集团的优势，鼓励村民大力发展第三产业。近年来，发展起来一大批

---

① 1987年7月1日，撤销诸城县，建立县级诸城市，直属山东省，潍坊市代管。

生猪饲养大户、生猪贩运大户、猪皮贩运大户，年创产值400多万元。在村里还发展起了一批从事运输、饮食、日用百货销售、食品、粮油经营个体户，年创产值40多万元，同时也带动了附近村庄的经济发展。

随着经济收入的增加，村民的生活质量不断改善，住房不断更新换代，多以砖瓦房为主。1987年以来，按照新的村庄建设规划，由公司出资先后开通了纵横13条街道，达6500多米，并逐步硬化、美化和绿化。同时安装了路灯，有专人负责街道绿化和环境卫生。为鼓励村民拆旧房建新楼，公司每户补助5000元建房补贴。1994年以来，公司承担起了全村统一免费供暖，同时历经几年的设施改造，全村实现了通路、通电、通水、通电话、通闭路电视、通暖、排污等"八通"。1998年，建成了全省第一个高级电气化村及电话村，同时安装了闭路电视。到2000年，全村已有95%以上的村民住上了楼房，人均住房面积达60平方米。

依托集体经济的发展，1958年村里投资0.6万元，对小学进行扩建改造。1984年，村里又投资5万元，对小学进行了第二次扩建改造，彻底告别了黑屋子、土台子的历史。1992年，由得利斯公司投资100万元建起了综合文化、娱乐场所——同乐宫，内设职工礼堂、舞厅等，文化娱乐设施齐全。1994年，公司又投资120万元，对旧的学校校舍进行了搬迁改造，建起了高标准的得利斯学校教学楼。1995年公司又投资100万元，建起了高标准的幼儿园，共购置教学设备20多套，适龄儿童入学率达到100%。1996年，公司又投资40多万元建成高标准的青年科技图书室，藏书6000多册，价值20多万元。

1996年起，公司对全村60岁以上的老年人实行养老补助金制度，每位老人每月可领取30元的生活补助金；公司干部职工实行养老金保险制度；村里的大中专学生实行奖学金制度。1995年，公司投资70万元建立了门诊部，并购置了放射、B超、心电图、化验等先进仪器，引进了专业人才10名，设置床位12张，做到小病不出村、大病能急诊，村民及企业员工均享受合作医疗待遇。

——资料来源：[1] 杜启洪. 大爱郑和平 [J]. 走向世界，2011（13）：38-41. [2]. 扎根黄土地　拼搏大市场：记得利斯集团有限公司董事长郑和平 [J]. 农业知识，2011（18）：42-45. [3] 陈丽娜. 得利斯搅热一方水土带富一方人 [J]. 农村工作通讯，2015（3）：57-60. [4] 胡锟，郑思敏. 得利斯构建全产业链 [J]. 英才，2020（Z2）：47. [5] 课题组实地调研资料。

案例21 工业化带动城市化的山东烟台南山

南山村,现南山集团,是山东省烟台市一个村企合一的大型企业集团。在党的富民政策指引和各级政府的支持下,改革开放后,南山村先后兼并了周围10个村子,领导班子精诚团结,抢抓机遇,艰苦创业,将一个白手起家的山村,发展成为现总资产106亿元,辖企业40余个的一座经济实力雄厚、生态环境优美、社会文明进步、群众安居乐业的现代化"农民新城"。南山走出了一条中国农村工业化、农村现代化、农村城镇化的道路,是建设小康社会的模范实践者,为全国农村建设小康社会树立了一个可资借鉴的样板。

南山村前身是龙口市东江镇前宋村,位于龙口市东南部,西靠威乌高速公路,北邻渤海湾,水陆交通比较便利。改革开放前,全宋村4个生产小队,260多户,800多人,是一个出了名的秃山荒岭、缺水少电的穷山村。1978年,改革开放伊始,对于现在南山的掌门人宋作文等人来讲,仿佛一扇沉重的大门豁然开启。前宋村地处山区,要想发家致富,工业兴村是唯一选择。于是,前宋人开始由以农业生产为主向依靠工业致富进行着艰难转变。第三生产队在小队长宋作文的带领下在几间场院屋里,做过豆腐,糊过水泥袋,制过石棉瓦。次年春,他们上了第一个颇具规模的项目——玻璃拔丝厂。利用这"第一桶金",他们又上了新华毛纺厂,生产腈纶毛线,接着又把毛纺产品向后延伸,上了新华毛巾厂。紧接着,南山人从哈尔滨一家倒闭工厂购买了全套设备,成立了玻璃纤维厂,其产品很快成为市场上的抢手货,年利润迅速达到百万元以上,最好的年景高达四五百万元,这在当时可是个"天文数字"。1987年,其固定资产达到5500万元,全队56户人家,家家住进统一建设的别墅式小楼。

小集体富了,大集体怎么办?其他几个生产队既羡慕又带有几分嫉妒,更多人热切地想加入这个富裕的集体。今后的路该如何走?"共同富裕"成为宋作文和村民们的共同选择。宋作文被推选为整个前宋村的党支部书记,他说服三队社员,拿出20万元偿还了全村的债务,带领260户、800口南宋村民开始了二次创业。

1992年,宋作文认为,必须加速发展工业,让山村变城市,把城市建在大山里。随后,南山集团投巨资引进全套进口设备,兴建铝型材厂;陆续上马总装机容量达100多万千瓦的热电厂;投资精纺呢绒项目和年产140万套高档西服的服装厂,完成了纺织业从低层次向高层次的飞跃;新上15.6万吨的电解铝厂和12万吨的碳素厂,实现了南山的飞速发展。

探讨南山的工业模式,可以用4个字来描述——链式运作。南山把主导产业向后拉长、向前延伸,形成既有原料基地,又有加工环节,还有终端产品的完整产业链条。这样可以以最低的成本、最高的效率,使各种经济要素得到优化配置,实现效益的最大化。

南山集团几乎每一个企业都可以找到与它有血缘关系的"亲属":毛纺、精纺与服装;电厂与电解铝厂、氧化铝厂、碳素厂、铝材厂;木业与建筑、家具;等等。30年间,南山靠的就是这种产业链式的滚动,才"滚"出了今天的规模和实力。一个土地贫瘠的小山村会成为跻身中国500强的村企一体的巨型企业集团。

"劳动"二字,在南山有着特殊位置。南山人始终在发掘劳动的真正价值,独具特色的劳动股份制即是南山的创新之作。村民在村办企业南山集团上班,除领取工资外,还按工资5~10倍的数额获得股金,计入账户,工作年限越长,积累的股金越多,每年按股金总数1.5%左右的比例分红。

在村民宋惠芝家,我们看到一本金黄色的小册子,这就是她家的股金手册。在这本以她老伴宋兆玺为户主的"劳动股金证"中,从他们在南山集团上班的第二年1989年开始计算股金,截至他们退休的2005年,16年间积累股金250.1520万元。股金每年按比例分红,这使他们一家分享着南山集团发展的成果。这本股金证成为南山人劳动价值的货币化体现。

"这是调动大家劳动积极性的一种巧妙的制度安排。"南山集团董事长助理逄永久向我们解释。从开始搞副业赚小钱到如今运作276亿资产的大盘子,南山的决策者意识到,要调动员工的积极性,关键的关键是理顺分配关系,只有这样才能不断激发大家的潜能。他们创造了控制分配、增加积累的"加成分配法"。凡是有南山户口的员工,人人拥有一本"劳动股金证",除了工资和奖金,还有加成分配。加成部分归个人所有,但不发现金,记入每人的股金证,按一定比例发放息金,员工除急需时可以申请提取外,由南山集团统一存储,作为流动资金用于扩大再生产。如同强力磁石,劳动股金将个人与南山紧紧"吸"在一起。

劳动股份制使南山人受益良多。宋惠芝的两个儿子分别在村里的铝型材厂和精纺厂工作,都是"负责的"干部,两个儿媳也同在村里的企业上班,现在儿子家的收入比老两口要高得多。宋惠芝仍然清晰记得,她是1993年

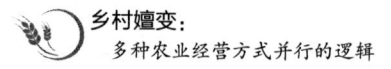

1月搬进这座200多平方米的二层别墅的。以前住的是三间半平房，院子里连块砖都没有，都是土坯砌的墙。"这日子以前连想都不敢想啊！"

探究南山的发展不难发现，他们始终在追寻着一条"共同富裕"之路，只有共同富裕才能实现和谐，而和谐又成为发展的保障。

在南山集团新和小区，我们遇到72岁的姚洪春老人，他原先所在的芦头镇西韩家村去年刚刚并入南山。这些"外来户"生活得好吗？我们决定到姚洪春家去看看。老两口住着三室一厅的房子，130平方米，室内的陈设虽称不上考究，但整洁干净。在这些为"外来户"建设的高标准楼房里，连阳台上的"好太太"晾衣架都是统一安装的，而且每套单元房里都有宽带网接口。

"这儿的生活条件比以前的小平房好得多啊。"姚洪春笑了，那笑容很是舒心。现在他们老两口与南山原有住户一样享有老人补贴，生活有保障了。过去西韩家村每人才有几分山丘薄地，靠天吃饭，一年下来只能挣个口粮钱；现在，他们告别了农业，过上了城市生活。西韩家村即是南山从1994年到2008年兼并的30多个贫困村之一。南山富了，可与南山"山连山、地连边、屋连脊"的周围村庄仍很贫穷，宋作文做出一个"强弱联带"的重要抉择——并村。这些以兼并形式加入南山的村民，在就业、上学、养老、福利等各方面一律享有南山人的待遇，生活由"小农"走向"小康"。姚洪春的孩子在南山的企业工作，加入了南山户籍，他们也享受到南山人的"劳动股份制"，有了自己的股金分红。

经济的发展离不开村民的科学文化等综合素质的提高，南山人正是看准了这一点，从创业初期就提出"拔愚昧穷根，开聪敏富源"的口号，把提高村民文化素质作为一件大事，以教育促经济。到目前已投资10多亿元，建立起从幼儿园到小学、中学、职业中专、职业学院一整套教育体系，成立了民办本科大学，实现了"三教统筹、五级相连、整体推进、全面发展"的教育框架；同时，投巨资建图书馆，给村民配书柜，鼓励村民买书看书，以"全民学习、终身学习"的浓厚氛围，全方位提高村民文化水平。全村平均文化程度目前已经达到高中程度，而他们的孩子，足不出村，就可以完成从幼儿园到大学本科教育全过程。

南山发展了，但宋作文的一句话让人思忖良久："南山有啥了不起？不要说中国这样的地方多啦，就是山东，就是烟台，变化大的地方和企业也多着呢！"南山人始终保持着清醒的头脑。正因为有这份清醒，有南山人的智慧和努力，依靠集体的力量，这里崛起了一座"乡间都市"。有这份清醒，今后的南山会更值得期待。

——资料来源：[1] 南剑. 穷山村何以变为"花园城"：探索山东南山集团的小康之路 [J]. 瞭望新闻周刊，2003（9）：70-71. [2] 孙德奎. 市场机制下的社会主义共同富裕道路：山东省龙口市南山村发展模式研究 [D]. 北京：清华大学，2004. [3] 叶晓婷，李天也. 寿享南山 老年人吃住看病不愁的村庄 [J]. 环境与生活，2014（15）：40-43. [4]《新型乡村文化建设研究》课题组. 南山社区文化建设之启示 [J]. 山东农业工程学院学报，2021（4）：67-72. [5] 课题组实地调研。

案例 22 资本加注下政产学研企共同打造"乡村振兴样板"——沂河源田园综合体

沂河源田园综合体项目位于山东省沂源县鲁村镇。从鲁村镇走出去的深圳东方汇泉金融控股集团创始人 DFJ 带资本返乡，与沂源县政府共同启动建设沂河源田园综合体项目，计划总投资近 6 亿元，打造沂蒙老区的"桃源山居图"。项目依托鲁中山区优质的生态环境及深厚文化资源，发展特色农业、高端艺术、精品旅游三大产业，生产、生活、生态三生同步，一二三产业融合发展，用艺术手段再造美乡村，让艺术与沂源当地的自然风光、人文和非遗相融合，打造艺术与人、与自然共生共荣的新格局。

项目规划总面积 3.2 万亩，以龙子峪、桃花岛、刘家坡为核心，辐射周边 7 个村，以艺术、文化、建筑领域为核心游客群体，得到了日本、法国等国际知名艺术家的大力支持。基地建有时间之花艺术馆、刘玉堂文学馆、李怀杰艺术馆、三生书院、鲁砚馆等 10 余座文化艺术场馆，百果园、花果山、蜜桃基地等现代农业园区，院落民宿、星空房、临湖公寓、船屋等特色酒店。

"若无产业支撑，被艺术'活化'的乡村终究是无源之水。"山东源河食用菌种植有限公司位于鲁村镇北徐家庄村北，综合利用苹果果木枝条，构建起"菌棒良种—香菇养殖—产品深加工—菌棒作肥回田"绿色循环农业发展闭环。山东华盛果品股份有限公司在刘家坡村打造了一个华盛科沃云数字果园，项目投产达效后，将成为集智慧化标准种植、智能化后处理、全程冷链物流、示范带动、休闲旅游于一体的苹果全产业链数字信息服务产业，目前，已栽植沂源红、鲁丽等苹果树 3.2 万株，铺设了水肥一体化管网，实现了种植基地的灌溉、施肥、喷药等农业设施实现远程自动化控制，节省大量人力、物料成本。沂河源田园综合体采取"公益基金+专业公司+合作社+农户"模式，初步实现了"生活+生产+生态"同步，经济林果杂粮种植一二三产业深度融合，农业、文化、旅游三位一体。

由山东某大学和深圳DFHQ金融控股集团、HT基金联合创办山东财经大学乡村振兴学院，HT基金发起人SXT与深圳DFHQ金融控股集团创始人DFJ同为山东财经大学校友，在政府支持下，形成了政产学研企联合合作平台，充分挖掘、整合、借助于综合体可利用的资源，开展学术论坛、学生研学、科学研究等活动。

在沂源县推动政府主导、公司运作、融资支撑、合作社经营"四位一体"的整体架构下，田园综合体在吸引资金、技术、人才、市场等资源要素不断下乡的同时，增添了农民增收的机会，特别是通过"合作社+农户"等方式，带动农民增加收入，还改善了乡村基础建设，给居民增添了休闲旅游娱乐的去处。

——资料来源：［1］山东财经大学乡村振兴学院落户沂源［EB/OL］.（2020-12-09）.［沂源县人民政府官网］http：//www.yiyuan.gov.cn/art/2020/12/9/art_5604_2063821.html.［2］山东财经大学乡村振兴学院官网，http：//crr.sdufe.edu.cn/info/1220/1500.htm，2021-11-10.［3］初磊.董方军和他的"桃花岛"［EB/OL］.［山东财经大学新闻网］.2022-06-28 https：//news.sdufe.edu.cn/info/1022/30075.htm.［4］课题组实地调研。

案例23　乡村版迪士尼：黄鹿泉村

山东省济南市历城区西营镇黄鹿泉村因南山崖上有个黄鹿泉而得名，古时称"黄栌泉"，明崇祯、清乾隆《历城县志》云："在西营北，云河一带之水大半仰给此泉，其流经擒口峪入锦绣川。"今为东西向二泉。相传古时此地人烟稀少，林木茂密，常有黄鹿来此饮水，故名。主泉在东，水自岩缝涌出，经一个浅方池，沿渠流入9米长的蓄水池；西泉自岩洞流出，汇入6米长石池。水盛时自池岸溢出，沿河漫流。泉周河渠纵横，石桥卧波，花果满坡，丛木笼荫。

黄鹿泉村泉水资源丰富，山山有水，沟沟有泉，水质良好，山峪众多，奇石峻山深藏青山绿水之中，有黄鹿泉、老泉、日月泉、东泉、西泉等10处以上。依托黄鹿泉村山水资源，自2018年开始，由济南HT实业有限公司等发起投资建设打造"山景小镇田园综合体"项目，项目占地 4000 余亩，打造集智慧农业大棚、特色林果种植采摘、农产品加工、民俗特色、情人谷、泉水漂流、精品民宿等一二三产结合的田园综合体，特别是建设了包含儿童无动力游乐设施、戏水乐园、树屋、拓展训练等文旅设施的"孩子小镇"，建设了民俗特色、情人谷、泉水漂流等乡村旅游项目，打造国内乡村版的迪士尼乐园。

该田园综合体项目除了以非常优惠的价格改造了农民闲置住宅之外，还吸纳了部分村民就业，有针对性帮扶贫困户，改善了村庄道路、文化广场、水电等基础设施，带动村民开办农家乐、小卖部等增加收入。

——资料来源：课题组实地调研。

案例 24　山东省宁津县引导农民协会和合作组织发展

山东省鲁西北的宁津县，原是大片低产盐碱地，没有矿产资源，是一个以传统农业为主的经济欠发达县，多年来存在财政赤字。1995 年，全县农民人均纯收入达 1461 元，比全国平均水平还少 117 元（即相差 7.4%）。近两年来，在稳定脱贫的基础上实行"两个转变"和实现农村经济改革"第二个飞跃"的过程中，宁津县从当地资源优势出发，从低处入手、高处着眼，以粮食、棉花、良种繁育、瓜菜、蚕桑、畜牧、果品、食用菌为重点建设 8 个产品系列，兴办了 8 个县属"龙头"企业，实行区域化布局、专业化生产、社会化服务、企业化管理，采用"产供销、农工贸、经科教"密切结合的一体化经营体制。初始的关键是选择简易可行的方式把从事专业化生产的农民与农产品加工及其他服务公司联结起来，由低到高，逐步从利益机制上加强联系密度，最终结成利益共同体。

宁津县把合作经济要素引入专业协会，由县乡"农业产业化领导小组"统一规划，成立叫作"农民合作协会"的农民组织，作为联系农民与公司的桥梁和向合作经济过渡的初级组织形式。1996 年上半年，办起县级农民合作协会 6 个、乡镇级农民合作协会 8 个，加上村级分会共有 300 多个。协会颁布正式的章程和会员证。从性质上看，该县创办的农民合作协会具有四大特点：①是从事专业生产的农民进行自我服务的群众性合作生产的经济组织；②是一种融"合作制经济"和"群众性自我服务组织"长处于一体的经济组织；③是向着合作制经济、股份合作制经济过渡的初级形态的产业一体化经营组织；④是当前欠发达地区在社会主义初级阶段实施产业经营一体化的微观市场主体组织的初级形式。

在宁津县，农民合作协会和支柱产业公司共同组织农民进行专业化生产、农副产品加工和运销，对各个环节提供全程服务，为会员承担市场风险和科技风险，对会员"让利"和进行利润再分配；会员对合作协会可以有资金投入，也可以无资金投入，根据不同的参与和投入，享有不同的分配比例。向会员所让之利来源于有政府背景的专业公司向合作协会转让的利润或合作协会参与经营所得之利润。让利形式多种多样：①以赊销形式提供生产资料；②以低于市场价格售予生产资料；③以高于市场价格收购农副产品；④无偿提供技术培训、技术咨询和市场信息服务；⑤利润返还；⑥无息贷款。通过这些让利机制，真正把公司、专业合作协会和农民三者结合起来，逐步过渡为"风险共担，利益共享"，从无产权联系过渡到有产权联系的合作制经济利益共同体。因此，农民合作协会是欠发达地区引导和组织广大农民进入市场，引导和组织分散的小规模农户经营走上合作制道路，实施产业一体化经营的有效组织形式。可以预料，农民合作社和专业协会势将成为产业一体化经营中的主要组织形式。这是历史发展的必然，也是世界农民发展市场农业的共同道路。

——资料来源：课题组实地调研。

案例25 山东省诸城市后官庄绿宝蔬菜协会

山东省诸城市后官庄于1988年6月成立绿宝蔬菜协会，是农民自发创办的合作经济组织。该村38家蔬菜专业户、重点户自愿参加，为108个县（市）发展团体会员366个、个体会员6874名。协会创办多个经济实体，已有固定资产360万元，年收入100多万元，贡献税收140万元，年创社会效益6亿多元。

绿宝蔬菜协会下设蔬菜研究所、绿宝蔬菜制品公司，内设蔬菜加工厂、蔬菜经营门市部、蔬菜建材厂、酿造厂和蔬菜生产基地等8个经济实体，专业技术人员有165名，因绩效卓著被誉为"先进农民协会"。

绿宝蔬菜协会为农民自办的合作经济组织，接受世界合作社联盟共同原则，实行民主管理，会员代表大会为最高权力机构，理事会为执行机构，均由会员代表大会选举产生。协会章程规定，按照五大原则办会：入会自愿，退会自由；民办、民管、民受益；协会和会员之间权利义务平等；民主选举和民主决策；实行合同制，明确签约双方经济责任。

协会按照合作社的民主原则选举协会理事会，制定协会章程，制定财务制度和工作人员奖惩制度，由全体会员监督执行。协会会员必须遵守协会章程，维护协会权益，按时交纳会费，每个会员每年交纳10元。签约双方都必须遵守协会与会员签订的合同。在经济交往中，不管哪一方违约，都需承担违约责任。例如，1993年秋，协会误供0.5公斤劣质黄瓜种子，致使3户会员大棚黄瓜不能出口创汇，由协会包赔其经济损失1800元。

成立协会的目的是要发展蔬菜生产，实施产加销一体化经营，消除中间盘剥，增进农民利益。协会的基本思路是：黄土地上做文章，依靠科技兴农业，引进良种种细菜，开发内外大市场，"引进九州菜，销往四方城"。为此，需要筹集资金，掌握技术，开拓市场，缺一不可。协会多方集资，发展大棚种植和蔬菜加工。需要启动资金，钱从哪里来？协会经会员一致赞同，实行"会员集资，有偿使用"，引进第一批良种；有了点名气便向银行贷款，建起蔬菜大棚。1994年6月，协会走自己的路，引入股份机制，吸收股本金20万元，共设1000股，其中省内外3个集体认购300股，186个个体会员认购700股，使认股户成为骨干会员，从而形成协会的紧密层。

培养科技人才，推广科学技术。聘请专家指导起步，培养自己的技术队伍发家。1990年，协会成立了一个蔬菜研究所，派出8名素质较高的知识青年到山东农业大学深造，支持30名会员参加农函大学习，还与北京农业大学、山东农业大学、中国农业科学院、山东省农业科学院、云南省农业科学院、潍坊和大连两个蔬菜研究所等单位挂钩，定期请专家教授来协会指导，给会员授课。在此基础上，协会创办了技术夜校，配备两名专职教师，开设大棚蔬菜种植、蔬菜加工等课程，每年招收学员40名，每月上3次课。另外，协会在河北、安徽、北京、江苏、新疆、山东等地为会员开设6个分校，提高当地会员的技术素质。

几年来，后官庄外出深造学成归来的青年成了蔬菜研究所的科研骨干，相继取得"黄瓜冬季栽培技术模式""大棚气肥应用""微量元素肥料应用"等十多项开发性科技成果。协会引进、试种、推广日本牛蒡获得成功，总结出一套成功经验，1993年得到日本大阪农协的好评，认为"这套牛蒡栽培技术水平高"，还得到该会3万元奖励。

加强信息交流，开拓异地运销。协会以为有了技术，生产不成问题，但起初不知市场需求行情，吃了大亏。1992年春，大批黄瓜摘下来，协会服务部组织车辆，按每公斤0.8元收购5万公斤，发货到青岛，行情不好，每公斤只卖0.5元，加上运杂费，仅此一项亏损3万多元。这一亏损使协会一班人明白：吃了信息不通、不知行情的亏。从此，由协会服务部牵头，当年就在北京、南京、青岛、烟台、大同、浑江、丹东、哈尔滨等地设立了24个（现已发展到48个）信息网点，派出6名信息员巡回联络、反馈信息。凡是与蔬菜有关的信息都搜集。1993年春，北京大钟寺批发市场传来信息，说黄瓜每公斤1.8元。协会马上发货1.5万公斤，每公斤卖到2.4元，净赚2万多元。这一亏一赚使协会进一步领会了商品生产"以市场为导向"的含义，必须按照"市场—生产—营销"的顺序来运作。

搞好蔬菜加工，提高经济效益。异地运销可以解决会员买菜难问题，但却难以实现增值，而且多数蔬菜不好保存，在运输途中容易发生霉烂变质。因此，协会于1990年投资兴建一个储量1000吨的地下恒温室。收购加工会员的蔬菜，出口日本、韩国并销往中国香港，每年创收350万元。1993年，又上了一条酱菜加工生产线，特请北京的"酱菜王"当顾问指导制作酱菜。目前，协会每年包装加工和代销鲜菜1.5万吨，增值800多万元。

绿宝蔬菜协会增强服务能力，扩大经营规模。刚成立那年，协会仅有科普、生产、销售3个服务部门，共13名工作人员。如今协会内增设了信息、财务、供应服务部门和蔬菜研究所，技术人员达165名，其他工作人员达400名。除地下恒温库外，建成年加工能力3000吨的蔬菜加工厂、绿宝蔬菜制品公司、预制厂等服务实体。在省内外建成5个蔬菜加工厂，开设12个育种、生产基地，共506.7公顷。在该村，为会员打井13眼，架设了浇水专用线；制作建大棚用水泥柱（仅1997年就达4万根），节省会员开支10万多元；每年以优惠15%～30%供应会员良种，提供化肥60多吨、无滴膜20吨、农药3.8吨，保证了生产正常有效地运行。蔬菜种植面积成倍扩大，由原来的5.3公顷发展到8000公顷，年产蔬菜40万吨，经营蔬菜20万吨，加工出口5000多吨，腌菜出口利润达70%，每公顷经济效益由原来的13500～15000元增加到22500～300000元。

协会按照"发展一个基地，开辟一个市场"的设想，以协会大院为蔬菜批发门市部，常年办理批发业务，在青岛、烟台、龙口、日照、浑江、通化、北京、大同、张家口等地建立了批发市场，并投资成立了运输队，常年从事蔬菜运输工作。协会在外地建立了5个办事处、20个销售点，每年为各地会员调运、加工蔬菜12万吨,做到了"会员能生产得出,协会就能销售得出",保证会员无风险、高效益地进行生产。现在,协会已经发展成为跨省市联合、系列化服务、规模化生产,经营、服务、科技推广一体化的专业联合服务组织。

科技先行,广扩销路。绿宝蔬菜协会成立以来,一直坚持技术领先的方针,总共引进40多项蔬菜种植技术经试验示范后,在会员户中大面积推广。例如,"冷热技术"由过去塑料大棚种植时的60%土地利用率提高到100%;韭菜"两促一控"技术提高经济效益30%。几年来,引进推广国内八大系列38个优良品种,引进种植国外良种27个。现有良种实验场1.33公顷,良种繁育基地33.3公顷,被中国农业科学院蔬菜花卉研究所接纳为良种实验基地,并与山东省农业科学院、大连农业科学研究所、云南省农业科学院等12家科研单位建立种子协作关系,同辽宁省本溪市"中泰合资春光种子公司"建立了合作关系。聘请日本大阪、名古屋农学会两名顾问,利用电讯、信函、实地指导等形式,向会员传授先进技术。后官庄所有蔬菜品种都经过了更新换代,提高了蔬菜品质,不仅扩大了国内市场,而且走上了国际市场,与日本、韩国等国建立了贸易关系,年出口蔬菜1200吨。

——资料来源:课题组实地调研。